U0148140

北方民族史译丛

游牧社会史与蒙古史研究

[苏] 鲍·雅·符拉基米尔佐夫等 / 著　　陈弘法 / 译

内蒙古人民出版社

图书在版编目（CIP）数据

游牧社会史与蒙古史研究 ／（苏联）鲍·雅·符拉基米尔佐夫等著;陈弘法译. —呼和浩特:内蒙古人民出版社，2017.12

（北方民族史译丛）

ISBN 978-7-204-15177-6

Ⅰ．①游… Ⅱ．①陈… Ⅲ．①游牧民族–民族历史–世界–文集②蒙古族–民族历史–中国–文集 Ⅳ．①K18-53②K281.2-53

中国版本图书馆 CIP 数据核字（2018）第 004229 号

游牧社会史与蒙古史研究

作　　者	〔苏〕鲍·雅·符拉基米尔佐夫等著
译　　者	陈弘法
策划编辑	王　静
责任编辑	王　静
封面设计	宋双成　李　琳
出版发行	内蒙古人民出版社
地　　址	呼和浩特市新城区中山东路 8 号波士名人国际 B 座 5 层
网　　址	http://www.impph.cn
印　　刷	内蒙古恩科赛美好印刷有限公司
开　　本	710mm×1000mm　1/16
印　　张	14.5
字　　数	200 千
版　　次	2020 年 5 月第 1 版
印　　次	2020 年 5 月第 1 次印刷
书　　号	ISBN 978-7-204-15177-6
定　　价	45.00 元

如发现印装质量问题,请与我社联系。联系电话:（0471)3946120　3946173

目　录

中世纪时代游牧社会的发展规律

[苏联] 斯·阿·普列特尼奥娃

本文译自苏联杂志《历史问题》1981年第6期。

本文论述了欧亚大陆中世纪游牧社会的发展规律,认为游牧社会的发展过程可分作古列延—阿寅勒—斡耳朵、国家联合体、汗国三个阶段,认为导致游牧联合体衰亡的原因来自外部政治事件、内部政治事件、气候自然条件改变、"人口爆炸"四个方面,并由此导致居民迁徙、民族归顺、国家合并或国家分裂四种结局,最后认为游牧联合体经济、社会、民族、文化生活现象是一个稳固的长链。本文对于研究蒙古游牧社会的发展过程提供颇多启发。

本文作者斯·阿·普列特尼奥娃(1926—2008),女,苏联—俄罗斯考古学家。1949年毕业于莫斯科大学历史系,1952年在苏联科学院物质文化研究所(后改称考古研究所)学位攻读班获副博士学位,1968年获历史学博士学位。从1952年起在苏联科学院(现俄罗斯科学院)物质文化研究所(后改称考古研究所)工作,曾任该所斯拉夫—俄罗斯考古研究室主任。1988—1994年任《苏联考古学》(后改称《俄罗斯考古学》)杂志主编。主持过一系列苏联—俄罗斯和国外考古发掘工作。主要著述有:《波洛维茨石雕像》,莫斯科,1974年;《中世纪的游牧民:探寻历史规律》,莫斯科,1982年;《哈扎尔考古史纲》,莫斯科,1999年。

公元前 2000 年与前 1000 年的交替时期，草原上出现了第一批游牧民。公元前 1000 年中叶，游牧业完全取代了放牧业。近三千年来，欧亚草原和一部分森林草原成了游牧业的摇篮①。

现在，游牧业被民族学家解释为一种经济形式，认为全年放牧畜群、大多数甚至绝大多数居民随着畜群一起游牧的粗放牧业，乃是其基本的生产经济。单就经济而言，对这一名词作这样的解释是对的，但是，须知游牧业不仅是一种特殊的经济，还是一种特殊的且独具一格的生活方式、物质和精神文化、宗教观点、社会制度和政治历史。

我们在对游牧业的单个现象进行研究或对这些现象进行综合探讨时，总会碰到各种游牧社会所共有的规律。这些规律，可使我们将不同时代游牧在草原上的各个民族合在一起进行比较。系统总结游牧业各种现象的最主要工作是由民族学家完成的，因为他们掌握了可靠的容易验证的和经过研究及分类的材料。

早在 20 世纪 30 年代中叶，苏联出版界就开始出现探讨游牧民社会经济关系的著述②。大约过了 20 年，随着一场关于"游牧封建主义"实质的争论出现，对这一问题的兴趣再次产生。在这场争论中，谢·耶·托雷别科夫在其论著中对游牧民中存在封建土地所有制的观点进行了批驳，并建议将游牧民的社会关系看作是一种"宗法封建"关系。他的观点已不止一次遭到批判③，因此这里毋庸赘言。而对本文题目甚为重要的倒在于，正是谢·耶·托雷别科夫首先将游牧经济划分为三种形式：无农业无定居的完全游牧

---

① 米·彼·格里亚兹诺夫：《青铜器时代哈萨克和南西伯利亚牧业诸部的经济发展阶段》，载《苏联科学院民族研究所简报》，1957 年，第 26 期；谢·伊·鲁坚科：《论畜牧业经济形式与游牧民问题》，载《民族学资料》，第 1 辑，苏联地理学会民族学分会，列宁格勒，1961 年，第 10 页。

② 其中某些著作至今仍不过时，如鲍·雅·符拉基米尔佐夫：《蒙古人的社会制度：蒙古游牧封建主义》，列宁格勒，1934 年；谢·帕·托尔斯托夫：《游牧社会中封建主义的起源》，载《国家物质文化史研究所通报》，莫斯科—列宁格勒，1934 年，第 103 辑；阿·纳·柏恩什坦：《游牧民氏族关系的衰落问题》，载《苏联民族学》，1934 年，第 6 期，等等。

③ 参阅伊·瓦西里琴科：《再论游牧民族封建主义的特点》，载《历史问题》，1974 年，第 4 期。

业;有经常性的过冬地和部分饲草储备的半游牧业;有平行发展的农业和定居的半游牧业①。谢·耶·托雷别科夫认为,每一种游牧形式都与一定的社会关系相适应:第一种形式和第二种形式与阿寅勒公社相适应,第三种形式与阶级社会关系相适应。1961年,谢·伊·鲁坚科将这一观点进一步发展了。他指出,各种游牧业形式具有阶段性——一种形式可以演变过渡为另一种形式。他对始于青铜器时代的游牧业之产生途径作了考察,同时还对定居牧业由放牧到半游牧,以及必要时到完全游牧(茨冈式的游牧)的过渡情形做了研究②。

本文作者在一本论述所谓"萨尔托沃—玛雅茨文化"(哈扎尔[即中国史书中的"可萨""葛萨"——译者]汗国文化)的书中,曾试图主要以考古学资料为基础,探明游牧民从茨冈式的游牧阶段向半定居的过渡过程,亦即探明与谢·伊·鲁坚科以青铜器时代和铁器早期时代材料为基础研究的那个过程恰恰相反的过程③。欧洲草原7—9世纪的居民史材料可使我们断定,阶级关系的形成以及与此相应的土地封建占有,开始于牧场被准确地划分为单个游牧区的第二个游牧阶段。

对涉及欧亚所有草原游牧区居民情况的中世纪史料进行探讨所得的结果,可使我们确信,由一小段时间内——比如哈扎尔汗国时期探得的发展规律,可推广于中世纪欧亚大陆所有游牧民之中。寻找规律并在此基础上建立经济发展各阶段上一定的社会—民族文化模式,乃是本文的主旨。

我们先来看看最具游牧性质的一种形式——茨冈式。现在这

① 谢·耶·托雷别科夫:《十七世纪至十九世纪哈萨克人的社会经济制度》,阿拉木图,1959年。

② 谢·伊·鲁坚科:篇名同上。

③ 斯·阿·普列特尼奥娃:《从游牧到城市:萨尔托沃—玛雅茨文化》,载《考古资料与研究》,莫斯科,1967年,第142期。

种形式在欧亚草原地区几乎已经见不到了。只有那些以牧草为畜群饲料且常将畜群由牧草不茂盛的一地赶到另一地放牧的里海沿岸和蒙古草原、半沙漠奇旱地区,全年游牧才有必要。至于中世纪却是另一番景象。那时,由于常年干旱,经常出现严冬,牧民只有一条出路——向新的地方游牧。在游牧(有时是长期游牧)过程中,茨冈式游牧乃是经济的唯一可能形式。

最大限度地扩展放牧畜群和围猎活动所需地盘的想法,促使游牧民走上征服之路;只要另一个民族不愿自动地不加抵抗地让出自己的地盘,就会诉诸武力。武力行动的目的在于攫取地盘,消灭先前生活在该地的居民,或者将其中一部分人并入自己的联合体中,这可以说是一种侵略。游牧民的行动犹如一股狂飙,将途中遇到的一切消灭净尽。全体居民出征时,赶着畜群,坐着车辆,带着妇女孩子,还有一大批骑士,其中还不乏年轻女子。鲍·德·格列科夫曾写道,参加征战乃是“所有自由民的权利和义务”①。不过这一论点只适合于科学共产主义奠基人所指的军事民主制时代②。我们知道,军事民主制的典型特征之一是部落联盟式的社会政治联合体。领导这种联盟的,通常是发动侵略的那个联合体或部落中有影响的富裕家族里最有势力最积极的代表人物。

采取掠夺新地盘的行动,一般开始于草原上在当时那个历史时期引发历史事件的某个地区。在这种情况下,大部分居民开始骑马乘车,带上财产,赶上畜群,一路作战,攻向新的地区。行动初期,参与作战的居民一般属于某个民族语言群,他们常常紧密结合在一起,被认为是一个民族共同体③。这种从已经形成的或大或小

①鲍·德·格列科夫:《基辅罗斯》,莫斯科,1949年,第347页。

②参阅《马克思恩格斯全集》[俄文版],第21卷,第164页。

③列·帕·拉舒克:《中世纪突厥人和蒙古人民族共同体分类尝试》,载《苏联民族学》,1968年,第1期,第98—99页。

的共同体中再分裂出与之同源的新的民族群的过程,在游牧社会中是经常发生的。请看中世纪亚洲游牧民族历史学家拉施特丁(14世纪)是如何描绘和总结这一过程的吧:"随着时间的推移,这些民族又分裂出无数的氏族,[且]在每个时代都可由每个分支再产生[新的]分支,这每个[新的]分支由于一定的原因而获得自己的名称。"①

　　这种分裂出来的"分支",在草原上谋求无人占领地区亦即那些由军事实力薄弱的民族占据地区的推进过程中,逐渐滋生出由半路上投诚过来的或被顺便战胜的(亦即包括游牧第一阶段由于侵略而被粉碎和造成的)各个部落和民族共同体组成的"斡耳朵"。这样,就为形成新的民族共同体,首先是为形成新的公民群落造就了前提。物质文化的形成也是如此。分裂出来的民族群自然带有"母体群落"文化。经过长年无数次的迁徙、艰苦的转移、激烈的征战,由于同具有各自文化传统的被征服共同体或归附共同体的融合,原先的文化几乎完全丧失。留下的只是那些与军事完善化亦即使征服者成为不可战胜者有关的特点。其余的一切,开始为一种新的由多文化和多影响组成的(混合型)文化所取代。

　　处于游牧第一阶段的游牧民文化,为考古学家们遗留下了什么呢?联合在部落联盟和"斡耳朵"联盟首领政权周围的大批不同民族、不同语言、不同文化的部落和"斡耳朵",经常在敌境中转战于数千公里的草原上。他们既没有可供文化层沉积的长久过冬地,也没有常常是非常有用的氏族墓地。他们通常或者葬在过去就散布在草原上的墓穴中(所谓"引入墓葬"),或者葬在仔细去掉痕迹的墓穴中。这种去掉墓葬痕迹的习俗,在游牧贵族层中一直保持到13世纪。茨冈式游牧时代为考古学家遗留下的唯一遗存

①拉施特丁:《史集》,第1卷,第1册,莫斯科—列宁格勒,1952年,第72页。

形式,是一些散落在草原上的孤零零的墓葬。这类墓葬一般是偶然发现的,而按照原样保留下来的甚为罕见。然而,正是这类材料使专家们得以做出有趣的结论:葬礼仪式不同,证明游牧第一阶段中居民们的墓葬综合体分属不同的民族,这是一;墓葬综合体在经济上"平等"(唯一例外是首领墓葬中有金器),说明统治形式是军事民主制,这是二。

但是,要说欧亚大陆草原所有游牧民族都经过茨冈式游牧阶段,这种说法也值得怀疑。遗憾的是,涉及第一阶段游牧民情况的史料一般内容贫乏,片片断断,且常常对事实有所歪曲,原因在于游牧民犹如洪水猛兽荡涤途中遇到的一切,这在同代人——当时的史籍作者们心中激发起的并非民族学兴趣,而是恐惧和憎恨。东西方史籍中保存最多的是关于匈奴—匈人的记载[1]。2 世纪时,匈奴强国最终为鲜卑人所击败,其中一部分匈奴人西迁。他们长途跋涉,沿西伯利亚草原和乌拉尔草原经过突厥—蒙古—乌戈尔语诸部地面。这次"进军"耗费了他们 200 多年的历史。在此期间,由于被战败斡耳朵的加入,匈奴气势始终不衰[2]。结果,把匈奴人称为"同源部落联盟"已经是不合适的了,因为他们语言不同,民族也各异。

关于当初曾是文明民族的匈奴大军是以怎样的姿态闯入欧洲,特别是他们是以怎样的外观出现在欧洲人面前的问题,在阿米亚努斯·马塞里努斯写于 4 世纪最后 25 年亦即匈奴人侵入欧洲

---

[1] 根据史书惯例,我们将占据中华帝国以北东西草原的帝国及其居民称为匈奴。弗·谢·塔斯金建议将"匈奴"(хунну)一词拼读成"匈奴"(сюнну)(弗·谢·塔斯金:《匈奴史料(据中国史籍)》,第 1辑,莫斯科,1968 年;第 2 辑,莫斯科,1973 年),本文认为没有必要采用,因为这种新的拼读尚未被书刊确认,可能会引起混乱。后来,匈奴(хунну)进攻欧洲诸民族时,相应的史籍(主要是拉丁文史籍)译文中又将他们译成"匈人"(гунн)。本文也保留了这一通用提法,因为由匈奴而匈人,名称上的某些变化恰可表明这一游牧群迁往西方时在民族学语言学上发生的变化。

[2] 列·尼·古米廖夫:《匈奴》,莫斯科,1960 年,第 236—249 页。

时的著作中有生动描述①。不种庄稼,生活方式"野蛮",特别是不愿意居住永久性住所,谋求新的牧场,消灭一切活物,挥霍草原财富,粗茶淡饭,习俗简陋,没有"首领"并在公共大会上"磋商一切事宜"的社会制度——所有这些,都是游牧第一阶段的典型特征。欧亚草原匈奴时代(4—5世纪)遗留至今的考古材料,为数极少。尽管加入侵略行列的部落数量庞大,但是这一时期遗留在草原上的以葬仪各异、埋葬物相同为其特点的遗存,不超过50处②。

史籍论及的佩切涅格人也同匈人一样,堪称游牧第一阶段的另一例证。佩切涅格人侵入欧洲草原,始于9世纪末哈扎尔汗国被摧毁之时。关于征讨时期的佩切涅格人的情况,拜占庭国王康斯坦丁·巴格里亚诺罗德内依曾有过论述③。佩切涅格人如同匈人一样,是一股横扫一切障碍的力量。他们受各个军事长官和"大会"的管理。直到11世纪时,访问过佩切涅格人的旅行家们还写到过军事长官和"大会"残留的情况④。欧洲草原上没有发现9世纪末至10世纪初的佩切涅格人墓地⑤,这说明他们其时正处于茨冈式游牧阶段的控制时期。

游牧民夺得新地盘并且稍稍地调整了与被征服诸部以及相邻国家、民族的关系之后,就开始积极开发他们所占领的地域了。于是,一个所谓"获得故乡"时期随之到来。该时期的特点首先是划定每个斡耳朵、每个民族的游牧地盘,与此相适应出现了经常性的

---

① 阿米亚努斯·马塞里努斯:《历史》,第3辑,基辅,1908年,第236—243页。
② 阿·康·阿姆勃罗兹:《东欧中世纪早期年代分期问题》,载《苏联考古学》,1971年,第2期—第3期;伊·彼·扎谢茨卡娅:《论南俄草原和匈奴时代哈萨克斯坦诸遗存的断代和文化归属》,载《苏联考古学》,1978年,第1期。
③ 康斯坦丁·巴格里亚诺罗德内依:《论国家管理》,载《国家物质文化史研究所简报》,1934年,莫斯科—列宁格勒,第91辑。
④ 《九世纪至十二世纪基辅国历史文献》,列宁格勒,第76页。
⑤ 格·阿·费多罗夫—达维多夫:《金帐汗国诸汗治下的东欧游牧民》,莫斯科,1966年,第134—142页。

季节牧场——夏营盘和冬营盘。游牧地盘的大小取决于占领这一地盘的游牧群的大小。在开发牧场的初期,游牧地盘通常是很大的,在每块地盘上进行游牧的一般都是同一血缘的大集体。鲍·雅·符拉基米尔佐夫将这种集体叫作"古列延",将这种大集体经营经济的方式叫作"古列延式"。他认为,古列延的形成是氏族部落制解体时期最典型的现象,也就是说,它萌生于军事民主制时期,后来在早期阶级社会中又得以存在和发展下去[①]。

阶级关系的发展,普通游牧民的贫困化以及财富积聚在个别家庭,导致古列延公社解体并分化为更小的经济联合体[②]。首批从古列延中分裂出来的,是富裕家庭老小及其大批牲畜。据鲍·雅·符拉基米尔佐夫讲,这些分化出来的单位叫作"阿寅勒"。阿寅勒的规模常常也是很大的,因为附属于富裕家庭的还有不少贫民。贫民没有足够游牧量的牲畜,只好为他人放牧,对半分成,或者开始转向农耕——后者具有十分重要的意义。

这样一来,如果说游牧第一阶段的前一时期其特点是古列延游牧方式的话,那么后一时期的主要特点是阿寅勒游牧方式。军事民主制为早期阶级社会所取代,对其他定居民族来说,这种早期阶级社会的特点是其罕见的"宗法性"。居民中的富裕阶层(氏族贵族),十分善于以这种"宗法性"为面纱来掩饰自己攫取绝对权力的本意。贵族中最有影响、最为富有的人物成了大型联合体的首领。他们按照古老传统由大会"选举"。被选出来的首领——汗一般还要履行最高巫师的职责。这样,就在过去古列延境内产生出由一系列独立的阿寅勒组成的崭新的联合体,这种联合体叫作"斡耳朵"。列·尼·古米廖夫认为,这种联合体和平时期可以叫作部

---

① 鲍·雅·符拉基米尔佐夫:篇名同上,第36—37页。
② 拉·古·库泽耶夫:《巴什基尔人历史民族学概要》,乌法,1957年,第113—114页,130—131页。

落,战时可以叫作斡耳朵①。

可以认为,这类联合体的实质总是不变的——它们由不同血统、在经济和社会上不平等的家庭组成群落,经常还有外族人加入其中。古列延和斡耳朵时刻准备进行力所能及的战争和军事行动。但是,这类军事行动的性质已经变了。如果说游牧第一阶段是全民参战的话,那么到第二阶段则只有军人去出征了。占阿寅勒居民总数相当比例的妇女、儿童、老人、无马匹贫民、男女家奴,都不参与军事行动。这类军事行动不再带有以占领牧场为其基本目的的侵略性,而是一种奔袭。奔袭的任务就是抢夺,掠夺居民卖做奴隶;如果被袭击国家派出使节求和纳贡,那么奔袭还为了索取赎款。

由于游牧民被限制在一定的地盘内,他们逐渐在冬营盘定居下来,常常能集聚起更多的财富,这样也就更容易受到邻近民族的抢掠,遭抢掠之后经济基础随之被消灭。这类征讨行动常常是毗邻的阿寅勒和斡耳朵互相发动的。流行在草原上的这种"绑架牲畜"的习俗,也会使经济遭到严重破坏,并促使牧民破产。

草原上经常存在着的不安定局面,以及经济上和政治上强有力的阿寅勒和斡耳朵的出现,必然导致更大的、高于斡耳朵的组织形式的建立。这种组织形式可以将斡耳朵联合起来,至少可以调节草原居民们的对内对外政策。于是,奇特的"斡耳朵"联盟——未来国家或"国家式联合体"雏形就在草原上出现了。联盟的领袖是贵族代表大会上推选出的最富有、最有才干的汗。汗的主要职责是调节对外政策(与比较文明的邻国结交,组织大规模的远征)。至于在联合体内,汗的职责则是制止小型内讧和劫掠,从而促进下属各联盟的团结。

---

① 列·尼·古米廖夫:《古代突厥人和回纥人的诸斡耳朵与诸部》,载《民族学资料》,第1辑,第20—21页。

总的说来,由于没有正规部队而只有民兵,没有行政机关(法庭、警察、税务官员),没有征税制度,故这些联盟不像国家,而更像游牧第一阶段产生的"部落联盟"。然而,与此同时,它们又有庞大的规模和不可战胜的威力。文字史料中常常把它们称为国家。它们的出现,首先是受到良好历史环境的影响所致,其次无疑是因为联合体首领——汗具有良好的品质:头脑清晰,精力充沛,军事上是天才,政治上有手腕,外交上善于辞令,对敌人冷酷无情。因此,这样的汗一旦去世,就要发生内讧,离心力就要破坏,集权于一人之手的联合体即"帝国"就要从历史文献记载中消失,而后从地球上消失,这些都是不难理解的。不过,统一的共同文化,统一的世界观,统一的语言,也正是在这种游牧第一阶段特有的联合体中形成的。

游牧第一阶段所特有的这种大规模的松散联合体,只是一种政治上的结合。到第二阶段时,这种联合体才逐渐出现共同的民族特征,其中主要的是语言和文化。这样,联合体就促进了民族共同体——未来民族雏形在草原上的形成。

游牧第二阶段上的游牧民遗留下的考古遗存显得更为明显,更为具体。上面已经谈到,在斡耳朵和阿寅勒境内出现了经常性的冬营盘和夏营盘。这类季节性的驻地,会在地表留下一些勉强可见的生活痕迹——陶器碎片、遗落的东西、吃剩的动物骨头。在这些驻地旁,固定的墓地也开始出现了。这类墓地既有无封土的,也有用土或石块堆成的小型封丘,且后者更为常见。除了墓地,游牧民在有人生存并完全开发了的地盘内筑起祭祀地,一般来说,祭祀地是宗法氏族制时代所特有的祖先崇拜和氏族部落关系解体时期广泛流行的军事首领崇拜的反映①。

---

① 谢·阿·托卡列夫:《宗教的早期形式及其发展》,莫斯科,1964 年,第 266 页、336 页。

　　游牧第二阶段是草原上经营畜牧业最典型的形式。倘若我们要对第二阶段上所有的民族和民族共同体一一列举并进行描述的话，那就会变成一篇欧亚大陆草原民族史的故事。因此我们只谈三个例子。

　　第一个例子。匈人用剑与火沿着欧洲草原打到多瑙河边，并在那里停留下来。在一段时间内，四分五裂的匈人各支在控制多瑙河流域的过程中，以袭扰的方式进犯过拜占庭帝国，而拜占庭帝国大体来说也还可以抵御住他们。当时，多瑙河流域匈人联合体的首领是鲁吉拉［一译鲁嘉——译者］，后来，当433年他的继承人——侄子阿提拉执政之后，匈人帝国才强盛起来。研究这一时期匈人史的所有专家一致认为，匈人社会的经济基础依然是游牧业。他们的农业产品，是向并入匈人联盟的被征服部落征收的。稳固的经济，使阿提拉得以组织起向欧洲各国的长途征讨。这些远征行动将贵族们的注意力从离心企图上转移开来，而致力于财富的掠夺。

　　据约丹报道说[1]，阿提拉对外的经常性远征（军事习俗）和对内的民主化，使他更像一个军事民主制时期首领的样子。但是，明显地反映了社会分化情形的经济状况以及氏族贵族的出现，却说明阿提拉是个国家式的大联合体的首脑人物，他一死，这个大联合体就立即瓦解。在这里起作用的，不只是曾经忠顺于阿提拉的各部落纷纷起义，还有他的为数甚多的儿子们互相仇视[2]。他们带领自己的斡耳朵在原先的帝国境内游来荡去，丧失了一致性，重新变成寻找新牧场的一群人马，也就是说，又变成了第一种游牧形式。

　　第二个国家联合体的例子是突厥汗国。它产生和发展于游牧第二阶段。从5世纪起，中国史籍出现了关于新的民族——突厥

---

[1] 约丹：《论哥德人的起源及业绩》，莫斯科，1960年，第101—103页。
[2] 同上，第120页。

的记载。如同其他共同体一样,突厥是"杂胡"(由各民族混合而成)①,阿史那部为其首。最初几十年,他们从属于柔然汗权,但到6世纪中叶,突厥人独立出来,开始向周围各个不稳定的松散联合体发动战争,并征服了他们。很快,突厥政权扩展到数千公里的草原上:东起太平洋海岸,西到里海和黑海岸边。

突厥人几乎立即就分做两翼:东突厥汗国和西突厥汗国②。尽管这些联合体具有的一系列特征与游牧第三阶段(半定居阶段)国家具有的特征相似(手工业包括冶炼业得到了发展,出现了统一的文字、统一的语言,建立了严格的国家制度、征税制度,树立了可汗的绝对权威),但是突厥人在其诸汗国存在的全部时期却始终滞留在游牧的第二阶段。同时代人把他们当作古典游牧民而记载下来:"以毡帐为居室,随水草迁徙,……虽迁徙无常,而各有地分。……汗驻牙于都斤山。"③这两句话明显可以说明他们正处在游牧第二阶段。考古资料也可以说明这一点。汗国境内至今尚未发现古代突厥人居址。与此同时,在汗国境内的草原上分布着大量的石雕像以及所谓"石头围墙"——突厥人为纪念战死武士而建造的古代祭祀地遗迹。祭祀地一般建立在突厥本土内,这说明已经出现了"故乡"的概念。突厥人也有带石砌封丘的陵墓④。

有趣的是,突厥人的军事行动性质也有两重性。一方面,是第二阶段游牧民那种典型的奔袭;另一方面,可汗组织了对中亚和伊朗各国的远征,目的在于扩大突厥汗国的政治优势。这是游牧经济第三发展阶段的特征。由此看来,向邻国发动使游牧民致富的

---

① 尼·雅·比丘林:《古代中亚各族资料汇编》,第1卷,莫斯科—列宁格勒,1950年,第221页。

② 列·尼·古米廖夫:《古代突厥人》,莫斯科,1967年。

③ 尼·雅·比丘林:篇名同上,第229—230页。

④ 谢·弗·基谢廖夫:《南西伯利亚古代史》,载《考古资料与研究》,第9期,莫斯科—列宁格勒,1949年,第273—314页;阿·达·格拉奇:《图瓦的古代突厥石雕像》,莫斯科,1961年;列·罗·基兹拉索夫:《古代图瓦史》,莫斯科,1969年,第18—55页。

长期而顺利的征战,以及将中亚农民并入西突厥汗国并让他们为汗国提供生活必需品的做法,当是阻碍汗国定居过程和突厥游牧民开发农业过程向前发展的主要原因。正因为如此,游牧业才在作为相当发达的早期封建主义式政治联盟的突厥汗国内保留下来。总而言之,由于异民族农业成分并入突厥汗国,突厥汗国的经济才与其政治上的强大完全一致起来。

游牧第二阶段中最典型的政治体制,是国家式的联合体。关于这一点,在许多民族的文字史料和考古材料中都可以清楚地看到。这些民族包括东欧草原上的基普恰克—波洛维茨人[即中国史书上的"钦察人"——译者]。我们的第三个例子讲的就是他们。波洛维茨人占领顿河草原和第聂伯河流域草原之后,到11世纪末建立起几个大型的联合体:博尼亚克汗领导的第聂伯河流域联合体,乌鲁索博伊汗领导的鲁科莫尔联合体,沙鲁康汗领导的顿河联合体①。12世纪初,他们均为俄罗斯军队击败②。可是几十年后,波洛维茨人斡耳朵联盟东山再起,袭扰俄国边境。鲍·阿·雷巴科夫对12世纪的伊德里西地图做过研究之后写道,当时草原上有两大联合体:由博尼亚克和沙鲁康后裔领导的白库曼尼亚和黑库曼尼亚③。两大联合体的军事策略都是经常袭击罗斯以掠夺财富,更主要的还有抓获俘虏贩到东方市场去拍卖。俄罗斯人则以远征相对抗,攻入草原深处,捣毁波洛维茨的"帐篷"(веже),赶走他们的畜群。

俄罗斯大公轻易就可以在草原上找到波洛维茨人。这一事实说明,草原上的各个斡耳朵的游牧地域是各有其边界的。他们有

---

① 诸汗的名字据俄文史料。

② 斯·阿·普列特尼奥娃:《波洛维茨人地面》,载《十世纪至十三世纪的古罗斯公国》文集,莫斯科,第273—274页。

③ 鲍·阿·雷巴科夫:《1154年伊德里西地图上的罗斯地面》,载《国家物质文化史研究所简报》,1952年,第43页,图15—6。

经常性的住所——俄罗斯人称之为"帐篷"（веже）。考古学材料也可证明，波洛维茨人处于游牧第二阶段。迄今为止，考古学家未能发现他们的任何固定居址遗迹，却发现了波洛维茨时代的墓地以及更为重要的竖着石雕像的无数祭祀地遗迹。这说明，波洛维茨人有过清晰的游牧路线和某些经常性的过冬地。12世纪时，波洛维茨人的某些斡耳朵确实也曾过渡到第二阶段的最后时期，出现过半定居式的过冬地，但是定居在那里的并不是波洛维茨人，而是10世纪初佩切涅格人摧毁哈扎尔汗国后留在草原上的一些不同民族的居民群①。

第二阶段上的半定居，通常要逐渐过渡到完全定居。然而波洛维茨人与其他许多草原民族一样，未能发展到这一步。波洛维茨人联合体在经济和政治上的发展，在13世纪最初几十年被鞑靼—蒙古人的侵略所打断。倘若草原上的情况一切正常，也就是说国家式的联合体得以巩固，它的统治者得到哪怕相对稳定的机会（这首先会促进经济的发展），那么游牧民就会开始积极地定居下来，转向农业生产。

游牧地域的划定，冬营盘和夏营盘的出现，使定居倾向在第二阶段上就显现出来。上面已经说到，在游牧第二阶段上就有一部分居民每年要在冬营盘留下来。为了不致饿死，他们开始把冬营盘附近的草地开垦为瓜田、果园和庄稼地。这些不久前的游牧民，通常向邻近民族学习借用最完备的农业劳动工具。最初是通过奔袭向农民掠夺，而后是交换，最后是自己掌握制造技术。自己生产工具、武器、各种日用品的情况，只有在经济基础全面发达的社会才会出现。这就说明，他们的社会已是相当发达的了。

随着定居居址的出现，富人产生了要与普通居民分开居住的

---

① 斯·阿·普列特尼奥娃：《南俄草原上的佩切涅格人、突厥人和波洛维茨人》，载《考古学资料与研究》，1958年，第62期，第184—186页。

要求。为此,他们在自己的阿寅勒地面四周砌墙挖沟,地面也选在显眼的地方,四周有自然保护物(河岬、山头等),于是,草原上出现了特殊的"寨子"。这是一种经常性的冬营盘,夏天寨主才去草原游牧。接着,寨子四周又出现了定居居址,这些居址变成了"内城"外的"外城"。这样,草原城市出现了。草原城市的居民经营手工业和商业,城市中集中了行政机关。当然,也不是每个寨子都会变成城市的。要使寨子变成城市,须有相应的条件:地理条件良好(交通枢纽,海边),寨主具有吸引草原居民愿意受其保护的政治威望。

农业的发展,定居的发展,手工业的发展,导致新的物质文化的形成。这种物质文化尽管是混合型的,但却是奇特的。内部贸易的扩大,统一文化的形成,促进了统一语言的传播和确立。城市文化的出现,行政机构的形成,要求必须创立新文字或借用外族文字。高度发展的农业—畜牧业经济,手工业生产,城市,统一的文化、语言、文字——所有这些,都是处于发展之中的国家政体所具备的特点[①]。

氏族贵族成为国家的封建上层。尽管国家首脑是根据古代游牧民传统由贵族代表大会选举出来的,但是候选人却是统治家族的代表人物——已经去世的统治者的儿子、侄儿或叔父。这样一来,国家政权就完全变成世袭制了。官僚机构(法庭、税务官员、警察),特别是军队——经常性的亲兵和民兵建立起来了。一旦打仗,封建主就担当军队的头目。战争的性质也变了——为建立政治统治而战。对被占领的地区一般不再摧毁殆尽,而是征收重赋,并将占领地区并入本国版图。与邻国的同盟关系,也要以巩固国与国之间的关系为目的。半游牧国家的军队不再受雇于邻国,而

---

① 鲍·鲍·彼奥特罗夫斯基:《促进阶级形成和国家形成的经济形式》,载《早期阶级社会的产生》一书,报告提纲,莫斯科,1973 年。

是与邻国共同作战，以反对共同的敌人。

处于第三阶段上的相当稳固而组织严密的国家，在文字史料中常被称为"汗国"。汗国的统治者被称为"可汗"。游牧第二阶段上正在形成的民族共同体，到汗国时代加速了进程，原因在于紧密结合的联合体为加入其中的民族共同体和民族群融合为更大的统一体并逐渐演变为民族创造了良好条件。十分典型的是国家，常常还有国家中形成的民族共同体，按国家中处于统治地位的家族命名，虽然这一家族在汗国中从民族上看并不占据多数。有时，统治家族的名称只在国家名称中保留下来，而民族则以该国最大的民族分支的名称作为自称。

在国家及其中央政权的建立和巩固过程中，以及由此而来的各民族共同体的团结过程中，起重大作用的不仅有统一的物质文化，还有统一的意识形态，统一的宗教观念，以及由宗教观念变成的全国性崇拜。汗国中除了首领崇拜、英雄武士崇拜（这些是第二阶段中的典型崇拜），天神崇拜即"腾格里汗"崇拜也出现了。这说明，集权化在宗教领域也有所反映。此外，如同其他所有阶级国家一样，祭祀人员阶层——祭司出现了，世界性的宗教连同其主要的单神论思想（伊斯兰教、基督教等）也开始流行起来。

关于汗国式国家的情况，中世纪作者们留下了许多记载。此外，还留下了用这些国家的文字起草的文件。然而，对于研究这些国家文化和历史的专家来说，最有意义的还是考古材料。这些考古材料不仅有散布在草原上的冬营盘遗迹和坟墓，还有保存在地下的大量第三阶段种种遗存。这可使我们弄清国家经济生活和文化生活的各个方面。其中，首先是带文化层和住房、院内建筑物的大型居址遗迹。文化层中含有大量的陶器层和骨骼。一般说来，这些居址位于适合农耕和果木栽培的地区，成群分布，由共同的中心——寨子或城市联系在一起。许多草原城市的四郊，布满纵横交错的古代沟渠。文献史料中载有草原干旱地区特有的灌溉农业的内容，对这一点是一个佐证①。

在草原国家居民留在文化层和墓葬的遗存中，没有发现本国制造的货币。汗国不使用外国货币；虽然外国货币有时也作为外运商品的支付款而被汗国收下，但是被熔化为装饰品。我们从马克思的著作中可以找到对这种现象所做的解释。他写道，"游牧民族首先发展了自己的货币形式，因为他们的全部财产都处于一种变动的因而也是直接流通的形式之中"②。看来，畜群当是基本交换单位，始终充当着游牧国家货币的角色。由此又可看出，汗国居民对从前宗法式的司空见惯的经济形式——畜牧业和游牧业是十分珍爱的。

"宗法式的面纱"不仅覆盖在经济关系上，也覆盖在政治关系上。这种情况一直存在到 20 世纪。但是土地的所有权，社会的急剧经济分化，文献资料中不止一次提到的封建等级制的高度发展，都毋庸置疑地表明，汗国的社会制度实质上是封建主义③。

让我们来看几个具体例证。8 世纪中叶突厥汗国灭亡之后，在欧亚草原的废墟上产生了四大草原国家：回纥汗国、黠戛斯汗国、基马克汗国和哈扎尔汗国。它们都沿袭了突厥汗国的许多国家机构以及生活习俗、文化传统，但是它们的经济发展与突厥汗国不同，处于第三阶段（畜牧业—农业阶段）。

回纥汗国④是突厥汗国的直接继承者，建立于 8 世纪中叶。它存在时间不长——总共 100 年，但是在此期间，它不但形成了自己

---

① 戈·尼·里西岑娜，瓦·彼·科斯丘琴科：《土壤是研究古代农业的情报来源（据 1969 年至 1973 年在苏联干旱地区所得研究材料）》，载《苏联考古学》，1976 年，第 1 期，第 35—40 页。

②《马克思恩格斯全集》[俄文版]，第 23 卷，第 99 页。

③ 谢·帕·托尔斯托夫：篇名同上。

④ 列·尼·古米廖夫：《古代突厥人》，第 373—386 页；列·罗·基兹拉索夫：篇名同上，第 82—87 页。

的文化，还形成了稳固的民族核心。因此，它的失败和灭亡没有招致其族名的消失——回纥人没有从历史舞台消失，虽然失去了主导地位。小小的回纥汗国在现今中国新疆一带一直存在到蒙古人入侵时期，而维吾尔人则一直存在到今天。

黠戛斯汗国的情况也是如此。它在 9 世纪前夕达到鼎盛阶段，而在 13 世纪前半叶灭亡[1]。在这 300 多年之中，一个基本的民族共同体——黠戛斯人得以完全形成。无论是战争，无论是征服，都未能将这个民族消灭，它的文化和历史至今仍可根据文字史料和考古材料探索清楚。基马克汗国[2]——哈卡斯人的西方主要对手，是与黠戛斯汗国同时建立并发展起来的。在基马克人的政权下联合了大批各种民族，他们甚至连语言也不同，以致在这个汗国存在的三个世纪之中，尽管他们有着共同的经济和共同的政治遭遇，却始终没有形成一个统一的民族。

看来，在哈扎尔汗国内部没有形成统一民族，也可以用上述原因（多民族性）来做解释。7 世纪中叶，突厥人一旦退出欧洲草原，哈扎尔汗国就随之建立起来。它一直存在到 10 世纪中叶，也就是说，它的历史也是 300 多年[3]。在这 300 多年间，欧洲草原总的说来形成了统一的文化，人类学材料也证明汗国的两个主要民族群（保加尔人和阿兰人）之间出现了某些融合现象。然而后来，这两个民族群和其他共同体都消亡了，汇入了新的游牧浪潮之中——佩切涅格斡耳朵之中。

在草原国家建立和繁荣时代，尽管种种事件发生的时间和地点不同，但是草原上出现的过程惊人的一致。这一点，可用在对几

---

[1] 谢·弗·基谢廖夫：篇名同上，第 319—332 页；列·罗·基兹拉索夫：篇名同上，第 119—120 页。

[2] 布·耶·库麦科夫：《九世纪至十一世纪的基马克人国家（据阿拉伯文史料）》，阿拉木图，1972 年。

[3] 米·伊·阿尔塔莫诺夫：《哈扎尔人的历史》，列宁格勒，1962 年；斯·阿·普列特尼奥娃：《从游牧到城市》。

个最大的且经过深入研究的国家联合体和民族所作的比较分析过程中探明的发展规律来解释。过程既然是一致的，那就说明导致国家衰亡的原因也是有规律的。这些原因，可分为以下四组。

第一组原因——外部政治事件。草原国家在较强邻国手下遭到毁灭性的失败。一般说来，被摧毁的除了军事潜力，还有国家的经济基础——田地被践踏，畜群被赶走，居民点被烧光。

第二组原因——内部政治事件。首先是内讧。国家繁荣之后，封建主们渴望独立，于是就同中央政权争斗起来，结果必然导致国家的分裂和崩溃。内讧中，构成主要军事力量的大批封建上层和氏族上层被消灭。有时，内讧变成了全民性的战争，也就是说"黑民"也跟着封建主一起行动起来。这样，全局性的分裂势必牵涉到国家经济。

第三组原因——气候自然条件改变。如果气候骤变，出现干旱或长时间的寒冬和雪天，那么牧场就要毁坏，畜群就要死亡，经济就要崩溃，其他种种不幸也会接踵而至。

第四组原因似与前三组原因有矛盾。经济繁荣了，畜群扩大了，居民增长了，却发生了奇特的"人口爆炸"现象，这就迫切要求一部分居民向新的地盘迁徙（游牧）。

在现实生活中，这几组原因互相纠缠在一起，逐渐酝酿着，最终同时突然间爆发出来。如果种种原因凑在一起，会使最强盛的国家走向崩溃并彻底灭亡。如果其中一种原因显得突出一些，草原国家和联合体也会导致严重后果——或者走向灭亡或者寻找新的发展道路。

第一种情况。外族入侵，经济基础被消灭，迫使这个国家居民中最积极的那部分人重新骑到马背上，在剽悍的首领领导下，投入入侵行列，夺取新的地盘。这个国家的另一部分居民则留在原地，多半成为征服者国家的民族基础。一般说来，战败国居民的族称随着第一部分人组成的"入侵"斡耳朵转移到了新的国家联合体。这样,冠以原先族称的民族共同体在新的国家联合体中继续着自己的政治史——它的族称没有从文献记载中消失,或者过了一段时间又出现在文献记载中。最典型的例证,是公元 2 世纪时被鲜卑击败的匈奴帝国。匈奴被击败之后,在几十年内变成了令人恐惧而无比强大的匈人,他们简直横扫一切。

第二种情况。重新发展。出现在居民没有离开被征服的故地,而归顺了征服者的情况下。他们在遭到全面摧毁、人口也被消灭的情况下,没有力量再去夺取新的地盘。只有一小部分人不愿屈服于新政权,离开草原故土,投靠较强盛的邻国,有时到十分遥远的国家。大部分居民继续生活在新斡耳朵政权下。在这种情况下,这个国家不仅失去了有利的地域和政治上的优势,而且族称逐渐融汇于征服者之中,并被后者淹没。这种情形在草原民族史上屡见不鲜。比如,波洛维茨人走过的道路就是如此,他们为鞑靼—蒙古人击败之后,于 13—14 世纪时成了蒙古金帐汗国的主要居民。

第三种情况。这种情况出现在如下场合:征服者没有占领土地,而是将其纳入一个大国版图之中,只让居民交纳重赋。作为一个政治上独立单位的国家不复存在,但是居民却完全保存下来,除了战争中死去的青年。但是,正因为有后一种情形,即年轻而积极的力量失却了,结果失败的事实使居民们大丧元气,只得听命于征服者,尤其是在族属上与他们无大区别的征服者。居民们通常在过去形成的国家内生存,既没有失却原有的文化,又没有失掉原有的民族共同体,于是民族共同体得以在外族政治统治下平静地"成长"为历史上有名的民族。被鞑靼—蒙古人征服后留在故土的基马克汗国的居民、黠戛斯汗国的黠戛斯人,就是这样的。不过,与此同时,这些民族逐渐在政治上、国际上失去了原有的名气——只有与他们相邻的民族才知道他们。

第四种情况。这种情况一般是内讧造成的。内讧使庞大的帝国分裂成一系列较小的通常由"母体帝国"统治家族成员统治的国家。在这些小国中，文化和民族的形成过程仍在积极进行着。西突厥汗国分裂为四个大国和若干个规模较小、历史意义不大的联合体，其经过情形就是明显的例证。

本文系统梳理了中世纪时代草原上出现的历史过程，意在探明所有草原联合体共有的发展规律。游牧联合体所有经济生活、社会生活、民族生活和文化生活现象都连成了一种稳固的长链，形成了在现象和特征上独具一格的社会经济模式。由于文献中从未谈及各个草原民族联合体和国家联合体所具有的全部特征，于是，经济模式对于有可能完全复原过去几乎所有历史学家都不甚了了的几十个草原国家的生活情况就是十分必要的了。比如说，文献史料中曾谈到某个具体的联合体所具有的军事民主制特征，而与此同时它又没有留下任何考古遗存，那么我们就可以知道，该共同体中的游牧民当处于游牧第一阶段，他们的生活状况具有这一阶段所特有的一切特征。在同一时期同一地点，如果出现了古墓群，那就说明它已经处于游牧第二阶段。如果出现了居址、文字和有关征税官员或常规部队的记载，那就说明它已经进入游牧第三阶段。

上面论及的规律和关系，很可能不单单为中世纪游牧民所特有。早于他们或者晚于他们的游牧民群落，上起他们在草原上出现，下迄20世纪，其发展道路均应如此。

（译文原载内蒙古大学《蒙古史研究参考资料》，总第64辑）

游牧民族的社会经济史若干问题

［苏联］伊·雅·兹拉特金

本文译自苏联杂志《亚非民族》1973 年第 1 期。

本文以蒙古史为例,重点论述了游牧民族封建主义经济史的有关问题,认为评价游牧社会经济发展水平的标准在于对组织正常生产过程中和组织大型游牧业再生产过程中成员们的生产熟练程度的考察。这一观点,不仅对史学研究特别是经济研究颇具价值,而且对了解蒙古旧苏鲁克制度颇有帮助。

本文作者伊·雅·兹拉特金(1898—1990),苏联蒙古史专家。早年在苏联红军服役。1930 年起从事外交工作。1947 年毕业于莫斯科国立大学历史系。1948 年获历史学副博士学位。1950—1975 年任苏联科学院东方学研究所研究员。1962 年获历史学博士学位。主要著述有:《蒙古近现代简史》,莫斯科,1957年;《准噶尔汗国史(1635—1758 年)》,莫斯科,1964 年。

东方学发展到现阶段,原先对欧亚各个民族和政治共同体历史进行的局部研究,已经到了可以对这些民族和政治共同体历史撰写综合性论著的时候了。这类论著应当是全面的,统一的,多样化的,目的在于阐明上起第一次社会大分工下迄社会主义胜利这一时期欧亚各个民族和政治共同体社会经济和文化发展的基本规律,以及他们在世界历史中的地位和作用。每个民族和政治共同体都是整个历史进程的参与者,因此,只有以整个欧亚为背景,只有考虑到各种相互关系和相互影响的情况下,他们的历史才能得以正确理解和说明。

应当承认,苏联史学研究对于作为物质生产特殊形式的游牧经济的技术经济和社会组织问题,缺乏应有的重视。很难见到一本论述某一游牧民族的著作不去谈论一部分游牧民是富有的,而另一部分游牧民是贫穷的;富有的游牧民经济是大型的,而贫穷的游牧民经济是小型的;富有的剥削贫穷的,而贫穷的依附于富有的,等等。与此同时,研究家们通常会忽视以下问题:游牧业生产的大型经济是如何组织的,游牧民生产周期的特点是什么,生产周期中的再生产和积累是怎样进行的,大型经济是如何保证其劳动力的,等等。不把这些问题澄清,有关游牧社会的经济基础和上层建筑问题,有关整个游牧民族的历史问题,都会由于物质财富的社会生产这一主要问题因果关系不明,而无法得以明确。

阶级社会条件下牧业经济发展规律,在一定程度上可以以蒙古史为例进行分析。由于蒙古史文献史料比较丰富,故马克思主义研究家早已指明蒙古游牧社会中社会结构的最主要特征及其演变的主要阶段。

学术界当前面临的任务是揭示封建主义条件下大型游牧业经济的活动方式。这里我们应当指出,弗·伊·列宁在考察农奴制改革之后俄国资本主义发展情况时,为自己提出了如下任务:"为了大体上考察地主经济这种社会经济制度并描绘出这一制度在农奴制改革后时期的演变性质",其中包括"……考察现代化的地主经济制度,就必须以农奴制时期占统治地位的地主经济结构作为起点"。我们通过列宁的这一观点,可以学到解决我们需要解决的问题时应采取的可靠方法学原理。下面,我们对蒙古史文献史料作一番考察。蒙古史文献史料证明,蒙古封建主确实拥有过数千畜群,经营过大型牧业经济。试举拉施特丁叙述成吉思汗的七世祖母莫拏伦的故事为例说明之。拉施特丁写道:"每隔几天,她就让人把畜群赶来。她的马匹牲畜多得不计其数。不过,只要她从坐着的山顶看到山脚下大河边布满了牲畜蹄子印,她就会说:'都够数了。'"对我们来说,这则故事的重要之处在于,拥有大量畜群的富有游牧户确实存在,而且,这在蒙古绝非绝无仅有。这类情况在近代也有过。蒙古人民共和国档案馆保存着一批 18—20 世纪蒙古世俗封建主和宗教封建主经济状况的资料。蒙古人民共和国学者们,特别是沙·纳楚克道尔吉、策·那顺巴勒吉日等人,曾对这批材料进行了卓有成效的研究。策·那顺巴勒吉日刊布过宗教首领博克多格根从 1773—1924 年间拥有的牲畜头数的变化情况。1773 年,博克多格根有牲畜 91253 头;到 1864 年时,增加到118506 头。据纳罗班钦寺喇嘛德洛瓦呼图克图讲,革命前仅他一人就有马 2000 匹、羊 7000 只、骆驼 300 峰、牛 200 头。伊·米·迈斯基采用和发表过许多 1918 年蒙古的统计调查材料,其中不乏这类有趣资料。沙·纳楚克道尔吉谈到过王公道尔吉策凌的经济状况,说他拥有 15000 多头牲畜;谈到过王公扎木楚霍尔洛的经济状况,说他拥有 11071 头牲畜;还谈到过其他一些大王公的情况。1936 年,蒙古人民共和国小呼拉尔委员会发表过大喇嘛喇嘛格根的材料,说他在 1921 年革命前拥有 9000 峰骆驼、12000 匹马、15000 只羊,等等。上面引证的材料足以证明,在蒙古境内至少2000 年间一直存在牲畜头数达万头甚至十万头以上的大型游牧经济这一事实。这是确凿无疑的。

欧亚大陆其他游牧民族的情况也是如此。对于这些民族,我们手中固然没有类似蒙古民族这样广泛确凿的证明材料,但是根据已有的材料完全可以断定,贵族上层代表人物拥有大型游牧业经济,在欧亚草原地带是一种普遍现象。10 世纪著名的阿拉伯旅行家伊本·法德兰在古兹人(土库曼人)中看到有万头牲畜的伯克。他提供的这一材料就是重要佐证。拉施特丁在其遗嘱中谈到过自己的牧业经济情况,从中可以看到:拉施特丁拥有 30000 匹牝马、10000 峰骆驼、250000 只牡绵羊、10000 头母牛、1000 头公牛、2500 匹骡子、1000 匹驴子、10000 余只家禽,等等。这则资料同样很有趣。

根据各种资料看来,我们认为,18—20 世纪,蒙古富有的上层人士所拥有的经济,比较典型的平均为 3000—4000 匹马,6000—8000 只羊,600—800 头牛,400—600 峰骆驼。这类经济的生产过程包括:畜群的游动和迁徙,守护和放牧,饮水、挤奶和乳制品加工,剪毛、收毛和毛加工,接羔和保羔,剥皮和毛皮加工,货物运送,等等。为了完成这一生产周期,确保畜群的扩大再生产,该用多少劳动力呢? 这一经济活动的完成,这一生产周期应当是多长时间呢?

我们认为,划分游牧业经济生产周期的标志也如同农业经济一样,应是产品收获季。对于游牧民来说,这一标志就是接羔。其生产周期当是两次繁殖之间的这段时间。对于这一点,我们务必引起重视:不把每个工序、每个季节看作是一个整体的组成部分,而看作是各个独立的部分,并与整个周期脱节,我们就不可能理解游牧业生产的真正特点,也不可能理解其社会形态特征。有许多著作对土地和牲畜在游牧民生产和社会制度中的作用做出种种评价:一部分专家认为,游牧民生产的基本手段是土地;另一部分专家认为是牲畜;还有一部分专家认为是土地和牲畜组成的不可分割的统一体。在这里,我们不想对上述三种观点的主张者提出的论据一一进行分析,而只想指出一点:我们始终认为,土地应是游牧民生产的基本手段。诚然,某些牲畜(如牛、骆驼)在某些工序(如运输、部落范围内的游牧业)中也起生产手段的作用,但是这类情况对于全部牲畜而言,并不典型。它所反映的只是符合其体征特点并服务于消费目的、作为生产手段还原于生产过程的劳动产品的自然属性。仅此而已。①

只要我们能够正确对待生产周期这一问题,那么,我们还可以看到,从一个牧场游动到另一个牧场,不仅是为了保证牲畜获得饲草,也是为了让用过的牧场获得繁殖力,以便在下一个生产周期的相应季节再度返回。在这种生产力水平上,游动乃是恢复所用牧场繁殖力唯一可行的方法。这样,游牧民花费在游动上所用的劳动就成为农民劳动的一种变体形式。

我们弄清游牧业生产周期中的这些十分重要的技术经济特点和社会经济特点之后,再来对上面提到的有关蒙古封建主比较典型的经济例证进行一番研究。也许,我们上面提到的一些经济指数要低于 18—20 世纪时的实际情况,更低于 13—17 世纪时的实际状况。不过,这种情况反倒可使我们的结论变得更为可靠。

首先让我们来探讨一下,这类经济到底"富有"到何种程度,亦即它比拥有者及其全家的消费需求高出多少。彼·希·帕拉斯在 18 世纪中期观察了喀尔梅克游牧民的生活情况后得出结论说,为了养活一户五口之家,需要 10 头母牛和 1 头公牛、8 匹牝马和 1 匹牡马。彼·伊·斯洛甫佐夫在谈到阿克莫尔区哈萨克人的情况时写道,那里的一户五六口之家要生存下去,需要 5 匹马、6 头母牛和 10 只牡绵羊。谢·伊·鲁坚科根据 19 世纪哈萨克和吉尔吉斯游牧民的有关资料进行了一番计算后说:"为了养活一户中等水平的五口之家,必须有总数为 25 匹马(或 30 头牛或 150 只羊)的畜群。"以上这些统计数字,基本上都是概数,带有估计和推算色彩。伊·米·迈斯基于 1920 年为我们对一户普通游牧民家庭的生活费用做过一次精确的调查。他提供的资料认为,要养活一户五口

---

① 谢·叶·托尔别科夫的著作《十七世纪至二十世纪初的哈萨克游牧社会》(阿拉木图,1971 年)中,有一章专门谈到了游牧社会的发展特点,并批驳了鲍·雅·符拉基米尔佐夫的"游牧封建主义"的理论。对于这部著作及其批驳的理论,尚需作专门探讨。

之家,需要 13 头牛、90 只羊、3 峰驼、17 匹马。

对上述统计数字可做种种修正,其中有一条修正是必须的,这就是:游牧的蒙古封建主大型经济的牲畜头数,要比封建主本人及其家庭和奴仆的消费量高出几百甚至几千倍。这类大型游牧业经济是如何组织的? 它是如何保证其足够的劳动力,以便完成整个生产周期中的各道工序并保障扩大再生产的? 为了探讨这个问题,我们以封建化过程完成和封建生产关系全面胜利时期为游牧社会的着眼点。这种"社会经济制度"或曰"社会经济体系"(弗·伊·列宁语)中的核心环节,是大封建主被迫将牲畜分成小群,交给依附于封建主土地并在封建主土地上经营独立的小型和中型游牧业经济的牧户去放牧。

现在已有的材料(见下)可使我们提出如下设想:我们所列举的典型大型经济,为了发挥其正常的全年性职能,约需不少于四五百个牧户为它进行劳动。

让我们来研究一番文献资料吧。有一份史料讲,纳罗班钦寺大喇嘛德洛瓦呼图克图将其 7000 只羊按 300—800 只为一群分开,交给自有 300 只羊并有中等劳动力的阿拉特(牧民)牧户去放牧。据德洛瓦呼图克图本人说,其他寺院领有者同样行事:他们将自己拥有的牲畜分成小群交给世俗民去放牧,允许世俗民享用部分奶汁和毛皮。德洛瓦呼图克图本人共使用 400 余户依附于他的牧户为他劳动。沙·纳楚克道尔吉还发现了一批记载车臣汗部两位王公情况的档案材料。革命前他们拥有各种牲畜 26000 头,分给占他们所在和顺附庸牧民总数 11% 的 69 户阿拉特牧户去放牧;69 户阿拉特中,每户平均放牧 370—380 头牲畜。三音诺彦汗部的王公必日巴将其 8158 头牲畜分给 26 户(每户平均 314 头)放牧。土谢图汗部全部 13 个和顺中,有 29% 的阿拉特牧户只为寺院放牧牲畜。策·那顺巴勒吉日对博克多格根将其拥有的牲畜分给富裕或中等阿拉特牧户去放牧的情形,以及分给类似牧奴而为之无偿劳动的"温顺"贫牧放牧的情形,也作过一番研究。

20 世纪 20 年代末亦即 1921 年革命发生多年之后,全国依然约有一半牲畜属寺院和从前的世俗封建主所有。寺院和世俗封建主照例将牲畜分给普通游牧民放牧。1924 年统计数字表明,全国约有 12000 户阿拉特牧户在为寺院分放牲畜。看来,从前为世俗封建主分放牲畜的大约有这么多牧户。这样,就约有 1/5 的阿拉特牧户继续在为从前的封建主和寺院的大型畜牧业经济维持正常活动而尽力。①

如果说,在革命前夕和革命胜利后最初的 5—7 年内大型畜牧业经济单靠将牲畜租给小生产者分放尚可发挥作用的话,那么,在 13—18 世纪牧奴制关系居统治地位和盛行的时代,大型经济拥有者们通过强迫分放牲畜的手段而利用小生产者和中生产者的劳动,不更是封建主经济正常生产过程中一种经常起作用的社会制度和法规吗?我们认为,答案应当是肯定的。确实,我们手中还缺乏有关 13—17 世纪文献史料的直接证明材料,如果略去拉施特丁的一封信不计的话(在这封信中,拉施特丁提到,将 5000 只羊交给"哈日巴腾"部落分放,全部羊毛运往设拉子,全部羊油和奶酪运往哈马丹,全部仔畜打上主人的印记。艾·阿·阿里—扎德写道:"从整理出版拉施特丁书信的穆哈默德·沙菲所加的注释中引用史学家谢里夫—汗·比德利西(16 世纪)的引文看来,分放羊群和家禽(鸡)并按规定得到收获物一事,当属 16 世纪即比德利西生前所在的时代。")但是,越靠近现代,文献资料中提供的证明材料也就越多。我们可以引证沙·纳楚克道尔吉在蒙古人民共和国国家档案馆中发现的一份 19 世纪下半叶的文件来说明之。这是一封

---

① 《蒙古经济》[蒙古文],1931 年,第 3 期,第 26 页及以下几页。

三音诺彦汗部全体王公和寺院集体控告分放牲畜的阿拉特不好好放牧牲畜的上告信。强迫分放畜群的资料之所以不见于13—17世纪的史料，看来当是这种法规在当时看来甚为平常和司空见惯的缘故，以致没有引起史家的注意。而到18—20世纪时，情况发生了变化。其时封建制度在蒙古已进入衰败腐朽时期。在这种情况下，分放牲畜的制度时断时续，分放制度也就在一系列文件中得到了反映。至于到了牧奴制统治时代，这种法规则一直持续下去，几乎成了直接生产者最主要的封建徭役形式。小所有者想逃避贡赋是不可能的。在封建游牧社会中，封建主经济想要不断增长牲畜头数的意图与必须增加劳动力要求之间的矛盾，就这样得到了解决。

沙·纳楚克道尔吉写道："有人认为，王公们将牲畜交给贫苦牧户去放牧，似乎是为了养育这些贫穷的臣民，或者认为，贫苦牧户为王公们放牧一定量的牲畜似乎不附任何条件。这种观点是错误的。……事实上，王公们将牲畜交给牧奴们常年放牧，根本不是出于人道主义目的，而是封建主强迫牧奴阿拉特牧户为他们放牧的。……放牧牲畜者必须在经过一定时期之后如数归还所放牧的牲畜；此外，他们还必须向王公缴纳一定量的产品。王公则通常无须为分放牲畜者付钱。"

蒙古的历史经验，为卡尔·马克思的如下著名论断提供了新的证明："封建主和所有一切君主们的势力大小，不是由他们征收地租的范围大小决定，而是由其贡民的多少决定的；而贡民的多少，又取决于从事独立经营的农民的多少。"①确保游牧社会封建化和封建主义发展的，既不是奴隶，也不是失去牲畜的游牧民，而是数量庞大的独立经营的小游牧民和中游牧民。这类游牧民不仅以

---

① 《马克思恩格斯全集》[中文版]，第23卷，第785页。

其劳动使自身的需要得到满足,也使封建统治者的需要得到满足。

为什么独立经营的中、小游牧民竟会毫无怨言地完成放牧主人牲畜这种徭役,并以自己的牲畜确保主人牲畜、仔畜、畜产品等的足够数量呢?只是由于经济之外的强制手段吗?不光是暴力,光是经济之外的强制手段是不可能在长达1000—1500年的时间内保证这一社会——哪怕是封建的、游牧的、畜牧业的社会得以存在下来并得到发展的。在这个社会中,如同在其他任何一个社会那样,主要的不是经济之外的强制手段,虽然这种手段在这一社会中起着极大的作用,而是失去土地所有权的小生产者对垄断全国牧场的大生产者的依附性。中央亚草原土地所有制的垄断化过程十分漫长。这一过程始于公元前1000年的后半叶之初,直到13世纪才告完成。这一过程的基础,是逐步变为封建主阶级——土地领有者和正在封建化的上层贵族对土地公社所有权的不断侵夺,直接生产者则不断变为封建附庸牧民。蒙古统治阶级使牧民农奴化、使牧民依附于土地、使牧民变为他们的私有财产这一现象,在13世纪之前事实上已经存在,到13世纪时又从法律上得到了确认。失去土地和迁徙自由的蒙古牧民,从此只有在得到其领有者——封建主的同意之后方可使用牧场。封建主诚然也为牧民提供这种方便,但不是无偿的,而是以劳动和徭役作为交换条件,主要的徭役就是放牧封建主的牲畜。没有这种徭役,蒙古封建主的大型畜牧业经济的存在简直不堪设想。那颜阶级的牲畜分给牧民放牧这种徭役,又构成了一系列其他徭役(其中包括牧民须同那颜一起转移牧场)的基础和出发点。牧户成了封建主经济不可分割的一个组成部分,一个细胞。

列宁在谈到农奴制改革前俄国的情况时,曾这样写道:"当时经济制度的实质,就在于农业领域的全部土地即全部世袭领地,分为地主土地和农民土地;后者是作为份地分给农民的,农民……用自己的劳动和农具耕种这块土地……。农民的这种劳动产品,……是必要产品;其所以是必要的,因为对于农民来说它提供生活资料,对于地主来说它提供劳动力。……农民在自己的份地上经营'自己'的经济,是地主经济存在的条件,其目的不是'保证'农民的生活资料,而是'保证'地主的劳动力。"

蒙古封建主大型游牧业经济,在某些方面与俄国领地有很大差别。第一,游牧封建主的领地和牧场并不严格地分为地主用地和农民用地;第二,游牧社会中不存在"农民"份地这种体系;第三,在游牧社会中游牧民的劳动是通过一种特殊的途径附着在土地上的,它与农民的劳动不同。但是这些差别没有原则性的实质意义。封建主定居农业经济和封建主游牧业经济的社会制度和组织形式基本相仿;游牧世袭领地的全部牧场是世袭领主、那颜的私有财产;世袭领主、那颜将其全部或几乎全部土地都交给牧民使用,让牧民在放牧自己牲畜的同时也放牧那颜的牲畜;游牧民的劳动果实与其说是作为生活资料而保障自身的必要成果,毋宁说是作为劳动力而保障那颜的必要成果;牧奴劳动生产的剩余果实全部或几乎全部供那颜享用;牧奴在那颜土地上的自身经济,是那颜大型畜牧业经济存在和发展的条件,主要目的是为保障经济提供劳动力。公元前 1000 年中叶至下半叶在蒙古草原上产生的这种社会经济制度,在 13 世纪时趋于完善,并在 18 世纪清廷征服前得到大力发展。清廷征服使它开始变形。这种制度的高效率,游牧社会生产关系与生产力的相适应,可以从游牧民同邻近定居居民进行贸易交换的有关资料中得到证明。

欧亚大陆游牧民族同定居地区的贸易史,还为解决是什么促使游牧贵族上层走上不断扩大其牲畜头数之路、为什么他们贪得无厌地积蓄成千上万头牲畜之类的问题提供了答案。

积蓄牲畜,为换取定居地区的农业和手工业产品提供了可能性。牲畜乃是一种财富，一种货币。用自己的剩余产品换取定居地区的产品，乃是游牧业经济的主要动因及其自身存在的前提。这种交换，只有在第一次大型社会劳动分工的出现过程中及其出现后才有可能进行。在当时看来，这是一种具有重要意义的进步现象。它首先将东方与西方沟通起来。这种组织完好、畅通无阻的交换，乃是人们开发干燥地带的客观见证，而在严酷的干燥自然条件下，游牧业是最为有利的生产活动项目。它不但对畜牧业有利，也对邻近的定居农民和手工业者有利。一旦找到推销剩余产品的销售市场和定居农民及手工业者产品的供应来源，游牧业生产便在整个欧亚草原境内具备了稳定而不断发展的性质。

中国历代史籍中首先提到与游牧民进行贸易的时间，大约是公元前 3 世纪至 2 世纪。这些记载说明，由中国运往草原地区的商品种类基本上是丝织品、布匹、缎子、成衣、大米、小米、酒和装饰品。黑海沿海的斯基泰人得到的希腊产品，大体上也是这些东西。在双方对贸易同样感兴趣的情况下，其相互关系基本上是和平睦邻关系。如果其中一方对贸易的经济兴趣低于另一方，贸易就会中断，睦邻关系就会变成武装冲突和战争。试让我们对斯基泰人与希腊、中央亚游牧民与中国的相互关系史作一番比较。欧亚草原黑海沿岸地区同其邻近地区相比，连绵不断、洗劫一空的战争情况要少得多；而欧亚大陆的东方，则诚如我们所知，情况就完全不同了。这里重要原因之一，在于中国经济在与游牧草原进行贸易当中，缺乏较大的经济兴趣。在这方面，中央亚游牧民与罗斯和俄国在中世纪的相互关系史，也可作为一个旁证材料。后一种关系史的基本特点是双方都对贸易感兴趣，以及俄国善于满足游牧民对于日常生活和补给方面的需求。他们之间没有发生长期的大规模武装冲突，就可说明这一点。

我们无意对游牧社会在用其产品与定居地区产品进行交换时

出于客观需要而对定居社会发动的全部战争都做出解释。这种论点无疑会与毋容置辩的历史事实相矛盾。世界各族人民过去吃过成吉思汗王朝战争行动带来的苦头。然而,侵略战争与游牧社会的客观经济需求毫无共同之处,战争的发动者和组织者是游牧民族中对扩大剥削范围和直接掠夺别国财富感兴趣的统治阶级和当权人物。游牧劳动者如同农业劳动者一样,根本不需要侵略战争。某些著作中流行一种理论,把游牧民的袭击和侵略活动说成他们生产中独具的特征,这实在是大谬不然。

17 世纪对蒙古来说,在许多方面是一个转折关头。实现剩余牲畜和畜产品交换中长期遇到的越来越大的困难,使国内经济进一步受阻,经济状况很不景气;清政府的征服,彻底封锁了蒙古走向进步的所有途径。蒙古封建主义进入衰败腐朽阶段。由于蒙古在 17—18 世纪遭到灾难性的破坏,经营独立游牧业和完成分放那颜牲畜徭役的牧奴数目减少,封建主大型畜牧业经济丧失了保证正常生产周期必需的劳动力来源,封建主既不需要破产牧民,因丧失牲畜而破产的牧奴也不需要封建主及其所拥有的土地,这样,将土地所有者封建主和土地使用者牧奴联系在一起的社会经济关系就破裂了。丧失牲畜的蒙古阿拉特,被迫寻找其他谋生手段,在没有遭到主人反对的情况下离开主人他去。

17 世纪末出现的这一过程,到 19 世纪特别是 19 世纪下半叶时发展成为深刻的危机。其时,中国商业高利贷活动在贫穷的蒙古展开。这一活动虽是逐渐进行的,然而一直持续了下去。滞留在手工业从农业中分离出来的关键时刻和民族商业资本正在形成过程中的蒙古封建社会,其经济基础甚为薄弱,对于这场灾祸无法抵御,只有社会革命才能救蒙古。俄国的十月革命,帮助充满浓厚革命气氛的蒙古实现了 1921 年的人民革命。

许多旅行家和考察家认为,蒙古人如同其他游牧民族一样,不存在封建主对于土地和牧奴的所有权,这种观点是错误的。他们错把封建社会经济制度的变形现象当成正常现象,错把封建主义的衰败现象和封建主义所固有的生产关系的腐朽解体现象当成游牧封建主义本身的规律。

现代研究家也犯过或正在犯这类错误。[①] 他们在分析欧亚大陆某些地区某种游牧经济的社会结构和游牧社会的社会制度时,也往往将封建主义初期阶段的现象当作游牧封建主义一般固有规律。历史发展的不平衡性在游牧民族史上,甚至在同一个民族共同体的不同民族群中,都是十分常见的现象。游牧封建经济体系的演变情况,在北部蒙古——这里从公元前 1000 年后半叶起是中央亚草原上发展起来的许多最重要过程的中心所在——显示得最为明显,最为完整。即使如此,这些过程的发展也是不平衡的:有一些地域(譬如现今蒙古人民共和国境内)发展得比较快,而另外一些地区(贝加尔湖沿岸地区和西北阿尔泰地区)发展得比较慢。此外还可以看到:卫拉特人居住的西部蒙古崛起迅猛,原本落后于喀尔喀,而到 17—18 世纪时却超过了喀尔喀。封建主义的发展规律和发展倾向,对于所有游牧民族来说是共同的。至于各自有不同的发展水平,这只能用地理环境特点以及具体的历史发展特点来解释。这一发展应当分别予以研究。所谓游牧封建主义的规律性,基本上也与全人类历史上的封建主义时代的普遍规律性相符。

从分区研究过渡到分析欧亚草原各民族历史的普遍规律,需要有一个统一的方法学标准,以评价每一个游牧社会在封建主义确立和发展条件下成熟的水平。我们认为,这个分类标准(类型学

---

① 见阿·马·波兹德涅耶夫:《蒙古及蒙古人》,圣彼得堡,1896 年,第 1 卷,第 89 页;格·叶·格鲁姆—格尔日麦洛:《西部蒙古和乌梁海边区》,列宁格勒,1924 年,第 2 卷,第 2 页;伊·米·迈斯基:《现代蒙古》,伊尔库茨克,1921 年,第 114 页;阿·德·加里宁科夫:《蒙古的民族革命运动》,莫斯科—列宁格勒,1926 年,第 9 页及以下几页。

标准），就是组织正常生产过程中和组织大型游牧业经济再生产过程中成员们的成熟程度。而再生产过程，是以牲畜所有者将其牲畜分给独立经营中小型畜牧业经济的封建附庸牧民放牧为基础的。这个原则，对于比较一个游牧民族与另一个游牧民族的历史，对于阐明每一个游牧民族以及欧亚大陆范围内整个游牧民族的历史演变过程，都是可靠的科学基础。

（译文原载内蒙古社会科学院《蒙古学资料与情报》，1981 年，第 3 期）

统一蒙古国的建立与成吉思汗

[蒙古]沙·桑达格

本文原载苏联出版的论文集《鞑靼——蒙古人在亚洲和欧洲》（莫斯科,1977 年）。

本文详细记述了 13 世纪初成吉思汗统一蒙古诸部、建立蒙古国的过程,以及他为巩固政权、准备出征采取的措施,同时对成吉思汗做出历史评价。

本文作者沙·桑达格(1928—),蒙古国历史学家,毕业于蒙古国立大学。蒙古科学院东方学研究所研究员,所长。1958 年获历史学副博士学位。1976 年获历史学博士学位。主要著述有：《蒙古封建神权国家的建立及其对外政策(1911—1919 年)》,莫斯科,1958 年;《蒙古人民共和国的外交政策(1921—1976 年)》,莫斯科,1976 年。

众所周知,世界上已有大批用多种语言写成的研究成吉思汗的著作。西方研究家大多认为成吉思汗是一位"伟大征服者"和"强有力人物",对这位统帅的征服行动作了热情洋溢的描述[①]。俄

---

① 可参阅:亨·霍·霍渥斯:《九世纪至十三世纪之蒙古史》[英文],第一卷,伦敦,1876 年(以下为:《蒙古史》);杰·库廷:《蒙古人》[英文],伦敦,1908 年;哈·拉姆:《全人类的皇帝——成吉思汗》[英文],纽约,1927 年;拉·福克斯:《成吉思汗》[英文],伦敦,1936 年;贝·斯普勒:《金帐汗国》[德文],莱比锡,1943 年,第 V11 页,第 20 页,第 22—24 页;亨·德·马丁:《成吉思汗的崛起及其对华北的征服》[英文],巴尔的摩,1950 年(以下为:《成吉思汗的崛起》);雷·格鲁塞:《世界征服者成吉思汗》[法文],巴黎,1953 年;米·普拉甫京:《成吉思汗及其遗产》[德文],斯图加特,1957年;弗·麦肯齐:《海洋与草原:蒙古征服者成吉思汗的生平和时代》[英文],纽约,华盛顿,1960年;额邻真·哈拉—达旺:《成吉思汗:一位统帅及其遗产》,贝尔格莱德,1929 年。

国学者们在十月革命前或革命后不久撰写的论著中,也对成吉思汗作过片面论述。比如,瓦·弗·巴托尔德①和鲍·雅·符拉基米尔佐夫②的早期著作就对成吉思汗的个人品质、军事才能和组织才能有过不同程度的赞扬。这当然无损于这些著作的价值。另一方面,某些西方研究家又不分青红皂白地诋毁成吉思汗的业绩,把他描绘成一个残忍的野蛮人③。由此而知,成吉思汗的功过应当根据他所处的历史背景进行分析和评价。近来,成吉思汗在蒙古史上的作用④,在蒙古史学著作和蒙苏历史学家合编的著作《蒙古人民共和国通史》⑤中得到客观评价。关于这一点,以下将谈到。

诚如所知,12—13世纪蒙古史的基本史料有《忙豁仑·纽察·脱察安》(《蒙古秘史》)⑥和拉施特丁(1274—1318)的著作《扎米阿特·塔瓦里赫》(《史集》)⑦。《忙豁仑·纽察·脱察安》成书于1240年,内含有关蒙古诸部的大量史料,描绘了这一时期蒙古人的壮丽生活画卷。在波斯史学家的《史集》中,我们也可以读到成吉思汗祖先和蒙古诸部领袖的无数故事。鲍·雅·符拉基米尔佐夫所写的如下一段话无疑是正确的:"《秘史》(即《忙豁仑·纽察·脱

---

① 瓦·弗·巴托尔德:《成吉思汗帝国的建立》,载《俄国考古学会东方分会会刊》,第10卷,第1—4辑,1897年,第105—119页;瓦·弗·巴托尔德:《蒙古入侵时期的突厥斯坦》,第2部,圣彼得堡,1900年;还可参阅新版:瓦·弗·巴托尔德:《著作集》,第1卷,莫斯科,1963年;《成吉思汗》,载《布罗克豪斯与埃弗隆百科辞典》,第33a卷,彼得堡,1903年。

② 鲍·雅·符拉基米尔佐夫:《成吉思汗》,柏林—彼得堡—莫斯科,1922年。

③ 康·多桑就属于此类作者(虽然他的著作作为最早的蒙古史著作之一,学术价值毋庸置疑):康·多桑:《蒙古史》[法文],第1—4卷,海牙—阿姆斯特丹,1834—1835年;还可参阅俄译本第一卷:康·多桑:《从成吉思汗到帖木儿朗之蒙古史》,第1卷,伊尔库茨克,1937年。

④ 《蒙古人民共和国通史》[蒙古文],第1卷,乌兰巴托,1966年,第199—243页。

⑤ 参阅《蒙古人民共和国通史》,第2版,莫斯科,1968年。

⑥ 诚如所知,《忙豁仑·纽察·脱察安》版本甚多。我们使用的是谢·安·科津的译本(《秘史,1240年蒙古编年史》,第1卷,莫斯科—列宁格勒,1941年)和策·达木丁苏荣的译本(《忙豁仑·纽察·脱卜赤颜》[蒙古文],乌兰巴托,1947年)。

⑦ 拉施特丁:《史集》,第1卷,第1册,列·阿·赫塔古罗夫译,莫斯科—列宁格勒,1952年;第1卷,第2册,奥·伊·斯米尔诺娃译,莫斯科—列宁格勒,1952年;第2卷,尤·帕·维尔霍夫斯基译,莫斯科—列宁格勒,1960年;第3卷,阿·卡·阿林德斯译,莫斯科—列宁格勒,1946年。

察安》——作者注）叙述了成吉思汗出生的氏族，自由而奔放地描绘出草原生活图景，为推断 12—13 世纪蒙古人生活的各个方面提供了极为丰富的资料。即令《元朝秘史》（《蒙古秘史》——作者注）中的记载在某些史实方面与《史集》以及其他古籍不符，但是无论是产生于草原的作品，还是出自遥远的波斯那位有学问的大臣兼医生之芦杆笔下的作品，对游牧生活情景的描绘却是一致的。如果可以说，中世纪中没有哪一个民族能像蒙古人那样吸引史学家们注意的话，那么，也就应当指出，没有哪一个游牧民族能保留下像《秘史》这样形象而详尽地描绘真实生活的大作。"[1]这两部作品完美地互相补充，为撰写蒙古国的建立史和蒙古民族的形成史提供了珍贵材料。拉施特丁的前辈志费尼（卒于 1238 年）即《塔里赫—伊·扎罕古沙依》（《世界征服者史》）的作者[2]，以及其他波斯史学家，也提供了许多有关成吉思汗的材料。

诸种史籍表明，现今蒙古人居住的地区，在 12 世纪时居住着原本蒙古人、客列亦惕、篾儿乞惕、斡亦剌惕、乃蛮、塔塔儿和其他许多部落。原本蒙古人占据了斡难河和客鲁涟河两河流域的大部分地区。原本蒙古人以西，土拉河谷以及斡难河中游和翁金河流域以南，居住着客列亦惕部。客列亦惕部以北，薛凉格河两岸，是三部篾儿乞惕部联盟（"古日本—篾儿乞惕"，字面意思为"三部篾儿乞惕"）——兀都亦惕、合阿惕和兀瓦思的游牧地。再往北，库苏泊附近，是"都日本—斡亦剌惕"（字面意思为"四部斡亦剌惕"）的居住地。乃蛮部的分布地区，是东起薛凉格河和斡难河上游，西至塔尔巴合台，北起唐努乌拉，东南到阿尔泰山东段。塔塔儿诸部居住在捕鱼儿海和澜涟湖东。在上述诸居住地之间，自然不存在明

---

① 鲍·雅·符拉基米尔佐夫：《蒙古人的社会制度·蒙古游牧封建主义》，列宁格勒，1934 年，第 7—8 页。（以下为：《蒙古人的社会制度》）

② 参阅志费尼的著作《世界征服者史》，约·安·波伊勒英译本，第 1—2 卷，曼彻斯特，1958 年。

确的边界线。在战争频仍、诸部相攻的 12 世纪,各部的游牧地都在不断变动。但是,上面谈到的地区,毕竟是这些部落联盟的最早游牧地①。

部落联盟分成许多小的部落和氏族。据拉施特丁记载,原本蒙古人是由尼伦蒙古人(亦称乞牙惕人)和迭儿列斤蒙古人所组成。尼伦是指属于传说中的阿阑豁阿后裔的蒙古诸部和氏族,而且只有阿阑豁阿家族前六代才叫尼伦族;而属于阿阑豁阿家族六代之后亦即合不勒汗家族的后裔,叫作乞牙惕族;至于合不勒汗的直接后裔,则称为乞牙惕—孛儿只斤族。乞牙惕—孛儿只斤族的首领是合不勒汗之孙、铁木真即未来的成吉思汗之父也速该—把阿秃儿②。除了乞牙惕—孛儿只斤族外,归于尼伦族的还有泰亦赤兀惕、撒勒只兀惕、哈答斤、朵儿边、把阿邻、兀鲁惕、汪古惕、巴鲁剌思、亦速惕等部③。

蒙古诸部的社会关系和文化发展程度各不相同。从史料看来,12 世纪所有蒙古诸部中,乃蛮部和客列亦惕部的发展水平最高。乃蛮部有了带有某些国家职能萌芽的国家结构(汗国)。比如,据汉文史料记载,1204 年,铁木真打败乃蛮军队之后,被俘的乃蛮大臣塔塔统阿向蒙古汗献上一枚塔阳罕的玉玺,并说,这枚玉玺是加盖在委任官员和征收税赋的诏令上的④。乃蛮部通行一种借自畏吾儿人的文字。客列亦惕部的情况似与乃蛮部大体相仿。蒙古人也曾存在过一种国家联合体,最初由合不勒汗领导,后来由俺巴孩汗领导⑤。《忙豁仑·纽察·脱察安》中说:"合不勒汗领全体

① 关于蒙古诸部的分布情况,参阅拉施特丁《史集》,第 1 卷,第 1 册,第 73—75 页。
② 参阅上书,第 152—153 页。
③ 同上,第 78 页。关于蒙古诸部的起源,还可参阅谢·安·科津:《秘史》,第 52 节,第 80 页及以下。
④ 参阅道尔吉·班扎罗夫:《选集》,莫斯科,1955 年,第 296 页(格·尼·鲁米扬采夫的注释 221)。
⑤ 谢·安·科津:《秘史》,第 52 节,第 84 页。

蒙古人马。"①合不勒汗建立的国家,叫作"哈马克·蒙古"②。关于合不勒汗和俺巴孩汗,史籍记载不多。合不勒汗系屯必乃—薛禅之子,阿阑豁阿之子孛端察儿(孛端察儿系阿阑豁阿丧夫之后所生)的后代。孛端察儿的后裔还创建有许多蒙古部落,如巴阿邻部、泰亦赤兀惕部和乞牙惕—孛儿只斤部。从《忙豁仑·纽察·脱察安》第47节看来,俺巴孩汗系屯必乃—薛禅叔父之子;而从第52节看来,俺巴孩汗系相昆—必勒格之子,察剌孩—领忽系屯必乃—薛禅叔父之孙③。这一记载与拉施特丁史中俺巴孩汗系察剌孩—领忽之孙的记载相符④。总而言之,尽管其前任合不勒汗有7个儿子,但是根据合不勒汗的遗言,他死后由俺巴孩汗统领蒙古人⑤。合不勒汗领导的蒙古诸部部落联盟,显然在当时是最强大的部落联盟。拉施特丁谈到他时说,"他是其诸部和被征服者('阿特巴')的国君和首领('皮什瓦')",这话恐非偶然所言⑥。从拉施特丁的记载来看,合不勒汗受邀到过金国宫廷,金国皇帝为了与之亲近,曾设宴欢迎,并赠送厚礼。而后,金国皇帝却接受群臣之谏,派人随后追赶他,以便把这个危险的敌人擒获并杀死。但是合不勒汗拒绝返回金宫。金国使者设法将合不勒汗抓获,又被他逃出。后来当金国使者赶到合不勒汗帐时,全部被他杀死⑦。这一事件发生在金国皇帝合剌(1135—1149)登基后不久,合不勒汗前去庆贺之时。金国皇帝在其使者被杀之后,于1137年派大军进攻蒙古人。金军出会宁,沿浑尼河前进,深入蒙古领土腹地,但因物资供应短

① 同上。
② 《蒙古人民共和国通史》,第1卷,第199页,第203页。
③ 参阅谢·安·科津:《秘史》,第40—52节,第82—84页。
④ 拉施特丁:《史集》,第1卷,第2册,第42页。
⑤ 谢·安·科津:《秘史》,第52节,第84页。
⑥ 拉施特丁:《史集》,第1卷,第2册,第35页。
⑦ 同上,第35—36页。

缺而不得不退兵。蒙古人在合不勒汗的率领下乘机追击,在海林(当为海拉尔河)一带将金军打败①。

俺巴孩汗去塔塔儿部相亲时,曾被抓获,并被送往现今北京去见金国皇帝(塔塔儿部当时是金国的附庸)。金国皇帝将他残酷拷问后,钉上"木驴"②。据《忙豁仑·纽察·脱察安》记载,俺巴孩汗是送女儿嫁给捕鱼儿海地区阿亦里兀惕——不亦鲁兀惕部的塔塔儿人时被擒,并被送往金国皇廷的③。俺巴孩汗被害,成为蒙古与金国结仇的开端。俺巴孩汗的继承人——合不勒汗之子忽图剌汗出兵征讨金国④。他一举歼灭前来迎战的金国大军,抢掠了金国的一部分地区,携带大量战利品返回蒙古。约于1143年,金国派元帅兀术率大军侵蒙。然而,这场战争未获胜利,金国遂于1147年同蒙古人媾和,条件是金国撤去在蒙古境内的所有城堡,并须年年向蒙古人送来一定量的羊、牛等牲畜和食品。此后不久,蒙古人内讧加剧,加之1161年金国与塔塔儿联军在捕鱼儿海一带大败蒙古人⑤,结果,蒙古人实力大大衰落。也就是从此时起,强烈的复仇愿望便成了成吉思汗要同俺巴孩汗遭杀害之前即已结怨的塔塔儿部斗争的理由。出于同一原因,成吉思汗于1211年向金国发动了进攻。

12世纪出现的国家联合体并不巩固。当时的蒙古诸部已进入阶级分化过程。社会分化为两个阶级——那颜(氏族上层)和被压迫的平民⑥。在这种情况下,某些贵族代表人物为争夺部落领导权而进行的斗争,客观上也就成了统一蒙古诸部、建立统一的蒙古国

---

① 参阅亨·德·马丁:《成吉思汗的崛起》,第58页。

② 拉施特丁:《史集》,第1卷,第2册,第42页。

③ 谢·安·科津:《秘史》,第53节,第84页。

④ 拉施特丁:《史集》,第1卷,第2册,第42页。

⑤ 亨·德·马丁:《成吉思汗的崛起》,第58页。

⑥ 《蒙古人民共和国通史》,第1卷,第195页。

的斗争。这场斗争到 12 世纪下半叶愈演愈烈。《忙豁仑·纽察·脱察安》对当时的状况作了生动的不无夸张的描绘：

"星天旋转分，

天下大乱，

人人不入寝处焉。

大地颤动分，

各国相攻，

个个不引其衾焉。

所有的人均以刀剑了结夙愿，

彼此之间千方百计加害对方，

无一人能够自由自在地生活。"①

未来的成吉思汗，一说生于 1162 年，一说生于 1155 年②。铁木真这一名字的来源，据说是这样的：在他出世前，其父也速该—把阿秃儿曾擒获塔塔儿部首领铁木真—兀格③。

也速该系把儿坛—把阿秃儿之子，合不勒汗之孙。他不是一位汗，而是一位把阿秃儿（英雄）。也速该曾积极参与忽图剌汗的伐金之战④。他是最早从 1161 年的毁灭性战争中恢复元气的蒙古

---

① 谢·安·科津：《秘史》，第 254 节，第 183—184 页。译者注：此处及以下引文的汉译，均据道润梯步《新译简注〈蒙古秘史〉》。

② 据包括《元史》在内的汉文史籍记载，成吉思汗生于 1162 年。但拉施特丁认为 1155 年是这位蒙古汗的生年（《史集》，第 1 卷，第 2 册，第 258 页）。拉施特丁的记载与 1221 年曾到过现今之北京的中国旅行家赵珙的说法一致。赵珙在其有关蒙古人的笔记中说，铁木真生于 1154 年（瓦·帕·瓦西里耶夫：《蒙鞑备录》，收入《十至十三世纪中亚东部的历史及遗产》一书，原载《俄国考古学会东部分会著作集》，第 3 部和第 4 部，1859 年，第 217 页）。瓦·帕·瓦西里耶夫说，《蒙鞑备录》一书的作者是孟珙（第 235 页），中国学者王国维后来则考证说，这部著作的作者很可能是赵珙（尼·策·蒙库耶夫：《关于最初蒙古诸汗的汉文史料》，莫斯科，1965 年，第 133 页[以下为：《汉文史料》]）。

③ 谢·安·科津：《秘史》，第 59 节，第 85—86 页；拉施特丁：《史集》，第 1 卷，第 2 册，第 75 页。

④ 拉施特丁：《史集》，第 1 卷，第 2 册，第 43 页。

首领之一。也速该—把阿秃儿在征讨和侵袭别的部落时经常是一个幸运者,所以他拥有大批臣民和大量畜群。除了乞牙惕—孛儿只斤氏,他显然还控制着别的一些部落联盟。因此,拉施特丁称他为"大部分蒙古部落的国君"绝非偶然①。一次,也速该带着九岁的长子铁木真去见翁吉刺惕部之德—薛禅,以娶其女孛儿帖,并按照蒙古古俗将铁木真留赘亲家生活一个时期。在返家途中,也速该被与之结怨的塔塔儿部认出,并遭毒杀②。

也速该—把阿秃儿死后,他手下的兀鲁思(百姓)纷纷散去。最先离开的是与之同源的泰亦赤兀惕部③。也速该遗孀守着年纪尚幼的几个孩子,生活十分艰难。后来儿子们长大成人之后,她的情况才大为改观。长子铁木真尤为敏捷、坚毅并富有进取之心。他将妻子孛儿帖迎娶回来,便开始进行一场可能久已筹划的征服其他部落的斗争。为此,他先与强大的部落联盟首领——客列亦惕的王罕笼络关系。王罕当初曾是也速该—把阿秃儿的安答(结拜兄弟)。于是,据《忙豁仑·纽察·脱察安》记载,铁木真便这样说道:"昔日,客列亦惕之王罕因结拜而与吾父也速该汗成为安答。吾父之安答者,亦为吾父焉",遂依习俗,同弟弟合撒儿、别勒古台一起给王罕送上礼品④。这样,铁木真便成了客列亦惕汗的附庸。不久之后,约1184年,与铁木真有仇的篾儿乞惕部忽然进攻铁木真,意欲报仇,加害铁木真。篾儿乞惕人抢走铁木真的夫人孛儿帖。与王罕和好之举,这时对铁木真便显得十分有用了。王罕、王罕的附庸——与孛儿只斤族同源的札只刺惕部之札木合(他在幼年时即与铁木真结为安答),以及铁木真本人,约在1185年率兵迎

① 同上,第50页。
② 谢·安·科津:《秘史》,第67节,第68节,第87页。
③ 同上,第72节,第88页。
④ 同上,第96节,第95页。

击并打败篾儿乞惕部落联盟,歼灭其一部分百姓,俘获其余部分,解救出被篾儿乞惕人抢走的孛儿帖等人①。

这次胜利使铁木真变得强大起来,能与其他争夺政权的首领们平起平坐了。这一时期,他与札木合建立起来的友谊,延续时间不长。札木合和铁木真一起游牧了一年半,便告分手②。包括札剌亦儿、塔儿忽惕、敞失兀惕、巴牙兀惕、巴鲁剌思、忙忽惕、阿鲁剌惕以及臣属于泰亦赤兀惕的诸部在内的许多部落,均归附铁木真。还有一些部落也离开札木合,转到铁木真一边③。铁木真大约在1189年经主儿乞部的撒察—别乞以及忽察儿别乞(捏坤太子之子)、阿勒坛(忽图剌汗之子)的提议,被推为汗④。拥戴铁木真为汗的还有同族上层,比如先前蒙古诸汗的直接后裔阿勒坛。阿勒坛是忽图剌汗之子,合不勒汗之孙,而铁木真只是乞牙惕—孛儿只斤族的末支后裔。在一般情况下,出身显贵这一点通常要起重要作用,但是这次显然是铁木真的能力和实力起了决定性作用。鲍·雅·符拉基米尔佐夫写道:"对于蒙古草原贵族阶级来说,维持其牧地内部秩序是重要和必须的,实行袭击以及和外部敌人的战争对它也是十分有利的,因为由此可以夺得虏获物,而这种虏获物又由于有了'熟练的牧马者''好汉',等等,自然可以唾手而得。因此,这个草原贵族阶层宁愿要强有力的汗,而不愿要像阿勒坛、忽察儿那些虽然出身显贵但力量弱小的领袖,更不愿意要像撒察—别乞那样摇摆不定的汉子。换言之,一切将取决于战场上的表现:成吉思汗于是取胜了。"⑤贵族代表人物选择了铁木真为汗,授他以成吉思汗的封号,向他说出如下誓词:

① 同上,第104—115节,第98—105页。
② 同上,第118—119节,第106页。
③ 同上,第120—122节,第107—108页。
④ 试与《蒙古人民共和国通史》(第1卷,第206页)相比较。
⑤ 鲍·雅·符拉基米尔佐夫:《蒙古人的社会制度》,第85页。

"愿为先锋驰赴敌人，

随时将为你奋力夺得

美貌的妇人和漂亮的姑娘，

帐篷、物品和高官厚禄；

夺到好臀节之良马，

立即将其为你奉上①。"

成吉思称汗之后，安排了汗帐诸职：有的"带箭筒"，有的任司厨，有的任司羊，有的摄奴婢之事，等等②。这当然还只是对汗帐和人事一种相当原始的管理安排。

这样，在"哈马格·蒙古"衰落之后，相当一部分原本蒙古诸部便又联合起来。《蒙古人民共和国通史》（蒙古文本）第一卷的作者认为，"铁木真复兴了'哈马格·蒙古'国，为统一蒙古国的建立创造了重要的政治条件"③。

得知铁木真称汗的消息，客列亦惕汗脱斡邻勒表示称赞，札木合却并不高兴④。过了一段时间，札木合以其弟哈察儿被成吉思汗臣民在赶放畜群时被杀为借口，向新登汗位的蒙古汗开战，并在斡难河畔的答阑巴勒主惕一带将成吉思汗打败。札木合得胜之后，对待俘虏十分残忍，用 70 口锅将对方贵族代表人物活活煮死⑤。

但是这场胜利并未给札木合带来任何好处。相反，他的臣民们——兀鲁兀惕部、忙忽惕部和晃豁答歹部人，都在各自首领的率领下投奔了成吉思汗⑥。

成吉思汗对自己的庇护者客列亦惕汗脱忽邻勒则尽力效劳。

---

① 谢·安·科津：《秘史》，第 123 节，第 108 页。

② 同上，第 124 节，第 109 页。

③《蒙古人民共和国通史》，第 1 卷，第 206 页。

④ 谢·安·科津：《秘史》，第 127 节，第 111 页。

⑤ 同上，第 128—129 节，第 111—112 页。

⑥ 同上，第 130 节，第 112 页。

1194 年,脱忽邻勒被其弟额儿格—合剌借乃蛮部的力量逐出故地。他四处流浪,到过唐兀惕西夏地、畏吾惕所辖地和合剌—乞答惕之古儿罕所辖地,1197 年之后才返回蒙古,并向铁木真求援。尽管脱忽邻勒处境悲惨,但铁木真还是隆重接待了他,并为他夺回臣民,还从自己百姓中征得"忽普楚尔"(税捐),转赠给他。1179 年,成吉思汗顺利击败篾儿惕部之脱黑歹—别乞,将全部虏获物送给脱斡邻勒①,以此显示他对盟友的忠诚和慷慨。成吉思汗对于脱斡邻勒这样地位显赫的世袭贵族给予的援助,无疑在蒙古贵族界提高了自己的威望。

过了不久,在 1198 年,金国与塔塔儿部之间爆发了战争。金国皇帝完颜璟(1190—1208 在位)派元帅完颜相前往蒙古镇压附庸塔塔儿部的叛乱。完颜相请脱斡邻勒予以帮助。脱斡邻勒与铁木真一起出征。铁木真对于有机会向本族的宿敌塔塔儿人进行清算,自然十分高兴。他们来到流经斡难河和客鲁涟河之间的浯漓札河畔,得知塔塔儿人已经撤退,便沿两河河岸追击,赶上疲惫不堪的塔塔儿军队,予以毁灭性的打击。结果,塔塔儿部首领篾古真·薛兀勒图被杀,许多士兵被俘。金国统帅完颜相为这次援助行动而授脱忽邻勒以"王"的称号(脱忽邻勒从此被叫作"王罕"),授铁木真以"扎兀惕忽里"(招讨)的称号②。

凯旋途中,成吉思汗因客鲁涟河畔的主儿勤部——这"昔日毁我父祖之仇敌"拒绝参加对塔塔儿部的征讨,而对主儿勤部发动进攻,并打败该部,杀死撒察—别乞和泰出③。《忙豁仑·纽察·脱察安》作者记载说,主儿勤部乃合不勒汗之后裔,"其民有胆、有勇、无

---

① 同上,第 178 节,第 136 页;拉施特丁:《史集》,第 1 卷,第 2 册,第 349 页。
② 谢·安·科津:《秘史》,第 133 节,第 113 页;拉施特丁:《史集》,第 1 卷,第 2 册,第 93 页;试与亨·德·马丁《成吉思汗的崛起》第 72—73 页相比较。
③ 谢·安·科津:《秘史》,第 136 节,第 114 页。

畏",并不无感叹地说:"成吉思汗竟伏如此勇猛之百姓且灭其族称乃至部落矣。"①可以设想,这个同源部落确实曾是成吉思汗争夺统治蒙古大权斗争中一个危险的对手。

不久之后,乃蛮汗亦难察—必勒格去世,他的领地被他的两个儿子塔阳罕和不亦鲁黑分而据之。兄弟二人因争夺女姜而不和。成吉思汗和王罕利用这一有利时机,于1199年向其中的不亦鲁黑发动征讨。与王罕一起出征的还有铁木真的对手札木合。不亦鲁黑来不及集结兵力,先退至阿勒台以西,又顺浯沦古河畔而到浯沦古湖。在浯沦古湖附近他吃了败仗以后,又退到叶尼塞河流域,投奔黑木—黑木只儿惕。成吉思汗的大军越过阿勒台,来到拜答剌黑河边。这时,塔阳罕尽管与不亦鲁黑有隙,仍派可克薛兀—撒卜剌黑率大军参加抵抗蒙古大军的行动。战斗开始了。到夜间来临时,战斗仍不分胜负。札木合见到这种局面,认为消灭成吉思汗的良机到来了。

他利用王罕性格上的软弱和游疑这一弱点,说服王罕,使之相信:成吉思汗正在变成他的对手。结果,到天亮前,客列亦惕部的军队亦未露面。于是成吉思汗与敌人脱离接触,将军队完整地保存下来。这样一来,王罕的处境倒变得艰难了。可克薛兀—撒卜剌黑扑向客列亦惕大军,奋力攻击,拼命追赶。王罕不得不向此前不久刚被他出卖了的成吉思汗求援。成吉思汗明知乃蛮部也在威胁他本人,却依旧派出四员大将——孛斡儿出、木华黎、者勒篾和赤剌温去支援王罕,并在王罕之子尼勒合指挥后卫部队失利的情况下,突然打败乃蛮部②。

与此同时,篾儿乞惕首领脱黑脱阿—别乞与泰亦赤兀惕部结

① 同上,第139节,第116页。
② 同上,第158—164节,第125—127页;拉施特丁:《史集》,第1卷,第2册,第116—117页;亨·德·马丁:《成吉思汗的崛起》,第72—73页。

盟。即使如此,这二部的军队也在第二年即1200年被成吉思汗和王罕彻底打败[①]。

在此情况下,反对成吉思汗的诸部(泰亦赤兀惕、合答斤、撒勒只兀惕、朵儿边和翁吉剌惕)首领又结成秘密联盟,企图消灭成吉思汗和王罕。他们腰斩马、牛、骡,相誓为盟。但是,他们的计谋被成吉思汗的岳父——翁吉剌惕部的德—薛禅泄露给成吉思汗。成吉思汗将他们各个击破,使之无法联合在一起。[②]

到1201年时,札木合建立起了一个强大的联盟,加入这个联盟的有札只剌惕、泰亦赤兀惕、翁吉剌惕、亦乞列黑、豁罗剌黑、朵儿边、合答斤和撒勒只兀惕诸部。塔塔儿、篾儿乞惕、斡亦剌惕和乃蛮等部也派兵附和。上述诸部的上层人物在刊河和额尔古涅河汇流处举行"库里勒台",举札木合为汗,号古儿汗。但是联军试图突然举事的预谋,被人密告了成吉思汗。成吉思汗与王罕一起在捕鱼儿海与阔涟湖之间的阔亦田地方向盟军发动突然袭击。盟军被打散,塔塔儿部、乃蛮部、篾儿乞惕部和斡亦剌惕部的军队撤回故地。王罕追击札木合,成吉思汗追击泰亦赤兀惕部。成吉思汗赶上敌人,但在决战中身负重伤,几至失败。不过最终结果是泰亦赤兀惕部投降,翁吉剌惕部随之归顺。[③]

至此,成吉思汗成为相互角逐的蒙古贵族代表人物中最强大的一个。下一步该是解决塔塔儿部的时候了。塔塔儿部自1198年失利之后,虽被削弱,但依然剩有四大部落:阿鲁孩、都塔兀惕、阿勒赤和察干。1202年春,成吉思汗在合勒合河口的达兰·捏木儿格黑将他们击败。所有塔塔儿男子被俘后遭杀害,他们的妻子

[①] 拉施特丁:《史集》,第1卷,第2册,第116页。

[②] 同上,第116—117页;亨·德·马丁:《成吉思汗的崛起》,第72—73页。

[③] 谢·安·科津:《秘史》,第141—147节,第116—120页;拉施特丁:《史集》,第1卷,第2册,第119—120页;亨·德·马丁:《成吉思汗的崛起》,第73—74页。

儿女被分配给各个部落。两名塔塔儿女子——也遂和也速干则被成吉思汗纳为妃子。①

同年，篾儿乞惕部首领脱阿两次进攻成吉思汗，均被打败。而后，他加入反对成吉思汗的新联盟。于是便发生了乃蛮塔阳罕之弟不亦鲁克指挥下的斡亦剌惕、合答斤、撒勒只兀惕、朵儿边和篾儿乞惕诸部大军与成吉思汗之战。战争以上述诸部宣布休战而告结束。②

斗争逻辑或迟或早要导致成吉思汗与其宗主王罕发生冲突。据史籍记载，冲突产生的原因在于王罕对成吉思汗萌生敌意。王罕和成吉思汗与以乃蛮部不亦鲁克为首的联军作战之后，占领了翁吉剌惕游牧地的冬营地。成吉思汗在这里决定以联姻方式加强与王罕的同盟关系。他想让长子术赤娶客列亦惕王罕之女为妻，又想将自己的女儿嫁给这位客列亦惕汗之孙为妻。但是王罕拒绝了这种联姻式的同盟关系。于是，札木合便利用这对合作者之间出现的紧张关系，趁机挑拨离间，居然得以诱使王罕之子桑昆向成吉思汗开战。关于这件事，拉施特丁以其特有的笔调作了如下描述："由于札木合原本是成吉思汗的妒忌者和幸灾乐祸者，生性阴险而无耻，于是趁此机会去见桑昆，并对他说：'我的长兄成吉思汗与你的敌人塔阳罕言语投机、想法一致，他肯定会派使者去见塔阳罕！札木合以其甜言蜜语将这种想法灌输到桑昆的头脑中。桑昆则由于想法单纯而误以为真，便以肯定的口气对他说：只要成吉思汗一旦进军，我们的军队便从四面八方出现，将他打个粉身碎骨！'"③

① 谢·安·科津：《秘史》，第153—156节，第123—125页；拉施特丁：《史集》，第1卷，第2册，第251页；亨·德·马丁：《成吉思汗的崛起》，第74—76页。
② 参阅拉施特丁：《史集》，第1卷，第2册，第121—122页；亨·德·马丁：《成吉思汗的崛起》，第76—77页。
③ 拉施特丁：《史集》，第1卷，第2册，第122—123页。

1203 年初,在札木合的影响下,成吉思汗的叔父答里台—斡惕赤斤、忽图剌汗之子阿勒坛、捏坤太子之子忽察儿,以及出身于贵族门第的许多代表人物纷纷离开成吉思汗,转到桑昆一边。由于这些人带走了手下的百姓,成吉思汗的力量遭到削弱。据史籍记载,王罕一开始并不相信儿子所说的成吉思汗要改变态度的话,但是最终还是相信了。与此同时,成吉思汗对他也有所警惕,离开他单独游牧。玩弄阴谋的人们找不到进攻成吉思汗的适当时机。桑昆和札木合随后又放出口风,说王罕现在准备将女儿嫁给术赤,请成吉思汗赴宴定亲;即使如此,成吉思汗也未上当。最后,他们决定向成吉思汗发动征讨。但是,成吉思汗得到了拥戴者们的报告,急忙退向兴安岭支脉合勒合河河源一带。他与客列亦惕人在这里打了一仗,结果由于对手拥有三倍于他的兵力而失利。在夜幕的掩护下,成吉思汗得以脱身,经过在兴安岭森林和合勒合河畔的一番流浪,一部分百姓离开了成吉思汗,他身边仅存 4600 名士兵。他试图与王罕媾和,未获结果,于是退到一个小小的巴勒渚纳湖湖畔。据有的史籍记载,巴勒渚纳湖位于额儿古涅河北岸和浯漓札河注入的达赉湖之间。秋天来临,他游牧到客鲁涟河谷地,然后出其不意地向正在宴饮的客列亦惕人营地进行突击。战斗进行了三天,结果客列亦惕人彻底被击败,王罕在逃跑途中被乃蛮部首领塔阳罕的士兵误杀,桑昆也战死于畏吾惕国之库车附近①。

至此为止,成吉思汗的唯一强大对手只剩下了乃蛮部落联盟首领塔阳罕。塔阳罕自知朝不保夕,遂于 1203 年冬至 1204 年投奔以札木合为首的扎只剌惕部以及塔塔儿、客列亦惕、朵儿边、合答斤、撒勒只兀惕、斡亦剌惕和以脱黑脱阿—别乞为首的篾儿乞惕诸残部。此外,他又派使者去见汪古惕部首领阿剌忽石—的吉

---

① 关于成吉思汗打败客列亦惕部的情况,可参阅谢·安·科津:《秘史》,第 165—189 节,第 127—142 页;拉施特丁:《史集》,第 1 卷,第 2 册,第 132—134 页。

惕·忽里,建议阿剌忽石—的吉惕·忽里从南面进攻蒙古人。尽管阿剌忽石—的吉惕·忽里与乃蛮部有旧,且曾将女儿嫁给过他,也娶过他的女子,但拒绝了他的建议。这位汪古惕部首领十分清楚成吉思汗在力量上占有优势,反而把塔阳罕打算发动进攻的消息告诉了成吉思汗。为此,成吉思汗赠送他马 500 匹,羊 1000 只。而后,成吉思汗及时于 1204 年春在帖篾延之野(捕鱼儿海和客鲁涟河河口处之间)召开贵族会议("库里勒台"),会上议定同塔阳罕决战,并率兵约 45000 人出征。

塔阳罕统率的士兵 50000—55000 人[1]。但是乃蛮人数量上的优势并未发挥作用,因为蒙古军队组织性强,纪律严明,大将富有经验。塔阳罕惊恐万分,不敢应战,甚至打算避往阿勒台一带。只是由于他的儿子古出鲁克[亦译作屈出律](年龄只有 15 岁多一点,却已使蒙古汗大伤脑筋)的再三坚持,才决定出战。于是,乃蛮大军顺塔米儿河而下,渡斡难河,来到纳忽山东麓。蒙古人开始投入战斗。中军由成吉思汗的弟弟拙赤·哈撒儿指挥,殿军由他的另一个弟弟斡惕亦斤指挥,先锋由四员良将——者勒篾、忽必烈、者别、速不台指挥,兀鲁惕部和忙忽惕部组成的精锐部队从两翼向敌军发起攻击;主帅成吉思汗则率领一支包括当时人数尚不太多的卫队——特殊后备队在内的游动部队,随时准备投入进攻。先锋队伍在者别、忽必烈、者勒篾和速不台的指挥下,将乃蛮人逼到山下;兀鲁惕部和忙忽惕部从两翼包抄敌人。时近傍晚,成吉思汗下令将山团团围住。陷入重围的乃蛮人企图趁夜间突围,却在一片漆黑中坠崖摔死。只有塔阳罕之子古出鲁克逃出,跑到阿勒台,藏匿于其叔父不亦鲁克处。不久,札木合也带领残部逃到那里。次日,塔阳罕因伤势过重而死去。苟留下来的士兵拼命作战,直到

---

[1] 亨·德·马丁:《成吉思汗的崛起》,第 87 页。

尽数死于蒙古人的刀下。据说,他们的勇敢行动使成吉思汗大为钦佩。不过,仍有部分乃蛮人保住了性命,并在此后归于古出鲁克名下。而大部分人与来自合答斤、朵儿边、撒勒只兀惕、客列亦惕等部的札木合百姓一样,一起归顺了成吉思汗。被俘的有塔阳罕的妻子古儿别速和乃蛮部的大臣塔塔统阿。古儿别速被成吉思汗纳为妃子,塔塔统阿则从此效命于成吉思汗。①

除古出鲁克外,逃离的还有篾儿乞惕部、斡亦剌惕部以及塔塔儿部的残余人马。篾儿乞惕部不久便被追上并被击败,同年即1204年,成吉思汗又打败了最后一批塔塔儿人。他欲下令将塔塔儿人统统杀死,包括妇孺,但是在他的两名妃子——也遂和也速干以及其他人的努力下,一些孩童被挽救下来。他的弟弟拙赤·合撒儿也应其塔塔儿妃子的请求,藏匿下了1000名塔塔儿人。此后,史籍在叙述蒙古帝国时代时,还常常提到塔塔儿人。

至此,札木合对成吉思汗已不再构成威胁。看来,他在乃蛮部首领不亦鲁克处躲藏过一段时间。1206年,不亦鲁克被成吉思汗军队击败,并且战死。《忙豁仑·纽察·脱察安》说:"乃蛮、篾儿乞惕既平,与乃蛮共处之札木合,亦被夺其百姓。遂偕其从者五人流亡。"②1207年,他可能被自己的百姓出卖给了成吉思汗。

关于成吉思汗在1205年的活动,史籍几乎无甚记载。我们只知道,是年春,为成吉思汗效劳的契丹人耶律阿孩与另一个蒙古大将一起,奉成吉思汗之命在唐兀惕部之西夏国进行过一次规模不大的军事行动,目的似在劫掠。③

成吉思汗自塔阳罕死后,便成为整个蒙古大草原上唯一强大

---

① 关于打败乃蛮部的情况,可参阅谢·安·科津:《秘史》,第189—196节,第142—150页;拉施特丁:《史集》,第1卷,第2册,第146—148页;亨·德·马丁:《成吉思汗的崛起》,第85—93页。

② 谢·安·科津:《秘史》,第200节,第154页。

③ 参阅亨·德·马丁:《成吉思汗的崛起》,第94页。

的首领。在这种情况下,从政治上作一番巩固工作是十分重要的。《忙豁仑·纽察·脱察安》记载说:"既平毯壁之百姓,虎年(1206年)聚会于斡难河源,建九斿之白纛,封成吉思汗号焉。"①

建立在"合马格·蒙古"基础上并将同源部落和汗国联合起来的统一蒙古国,是一个真正的君主制国家。

与从前的早期封建制国家组织比较,它有着为统治阶级——草原贵族利益服务并适应业已成熟的封建关系之需要的更为发达的强制机关。弗·伊·列宁写道:"在马克思看来,国家是阶级统治的机关,是一个阶级压迫另一个阶级的机关,是建立一种'秩序'来使这种压迫合法化、固定化,使阶级冲突得到缓和。"②

将同一血统的诸部统一起来之后,成吉思汗在制定征服他国方案的同时,动手做的头一件事便是根据本阶级利益的需要,建立国家军事行政机构。如果说,此前在蒙古诸部散居着的辽阔地域内进行战争时成吉思汗已是一个卓越统帅的话,那么现在奠定蒙古国基础之后,他则以一个天才的组织者、封建主义时代大政治家的面貌出现了。

成吉思汗国是一个按十进制组织起来的军事封建主义国家,全部地域和居民分成三大部分:右翼、左翼、中央。每一部分又分做"万户""千户""百户"和"十户"。担任各级军事行政单位首领的是成吉思汗的战友们——站在他一边曾积极参与汗权确立和国家建立的那可儿和那颜们。比如,成吉思汗授权他最忠诚的那可儿之一忽必烈掌管军事大权③。他任命孛斡儿出、木华黎和纳牙阿为

---

① 谢·安·科津:《秘史》,第 202 节,第 158 页。

② 弗·伊·列宁:《国家与革命》,载《列宁全集》[俄文版],第 33 卷,第 7 页。

③ 谢·安·科津:《秘史》,第 209 节,第 163 页。

万户长那颜,并让他们分别掌管右翼、左翼和中央事宜①。他命令那可儿忽难作为万户长那颜,为其长子术赤效劳②。汗的勇敢那可儿者别、速不台,则担任千户长③。

成吉思汗的大多数那可儿出身于贵族。此外,他还从各部遴选了一批那可儿,比如,他的九大那可儿中,失吉忽秃忽来自塔塔儿部,者勒篾来自兀良合惕部,孛罗忽勒来自主儿乞部,木华黎来自扎剌亦儿部,孛斡儿出(成吉思汗的安答)来自泰亦赤兀惕部④。

这样,赤胆忠心为成吉思汗效劳的那可儿,均在国家占据了显要地位。成吉思汗在建国过程中,广泛利用了"早已存在的那可儿制度,以完善正规的分封体制,确保兵役制的实施"⑤。百户长、千户长和万户长,是一些拥有一定量土地("嫩秃黑")和牧奴的有封地的封建主那颜。"百户长、千户长、万户长的职衔是世袭的:带有这种职衔的人可获得那颜这一共同称号,那颜,即'官人''领主''军事领主'的意思。"⑥就蒙古帝国范围而言,那么"获得'百户''千户''万户'以为世袭领地的每个那颜,首先是拥有由蒙古帝国分裂出来的某一份地——兀鲁思的诸王家臣,其次是蒙古皇帝即帝国和蒙古军队统帅的藩臣"⑦。

从最下层开始,每个军事行政单位不仅须提供一定量的士兵、马匹、食品和武器,还须完成种种封建徭役。

国家制度这套灵活的体制,是为适应以军事冒险途径获得财

① 同上,第 205 节,第 206 节,第 220 节,第 160—161 页,第 167—168 页。
② 同上,第 210 节,第 163—164 页。
③ 同上,第 221 节,第 168 页。
④ 同上,第 96 节,第 97 节,第 136 节,第 138 节,第 95 节,第 94 节,第 96 页,第 114—115 页。
⑤ 鲍·雅·符拉基米尔佐夫:《蒙古人的社会制度》,第 104 页。
⑥ 同上。
⑦ 同上。

富之贵族们的需要这样一种独特条件而产生的。这种体系"为成吉思汗随时动员大批军队提供了可能"①。成吉思汗确需大批军队,"既可控制人民群众以服从封建主们的意志,又可对别国实现其掠夺目的"②。

成吉思汗十分注意加强其私人卫队。他对左右这样说过:"今赖长生天之气力,得天地之赞助,而匡普天下之百姓,俾入我一统之制矣;汝等当为我建立卫队。"③除了强大的军队,成吉思汗建立了由80宿卫和70散班(侍卫)组成的卫队。这些宿卫和侍卫,是成吉思汗对付封建主离心倾向和统一蒙古的可靠中坚力量。他登上汗位之后,下令将卫队扩大到10000人④,人员从95个"千户"中挑选⑤。他在给宿卫(卫队中的夜间卫士)分配职责时说,宿卫当"操心俺之金命矣"⑥。他严令掌管军事的扯儿必们:"俺若不亲征,宿卫勿离俺出征之。"⑦选入私人卫队的人员,在进入汗帐时当自备马匹。

成吉思汗专门训示他的继承人说,要像珍重他一般珍重他的万人怯薛歹⑧。

蒙古汗的私人卫队中集中了万户长、千户长和百户长那颜们的子弟,此外还包括一些有能力、有头脑、"身材端好"的"速勒·洪"亦即自由人之子⑨。

由此,还应当指出成吉思汗政治活动中的另一个重要特征。

---

① 《蒙古人民共和国通史》,第1卷,第220页。
② 同上。
③ 谢·安·科津:《秘史》,第224节,第168页。
④ 同上。
⑤ 同上,第231节,第173页。
⑥ 同上,第233节,第173页。
⑦ 同上。
⑧ 同上,第231节,第173页。
⑨ 同上,第224节,第168页。

成吉思汗作为封建主阶级的代表人物,从不放过利用出身平民家庭而忠心耿耿为他的利益服务的人们。成吉思汗在将"答儿罕"尊号赐予他的三个心腹时,这样说过:"锁儿罕—失刺为谁?乃泰亦赤兀惕之脱迭格家奴也。巴歹、乞失里黑又为谁?乃扯邻之牧马者也。而今为我股肱,为答儿罕而享乐之。"①

成吉思汗对待一些出身下层人士的态度,自然不是什么民主作风的体现,而只是他政策组成部分中的一种民主手段。

我们之所以要谈到成吉思汗的个人品质、个性特点和他的政治才干,意在说明:任何一个领导社会运动的历史人物,自然都要在历史事件进程中起到一定的作用,或者加快这一进程,或者延缓这一进程;而将成吉思汗说成是一种超乎自然的力量,尤其是将建立国家的社会过程说成是他的个人才干所致,则是对他个性的一种美化。成吉思汗本人也不止一次地指出,他的那可儿们、那颜们和他的阶级才是将他推上全蒙古汗和世界征服者宝座的决定性力量。

成吉思汗登上汗位之后,对孛斡儿出、木华黎并通过他们对全体战友说:"孛斡儿出、木华黎二人,我有是则尽其力,我有非则谏止,乃使我至此位矣。"②他的主要对手——汗位觊觎者札木合在承认自己失败时,也曾说过,他的安答铁木真是依赖其 73 位战友之力将他打败的③。

这里应当补充一句。对尽快结束内讧、统一同源诸部和建立中央政权感兴趣的,不只是成吉思汗的亲近,还有除了某几个大汗外的大部分贵族阶层。弗·恩格斯在谈到中世纪德国的内战时这样说过:"如果在这一片混乱之中,在这无数相互交织在一起的冲

---

① 同上,第 219 节,第 167 页。
② 同上,第 205 节,第 161 页。
③ 同上,第 204 节,第 156 页。

突之中,有谁最终赢得或可能赢得胜利的话,那么这些人只能是分裂中坚持集中的代表人物。"①这番话用于这一时期的蒙古也是完全合适的。

成吉思汗正是这样一位为在蒙古实现集中而奋战的斗士。他的机智和勇敢,使他在统一蒙古诸部建立中央政权的斗争中获得了成功。

蒙古国的统一带来了文化的发展。成吉思汗在国内采用畏吾儿文作为全国的官方文字。用这种文字写成的《蒙古秘史》,成为13世纪蒙古文学的重要作品。该书以艺术手法和戏剧性场面再现了成吉思汗生活的整个时代。

成吉思汗及其继承者的汗宫中,集聚了一批来自其他国家的学者和文职官僚的代表人物。其中有些人成了汗的左右谋臣。比如,成吉思汗击败乃蛮部塔阳罕以后,让乃蛮部大臣塔塔统阿为自己效劳,命他教自己的子弟学畏吾儿文。我们还知道另一个名叫耶律楚材的人。他是契丹王朝创始人的后裔。他在成吉思汗征伐北部中国时投靠成吉思汗,此后又为窝阔台效劳,1243年死于哈拉和林附近②。他有一句名言,叫作:"可马上得天下,不可马上治之。"成吉思汗"喜爱学识,奖掖学者"③。成吉思汗的继承人继续吸引饱学之士参与国事活动。根据蒙古诸汗使用异族代表人物这一特点,有的著述得出结论说,几乎所有行政机构均非蒙古人管理,而是异族官员管理的。但从《耶律楚材传》和其他官员的传略中看到的是,这些人只是汗的意志的执行者,当然有时也可以向汗提出这样那样的建议,如此而已。

---

① 弗·恩格斯:《德国农民战争》,载《马克思恩格斯选集》[俄文版],第2版,第7卷,莫斯科,1956年,第348页。

② 参阅尼·策·蒙库耶夫:《汉文史料》。

③ 拉施特丁:《史集》,第3卷,莫斯科—列宁格勒,1946年,第61页。

成吉思汗采取措施,从立法的角度来巩固他生前已建立的国家和社会制度。所谓成吉思汗《大札撒》,就是一部法律和法令集,它反映了封建主阶级及其国家的利益和需要。这部法律和法令集对汗登基时的礼仪,同外国来往的规矩,"库里勒台"的召开,臣民和兵士的义务、围猎的方式、财政收支,徭役和赋税的种类,刑事惩处,家法和继承权,等等,都作了规定①。"《大札撒》的内容是直接为巩固封建主的阶级利益服务的,与此同时又是指向人民群众的刀锋"②,则例规定,阿拉特绝对不许从这一个十户转入另一个十户,由这一个百户转入另一个百户。这表明,牧奴阿拉特将永远依附于封建主那颜——十户长、百户长、千户长,等等。对牧奴阿拉特在经济之外的压榨,如男子自动服役等,也都通过法律形式固定下来。

成吉思汗委任其战友失吉忽秃忽为全国最高断事官,并降旨曰:"当获长生天之庇佑,教化举国之百姓时,汝当为所视之目,所听之耳!……于举国之中惩彼贼盗,勘彼诈伪。死其当死者,惩其当惩者"③;又令造青册文书,将举国百姓所分之份、所断之案,一并载入④。

成吉思汗要求臣民们对他绝对服从,不许背叛,即使这种事发生在敌人阵营。比如,他的敌人巴阿邻之失儿古额秃老人与其子阿剌黑、纳牙阿擒获泰亦赤兀惕之那颜塔儿忽台—乞邻勒秃黑,并把他带往成吉思汗处。途中,他们突然想起,对那些背叛自己主子的人,成吉思汗必将给予严惩;于是,他们便把那颜放掉。见到成吉思汗以后,他们把这件事如实告诉了成吉思汗。成吉思汗对此

①《蒙古人民共和国通史》,第1卷,第222页。
② 同上。
③ 谢·安·科津:《秘史》,第203节,第160页。
④ 同上。

做了如下回答："汝等未擒本汗而来，所行是也！倘身为奴隶而可执本汗，我当族斩汝等。"①

还曾发生过这样一件事，札木合被擒后，来到成吉思汗面前，开口便道："黑乌鸦以至擒鸿潊鸟，下奴们以至擒其汗，我的安答，你身为汗，对此有何见教？"②对此，成吉思汗说道："犯其本汗之人，安能容其活命？此等人，其能为谁之友乎？"③成吉思汗遂命当场斩了"犯其本汗之人"。英国历史学家亨·霍渥斯指出："正义感、忍耐性、纪律性——这些构成国家现代规范的美德，都在他的汗帐中培养起来并实践开来了。"④这些美德确实是培养起来并实践开来了，但是这只能就贵族的角度谈论这个问题，如果可以这么讲的话。在成吉思汗看来，"高尚的"汗也永远是汗，是主人，即使是敌对阵营也是如此。

"库里勒台"这种氏族部落制的残余，现在成了蒙古封建国家不可或缺的一个部分。

如果说在先前氏族制占统治地位的时代，"库里勒台"是本部落各平等成员的会议，决议须经大家同意方可做出，那么随着阶级关系的确立，"库里勒台"逐渐丧失了它的民主精神，到成吉思汗手中则变成一种国王式会议，最后的决定权归汗本人所有。不过，从前作为部落首领和临时军事首脑的成吉思汗，在统一的国家建立之后，自然也不敢无视那些参加"库里勒台"以讨论国家大事、包括"选举"汗、决定战争还是和平等问题的家族成员、那颜、左右手的意见。同时，"库里勒台"对成吉思汗及其继承者来说，显然还是诸王、那颜和他手下人对他们显示忠诚的场所。

---

① 同上，第 149 节，第 121 页。
② 同上，第 200 节，第 154 页。
③ 同上。
④ 亨·霍·霍渥斯：《蒙古史》，第 1 卷，伦敦，1876 年，第 49 页。

"库里勒台"的演变甚为有趣。"库里勒台"通常是在军事行动开始之前,以及发生重大事件时召开。比如,当成吉思汗准备进攻乃蛮部时,他召开过"库里勒台"。在这次会上,有些人借口"我方马匹不良"而反对出征[1],但是,成吉思汗否定了这种意见,决定迅速行动。

来自成吉思汗家族或被称为"阿勒坦·兀鲁黑"("黄金家族")的汗,照例要在"库里勒台"上登基。"成吉思汗家族对它的兀鲁思的……权力表现在,阿勒坦·兀鲁黑(altan vrug[urux])的家族成员之一,应在全族成员的会议(库里勒台—库鲁勒台)上当选为统治整个帝国的皇帝即汗。"[2]

如此看来,在等级制的阶梯顶端是成吉思汗及其家族成员。登上大汗宝座的权利只能由其直系后裔代代相传。成吉思汗是握有全权的皇帝,是国家一切大事的唯一决策者。

上面已经指出,在军事行政单位——那颜们的封地中,牧民出身的士兵遭到封建主的残酷剥削。波斯史学家阿·志费尼写道:"整个世界上,有哪一支军队能跟蒙古军队相比呢?这是一支以农民军队为模式建立起来的军队,……毫无怨言地完成加在他们头上的一切,无论是'忽普楚儿',无论是偶然摊派的捐税,……无论是供给驿站(牙木)。"[3]即使士兵出征期间,他们的家庭也得完成缴税任务[4]。

众所周知,成吉思汗是一位伟大的统帅。将战略、战术、艺术与灵活政策结合起来,是他统一同一血缘诸部和征服其他国家的成功因素之一。成吉思汗军队中,铁的纪律建立在对稍有违犯即

---

① 拉施特丁:《史集》,第 1 卷,第 2 册,第 147 页。

② 鲍·雅·符拉基米尔佐夫:《蒙古人的社会制度》,第 99 页。

③ 《世界征服者史》,第 1 卷,第 30 页。

④ 同上,第 30—31 页。

遭处决的规定基础上。封建主出身的将领们对战利品的渴求,总是受到成吉思汗的抑制。在同塔塔儿部进行决战的前夕,成吉思汗对将领们说过:"若胜敌人,则勿止于利物。获胜之后,具利物即为俺所有矣……若被敌人战退,则速回初冲之地。不回初冲之地者,吾其斩之。"①从战术意义上看,这一命令作用甚大,因为它可以制止一窝蜂式的退却。

每次战斗时,他都要求自己一方做好组织准备,对敌人一方则做好事先侦察工作。法国史学家康·多桑写道:"蒙古军队出征前,要召开'库里勒台',由皇族成员及主要将领参加;涉及军队组织方面的所有事情,都将得到详细讨论。"②在《忙豁仑·纽察·脱察安》一书的某些章节中也谈到,成吉思汗在进攻敌人之前,尽量要求提供对手情况的报告。比如,在征服"林木中"之部落时,成吉思汗就专门向那里派出使者,进行侦探③。每次战斗之前,蒙古人均"详细探听对方国家的内部状况"④。

蒙古骑兵以行动迅速、吃苦耐劳为特点。进攻对手时往往出其不意,四面包抄。"蒙古大军拥有后续部队和侧翼部队作为保护力量"⑤。"蒙古人开始作战时,从四面八方……将敌人团团围住,最后在中心地带汇合"⑥。蒙古士兵威名远扬于蒙古境外。马可·波罗写道:"蒙古士兵完全听命于他们的长官,他们比任何人都惯于吃苦耐劳。"⑦亚美尼亚史学家们也证实说:"只要坐骑没有累倒,他们就不停地掠夺战利品。"⑧

---

① 谢·安·科津:《秘史》,第153节,第123页。
② 康·多桑:《从成吉思汗到帖木儿朗之蒙古史》,第1卷,第221页。
③ 谢·安·科津:《秘史》,第241节,第175页。
④ 米·伊万宁:《论蒙古人的军事艺术与征服行动》,圣彼得堡,1846年,第9页。
⑤ 同上,第15页。
⑥ 普兰·迦尔宾:《蒙古史。东方国家行记》,圣彼得堡,1910年,第31页。
⑦ 马可·波罗:《游记》,列宁格勒,1940年,第63页。
⑧《蒙古史〈据亚美尼亚史料〉》,第2辑,圣彼得堡,1874年,第20页。

蒙古大军在征服战争中取胜的原因,除了军事组织严密,还有其他一系列重要因素,其中之一是,成吉思汗及其继承人进攻的国家政治上不统一。贾·尼赫鲁赞成利·哈特的如下说法:"蒙古人进行的征战,就其规模和艺术、突然性和灵活性、包围的战略和战术而言,是史无前例的。"此外,他还指出:"成吉思汗即使不是世界上最伟大的统帅,无疑也是世界上最伟大的统帅之一。"①

成吉思汗从创建统一国家的斗争开始,到他征服其他国家和民族,完成了确立新的社会关系——封建主义社会关系的历史使命。他作为统治阶级利益的代表人物,将自己的全部精力贡献给创建强大的中央集权国家的事业。这一业绩宣告了这位蒙古大汗在军事和政治领域获得成功,符合当时蒙古社会需要,无疑起到了进步的历史作用。

但是,以成吉思汗为首的蒙古草原贵族阶级并不满足于对阿拉特群众的残酷剥削和游牧业所提供的东西,于是,一场以建立世界霸权为目的的征服行动开始了。

从成吉思汗开始的由其继承人继续的对其他国家进行的掠夺性战争,如同一切侵略战争一样,使成千上万的人遭杀戮,使被征服国家的文化珍品遭毁灭,使这些国家的发展受阻碍并延缓达数百年之久。从此,成吉思汗便以"血腥的征服者"的面貌出现在世界上②。《蒙古人民共和国通史》说:"以成吉思汗为首的蒙古征服者进行的掠夺性战争,给亚洲、欧洲人民带来了无数牺牲和破坏,毁灭了历史无价之宝,大大延缓了被征服国的发展进程。"③从对外

---

① 贾·尼赫鲁:《印度的发现》,译自英文,莫斯科,1955 年,第 241 页。

② 尤·泽登巴尔:《蒙古人民革命党中央委员会第一书记在共和国思想工作问题会议上的开幕词》,载《真理报》(蒙古),1963 年 1 月 9 日。

③《蒙古人民共和国通史》,第 1 卷,第 241 页。

战争开始,成吉思汗的政策便具有了十分反动的性质。

成吉思汗王朝的冒险主义也为蒙古本身制造了一场悲剧。由于这场征服性战争,蒙古本身遭受了极大痛苦,在许多世纪中无法得到发展。蒙古的政治统一也遭到了破坏。

以成吉思汗为首的蒙古草原贵族,没有将新社会制度——封建主义激发出来的创造力引向发展和巩固刚刚建立起来的统一蒙古国方面,而是将这种创造力耗费在违背蒙古民族利益的需要上,投到实现成吉思汗统治全世界这一想法中。

人力、财力总动员,给蒙古带来了严重损失。蒙古士兵用火与剑征服异国后,作为蒙古帝国的警察力量留驻在那里,从此一去不复返,而同各地的许多民族杂居并融合。国内经济由于为军事冒险服务而一落千丈。

巴·勒哈姆苏荣在一个报告中说过:"如果我们根据马克思列宁主义的原理以及客观历史事实看问题,那么,我们应当承认,成吉思汗的活动在其符合统一蒙古诸部、建立和巩固统一蒙古国的客观历史过程时,是值得肯定的。成吉思汗统治初期的活动正是沿着这一方向发展的。而后,当成吉思汗转入对异国和其他民族进行征服和掠夺的道路上以后,他的活动便具有反动性了。"①

成吉思汗及其继承人的对外战争,对本国生产力是一个沉重打击。成吉思汗帝国崩溃之后,蒙古本身退回了原来的疆界之内,无论经济,无论政治,无论思想,各方面都一蹶不振。蒙古被打败之后,随之被封建内讧弄得四分五裂,结果成了清廷的囊中之物,逞雄一时的国家从此丧失了独立。

蒙古民族不得不在数世纪中为以成吉思汗为首的蒙古封建主

---

① 巴·勒哈姆苏荣:《蒙古人民革命党中央委员会书记在共和国思想工作问题会议上的报告》,载《真理报》(蒙古),1963 年 1 月 10 日。

们推行征服异国的政策付出代价。这种局面一直持续到 1921 年蒙古人民反封建、反帝革命胜利并获得真正自由和国家独立时为止。

（译文原载内蒙古社会科学院《蒙古史研究通讯》，第 5 辑）

蒙古人对西藏的征讨

[波兰]斯·罗·库切拉

本文原载苏联出版的论文集《鞑靼—蒙古人在亚洲和欧洲》（莫斯科，1977 年）。

本文通过对蒙古文、汉文、藏文、波斯文史料的仔细对比研究，就成吉思汗及其继承人对西藏的征讨活动以及与西藏的关系问题进行了探讨。作者认为，在成吉思汗在位时代蒙古人未对西藏进行过大规模的征讨行动，只有到了忽必烈在位时代才将西藏纳入元帝国的版图。作者考证详确，结论令人信服。

本文作者斯·罗·库切拉(1928—)，波兰人，中国史专家。1952 年毕业于波兰华沙大学东方学院。1953—1960 年留学中国北京大学，1960 年获副博士学位。1960 年返回波兰，在波兰国际学院任教，同年赴苏联莫斯科，在苏联科学院东方学研究所从事研究工作。1981 年获历史学博士学位。1988 年起在莫斯科国立大学任教授。主要著述有：《1965—1974 年的中国考古学：旧石器时代——殷代出土文物与有关问题》，莫斯科，1977 年；《中国远古史和古代史：旧石器时代》，莫斯科，1994 年；《古代中国史学史》，载《古代东方史学史》，莫斯科，2002 年。

在成吉思汗及其继承人的征讨史中，征讨西藏问题研究得最不深入。蒙古人何时和怎样征讨该地等有关问题，史籍记载和研究家意见中存在着严重分歧。

为了探明这个问题，必须弄清统一的蒙古帝国五位大汗中的四位——成吉思（1206—1227）、窝阔台（1229—1241）、蒙哥（1251—1259）、忽必烈（1260—1294）在位期间积极向外扩张时发生的一些相关的历史事件①。

汉文、波斯文、蒙古文和藏文史籍中有关成吉思汗对待西藏的政策记载甚为贫乏，有时甚至互相矛盾和令人怀疑。有关当时蒙古人历史的最可靠材料，如汉文编年史《元史》中《太祖本纪》即成吉思汗卷（记载了他在位时涉及中国各个方面的情况）②、13世纪编年史《圣武亲征录》（主要记载了铁木真的军事行动）以及《通鉴纲目》，都没有谈到征服西藏的情况③。著名的阿不哈齐书也没有这方面的记载④。

拉施特丁史中关于西藏的记载也甚为简短："此后，他（成吉思汗——作者注）征服了西藏国和唐古特国。"⑤这里，作者没有指出年代（一般说来，拉施特丁史中的年代十分混乱，很不准确），不过将该处上下文中提到的情况与其他地方（特别是第176—177页及178—179页）的记载进行一番对比，可以断定，这两件大事当发生在公元1214—1218年间。然而，这一年代却既与拉施特丁本人有关成吉思汗征唐古特的记载不合，又与《元史》中的记载不合。拉施特丁记载说，成吉思汗初征唐古特是在1202年，彻底征服唐古

① 我们没有涉及第五位大汗贵由（1246—1248）的短暂统治，因为他在位期间没有进行大规模征讨行动。参见斯·卡鲁任斯基：《蒙古帝国》[波兰文]，华沙，1970年，第111页。
② 参见《元史》[汉文]，第1卷，《二十四史》百衲本缩印本第20册，北京—上海，1958年，第25976（24）—25987（35）页。该卷开头部分谈到铁木真的祖先和铁木真的青年时代时，具有半传说性质，多半系以已经亡佚的蒙古编年史《阿勒坦·迭卜帖儿》（《金册》）为基础编写而成；其余部分则以成吉思汗实录为基础写成，其形式如中国编年史，写法也很细腻。试与弗·克劳泽：《成吉思汗本纪》[德文]（海德堡，1922年，第4页）相比较。
③ 参阅《〈圣武亲征录〉校记》[汉文]，见《海宁王静庵先生遗书》，第38页，1936年；《御批〈通鉴纲目〉·续编》[汉文]，上海，1887年。《元史》和《通鉴纲目》中的成吉思汗本纪由尼·雅·比丘林译成俄文，参阅尼·雅·雅金夫[比丘林]：《成吉汗王朝最初四汗史》，圣彼得堡，1829年，第1—147页（以下简称《最初四汗史》）。
④ 阿布哈齐·巴都尔汗：《蒙古世系史》[德文]，丹·戈·米塞施米特翻译，哥廷根，1780年。
⑤ 拉施特丁：《史集》，第1卷，第2册，莫斯科—列宁格勒，1952年，第66页，试与第273页相比较。

特是在 1207 年①。而《元史》记载说,蒙古人征西夏的年代在 1205 年和 1207—1209 年,而后是 1218 年、1224 年和其他几年,直到 1227 年即成吉思汗死前不久才彻底征服了西夏②。

至于蒙古文史籍,则在萨刚彻辰编年史含有一则关于西藏事件的记载:"[岁次 1206 年],主上(即成吉思汗——作者注)……征伐土伯特(即西藏——译者注)之库鲁格·多尔济合罕也。土伯特合罕乃遣伊鲁呼那颜为首之三百人,贡献众橐驼,会主上于柴达木地,奏请愿降之意。主上许之,大加赏赉其合罕及其使者而遣焉。上因致书信于萨迦·察克·罗咱凡·阿难达·噶尔贝喇嘛。……由是收服格里三部以下三地八十八万黑土伯特之众矣。"③

遗憾的是,萨刚彻辰编年史有关蒙古人完全征服中国之前的那部分记载不可信。这一点,已由尤·克拉普罗特和让·皮·阿贝尔—雷穆扎指出过④。霍渥斯也认为,萨刚彻辰是一位记述 17

---

① 同上,第 149—150 页,151 页。到此,拉施特丁已不再提及西藏了。

② 参阅《元史》,第 1 卷,第 14 页正面,15 页正面、背面,20 页正面,第 22 页背面—23 页正面。蒙古人与西复人之间战争过程的详细描述,可参阅叶·伊·克恰诺夫:《唐古特国史纲》,莫斯科,1968年,第 298—315 页;叶·伊·克恰诺夫:《蒙古—唐古特之战与西夏国的灭亡》,载《鞑靼—蒙古人在亚洲和欧洲》。莫斯科,1970 年,第 46—61 页;叶·伊·克恰诺夫:《梦想征服世界者铁木真的一生》,莫斯科,1973 年,第 87—95 页,107 页,第 119—120 页,第 124—128 页。在后一部书(第120 页)中,叶·伊·克恰诺夫提出了这样一个观点:1222 年,当成吉思汗在可不里和哥疾宁作战后决定返回故地时,"经过印度、喜马拉雅山和西藏(着重号为作者所加),到达唐古特国的南境",以便与西藏算账。如果蒙古大汗果真采取这一方案,则需解释如何"途中"征讨西藏,如何选择通过该国的途径,看来该书对我们探讨的这个问题没有提供明确的资料。

③ 鄂尔多斯萨刚彻辰台吉所著《东部蒙古人及其王室史》[德文],雅·伊·施密特译自蒙古文,圣彼得堡—莱比锡,1829 年,第 89 页;试与第 393 页比较,该页上有雅·伊·施密特引自蒙古文史料《吉鲁肯·托勒塔》[《心箍》]中成吉思汗致西藏的一封信。还可与亨·霍渥斯《九世纪至十九世纪蒙古史》[英文](第 1 卷,伦敦,1876 年,第 504 页[以下简称《蒙古史》])相比较。

④ 参阅尤·克拉普罗特:《对雅·伊·施密特之蒙古汗的历史中一则片断的研究》,载《亚洲研究杂志》,1823 年,第 2 卷,第 193—213 页;试与该杂志第 3 卷,第 107—114 页,1824 年,第 5 卷,第193—207 页等进行比较;还可见让·阿贝尔—雷缪扎:《对雅·伊·施密特著作〈东部蒙古人史〉的意见》,见《哈佛亚洲研究杂志》,1831 年,第 8 卷,第 507—531 页(尤其是第 515—516 页);1832年,第 9 卷,第 31—53 页,第 133—169 页。

世纪事件的"毫无任何价值的权威"①。此外尚需注意,1206 年正是"忽里勒台"在斡难河源举行、铁木真称汗②之时,因此,这一年他未必能够出征西藏,且不说这场征战旷日持久而困难重重,只需想一想该地的地理环境之艰险就够了。最后还有,记载本身也引起了人们的极大怀疑。

萨刚彻辰的有关记载,看来当引自 17 世纪蒙古编年史《沙拉·图吉》。《沙拉·图吉》作为萨刚彻辰编年史的主要参考资料而为作者所提及③。

《沙拉·图吉》在有关成吉思汗征讨西藏的记载方面,同上面提到的萨刚彻辰编年史中那段记载只在若干细节上有些区别。不过,在征讨西藏的记载前面,还有一句话:"年四十五岁时,(成吉思汗)出兵土伯特之库鲁格·多尔济合罕也……"④正是这句话引起

---

① 亨·霍渥斯:《蒙古史》,第 5 页,序言,第 16 页。

② 参阅:《元朝秘史》,第 1 卷,正文、正文刊布和鲍·伊·潘克拉托夫作前言,莫斯科,1962 年,第 338—339 页,第 391 页;罗卜藏丹津:《阿勒坦·脱卜赤》(《黄金史》),尼·帕·沙斯吉娜译自蒙古文,作引言说明与注释,莫斯科,1973 年,第 99—100 页;普·巴·巴拉登扎波夫:《阿勒坦·脱卜赤》:十八世纪蒙古编年史,乌兰乌德,1970 年,第 151 页。关于王位封号"汗"以及"成吉思"的名字,尼·策·蒙库耶夫曾作过研究,参阅:《蒙鞑备录》,刊本影印,尼·策·蒙库耶夫译自蒙古文,撰写引文、说明与注释,莫斯科,1975 年,第 109—114 页,注释 66。

③《东部蒙古人及其王室史》,第 299 页。

④《〈沙拉·图吉〉:十七世纪蒙古编年史,尼·帕·沙斯吉娜翻译,莫斯科—列宁格勒,1957 年,第 128—129 页。《沙拉·图吉》在另一处地方记载说,成吉思汗"征服五色四夷之民"(第 128 页)。这里的"五色之民",据尼·帕·沙斯吉娜援引各种蒙古文史籍来看,其中包括"黑色的西藏人"(第 177—179 页)。我们认为,《沙拉·图吉》的说法是史家一种典型的模糊说法。这种说法充斥在古代和中世史中。为了证实这一点,只需将其与其他史籍的说法作一对照就够了:"然后合撒儿和别里古台说:'合撒儿射箭之灵巧,别里古台之威力,使五色四夷之民(此处及以下着重号系作者所加)归于他(成吉思汗——作者)的治下'"(罗卜藏丹津:《阿勒坦·脱卜赤》,第 106 页);"当神圣的合撒儿 50 岁时,他已到过所有国家,且行为端庄,将四夷之爱马克置自己的治下"(普·巴·巴拉登扎波夫:《阿勒坦·脱卜赤》,第 151 页),还可参阅第 144 页。显然,这些修饰之词都是用来赞扬铁木真的弟弟合撒儿的(参阅同书第 142 页)。《沙拉·图吉》也是如此,那些话是对成吉思汗的颂扬,绝非真实事件的反映(试与下面的句子比较:"从日出到日落,我集合了人民,集了许多同部落和不同部落的人民。"参阅罗卜藏丹津:《阿勒坦·脱卜赤》,第 188 页)。

　　至于成吉思汗给察克·罗咱瓦信件和礼物一事,据尼·帕·沙斯吉娜的意见看来,成吉思汗与萨迦派喇嘛交往的记载是传说中的事,"是对《秘史》中记载材料进行演绎的结果"(第 180 页)。(转下页)

了人们在年代方面的严重怀疑。《沙拉·图吉》记载说,成吉思汗生于"火猪年"①。据尼·帕·沙斯吉娜推算,"火猪年当为1162年或1186年"②。现在,关于铁木真的生年有三种说法:1155年,1162年,1167年。第一种说法最为盛行,它是以穆斯林史籍首先是拉施特丁史为基础确定的③。这一说法为1221年访问过北京的中国旅行家赵珙所肯定④,亦为许多中国和欧洲学者所接受⑤。

成吉思汗生于1162年的说法,则见之于汉文史籍《元史》《辍

(接上页)在《秘史》中我们没有发现类似的材料,尼·帕·沙斯吉娜本人也在下面接着写道:"《秘史》和《元史》毫无任何事实材料可以证明成吉思汗与佛教的关系是真实的。这类记载直到后来的编年史中才出现,因此其真实性无法相信。"此外,倘若将引自《沙拉·图吉》的片断与《秘史》进行对比,则显然会发现,《沙拉·图吉》中有关征讨西藏的故事相当于《秘史》中第238节的内容,但后者讲的却是有关征服"畏吾儿亦都兀惕"的故事。这一点,下文将引述到。

① 《沙拉·图吉》,第128页。

② 同上,第176页,注释21。这种纪年方式也为雅·伊·施密特推算的蒙古历法所证实,试与《东部蒙古人及其王室史》第14—21页相比较。

③ 参阅拉施特丁:《史集》,第1卷,第2册,第247页。

④ 参阅《海宁王静庵先生遗书》,第37卷,《〈蒙鞑备录〉笺证》,[未标出版地],1936年,第3页正面;《〈蒙鞑备录〉笺证》,第49页。《〈蒙鞑备录〉笺证》的作者长期以来被认为是孟珙,但是著名中国学者王国维考证为赵珙,作于1221年(参阅王国维:《观堂集林》,第3卷,北京,1959年,第802—803页)。王的结论为伯希和接受(参阅伯希和:《评王国维全集》,载《通报》,1928年,第26卷,第1期,第165—167页),后来也为其他东方学家接受,其中包括苏联学者,如尼·策·蒙库耶夫(见《蒙鞑备录》,第19—22页;《关于蒙古最初诸汗的汉文史料》,第132—134页;《据新资料谈十三世纪蒙古史若干问题:南宋史研究》,论文摘要,莫斯科,1970年,第31页),谢·列·季赫文斯基(见《鞑靼—蒙古人在亚洲和欧洲。引文》,见论文集《鞑靼—蒙古人在亚洲和欧洲》,第43页,注释30)等人。但是,不久前,蒙古历史学家楚·达赖声称:"不久前我们发现的最新资料准确地证明,这部著作不是赵珙写于1221年,而是孟珙写于1239年"(参阅楚·达赖:《元帝国时代蒙古史诸问题》,见论文集《中世纪的西伯利亚、中央亚和东亚》,收入《亚洲东方历史和文化》丛书,新西伯利亚城,1975年,第198页,注释13)。由于我们无法知道楚·达赖的证据,孟珙作为作者已被否定,故我们仍坚持旧观点不变。

⑤ 比如,可参阅柯劭忞:《新元史》[汉文],[未标出版地],第2[章],第1页背面;冯承钧:《成吉思汗传》[汉文],上海,1935年,第27页;瓦·弗·巴托尔德:《成吉思汗帝国的建立》,载《俄国地理学会东部分会学报》,1897年,第10卷,第108页;瓦·弗·巴托尔德为《伊斯兰百科全书》[法文]撰写的辞条,第14册,莱顿—巴黎,1912年,第877页;鲍·雅·符拉基米尔佐夫:《成吉思汗》,柏林—莫斯科,1922年,第18页;佩雷斯·德拉·克罗伊克斯:《伟人成吉思汗的历史》[英文],伦敦,1722年,第13页;《剑桥中世纪史》[英文],第4卷,1936年,第632页。

耕录》《通鉴纲目》和《圣武亲征录》抄本之一①。某些欧洲学者也采纳了这种说法②。中华人民共和国学者坚持这一说法，并以此为根据，于1962年举行了"北方少数民族卓越领袖人物"成吉思汗诞辰800周年纪念活动③。

成吉思汗生于1167年的说法是著名法国学者伯希和不久前提出的。这一说法的依据是两种汉文史籍中的记载，一种是《圣武亲征录》的一个抄本，另一种是史官杨维桢于1343年进呈给元朝末代皇帝的《三史正统辨表》。但是，这一说法目前史料学依据不太可靠，就连伯希和本人也声明，他离"1167年的提法使人深信不疑"这一目标还相去甚远④。然而，即使如此，这一说法还是受到一些人的拥护⑤。

无论上述有关成吉思汗生年的说法哪一种最为可靠，有两点是显而易见的：第一，这些说法指出了铁木真出生的时间界限；第二，这些说法与《沙拉·图吉》提供的年代相去甚远，以至使得《沙拉·图吉》提供的年代简直无法为人接受。倘若认为《沙拉·图吉》关于成吉思汗生年的说法可取，而且以此为依据推算成吉思汗

---

① 参阅《元史》，第1[章]，第235页；《通鉴纲目》，第19[章]，第5页；陶宗仪《南村辍耕录》[汉文]，见《四部丛刊》，第1卷，[未标出版地]，[无著作年代]，第11页；《圣武亲征录》[汉文]，第53页。

② 比如可参阅亚·康·多桑：《自成吉思汗至帖木儿伯克或曰跛子帖木儿之蒙古史》[法文]，第1卷，阿姆斯特丹，1852年，第38页之注释（以下简称《蒙古史》）。颇为有趣的是，作者在自己著作的正文中（第35—36页）却间接提到了1155年。

③ 韩儒林：《论成吉思汗》[汉文]，载《历史研究》，1961年，第3期，第4页；其他纪念文章还刊在《历史研究》1961年的第2期和第4期上。伊·米·迈斯基写了一篇文章，算是对这些文章的答辩（《历史问题》，1961年，第5期）。

④ 伯希和：《马可·波罗游记注释》[法文]，第1卷，巴黎，1959年，第287页。这种说法，伯希和首次在1938年12月9日亚洲学会年会上提出，后在《注释》一文中（第184页等处）作了详细论证。

⑤ 亨·德·马丁：《成吉思汗的崛起及其对华北的征服》[英文]，巴尔的摩，1950年，第59页（以下简称《成吉思汗的崛起》）；见《伊斯兰教百科全书》，第2卷，新版，莱顿—伦敦，1960年，第41页。列·尼·古米廖夫也是1162年说法的拥护者，他对铁木真的生年作过详细讨论（参阅列·尼·古米廖夫：《探寻想象中的王国（关于约翰神甫国的传说）》，莫斯科，1970年，第242—245页）。尼·策·蒙库耶夫则认为，成吉思的生年为1155年，并为此做过分析（参阅《蒙鞑备录》，第114—117页）。

"年四十五岁时"征服西藏,那么就会得出这一事件或者发生在1170年——其时蒙古诸部尚未统一,对外扩张尚未开始;或者当发生在1230年——其时成吉思汗已经逝世。而蒙古诸部统一和成吉思汗逝世都有准确日期,因此《沙拉·图吉》关于成吉思汗征西藏的记载便使人无法接受。只有在下述情况下,萨刚彻辰史和《沙拉·图吉》二种记载才能统一起来:假定铁木真的生年确是1162年;又假定《沙拉·图吉》关于铁木真生年的记载是错的,而成吉思汗征讨库鲁格·多尔济合罕时的岁数是对的;再假定成吉思汗当时的岁数(45岁)是汉族计算岁数的方式,而按一般计算方式则应是44岁。这样一来,他征讨西藏的年代就确实是1206年了。然而,这里的假定太多,因此,这一事件的真实性也就颇多怀疑,且不说1206年是否可能采取这样大规模的军事行动。

此外还不能不指出,萨刚彻辰史中关于征讨西藏的描述,在许多方面与拉施特史中关于成吉思汗征讨畏吾儿部的描述相一致:两位史家笔下关于西藏人和畏吾儿人自愿归顺以及使者人数(300人)的记载是一致的;萨刚彻辰所记的使者名字伊鲁呼与拉施特丁所记畏吾儿"亦都护"[①]的发音相似。至于年代的不同(拉施特丁记为1209年)和某些细节的不相一致,则可用波斯史家拉施特丁的记载过于详细这一点来解释[②]。

---

① 此外,据《元朝秘史》说,亦鲁库(亦鲁呼)的名字是失都儿忽汗,唐古特国的最后一代国王。他1127年到成吉思汗营帐进行谈判时,被成吉思汗下令毒死(见《元朝秘史》,第558页;谢·安·科津:《蒙古秘史》,第1卷,莫斯科—列宁格勒,第191页;《蒙古秘史:佚名氏作的一部十三世纪蒙古人编年史》[波兰文],斯·卡鲁任斯基译自蒙古语并作注释,华沙,1970年,第177页;《蒙古秘史》[德文],艾·海涅什翻译,1941年,第135页;以及罗卜藏丹津:《阿勒坦·脱卜赤》,第237—238页;叶·伊·克恰诺夫:《唐古特国史纲》,第314页)。这一事件的回音,也可能通过萨刚彻辰的记载反映出来。

② 参阅拉施特丁:《史集》,第1卷,第2册,第151—154页;第1卷,第1册,第147—148页。需要指出,雅·伊·施密特认为,蒙古人可能将畏吾儿人当作唐古特部或吐番部,而不是来源于突厥人的真正畏吾儿人(《东部蒙古人及其王室史》,第386页,注释46)。尤·克拉普罗特反对他的论点,并做了有说服力的论证(见《亚洲研究杂志》,1824年,第196—207页,257—(转下页)

倘若把萨刚彻辰史和拉施特丁史出现的这些相合情况看成是偶然的,而事实上他们所描述的是两个不同的事件,这也不无可能。但是问题在于,蒙古人征讨畏吾儿人国家这一记载已为汉文史籍所证实[1],而萨刚彻辰的记载则没有别的旁证。因此,萨刚彻辰的资料来源除了《沙拉·图吉》外,很可能还有关于畏吾儿国发生事件的一些讹传。关于畏吾儿国发生的事件,他可能是从《秘史》中得到的。这部 1240 年蒙古编年史中并未谈到征讨西藏或西藏自愿归顺的问题,但是在第 238 节有过"畏吾儿亦都兀惕"出使和归顺的记载。据《秘史》上下文以及艾·海涅什的见解看来,这件事应当发生在 1206 年[2]。两个使者中,有一个叫达尔贝,这个名字与萨刚彻辰述及的(第 89 页)西藏被征服后曾收到成吉思汗信件的那个噶尔贝喇嘛的名字相近。此外,《秘史》在叙述畏吾儿国使者情况那段文字之前,还有一段文字谈到成吉思汗手下将领之一哲别追赶乃蛮部屈出律汗(Гӱчӱдӱк-хан,在《阿勒坦·脱卜赤》中拼做 Кӱлӱк-хан)。屈出律这个名字与萨刚彻辰史上提到的库鲁格·多尔济汗(Кюлюгэ Доржи-хаган)的名字十分相近[3]。这类相合现象很多,证明二者之间纯属偶合或种种历史事件相似,已经绰绰有余了。所以,完全有权做出如下推测:萨刚彻辰笔下所记述的实际上不是藏王,而是畏吾儿王,这样,他的编年史中就根本不存在成吉思汗征讨西藏的记载。

藏文史籍则不然。比如,在《王统明鉴》中有过这样的记载:

(接上页)276 页,332—238 页);试与汉默尔—普格斯塔尔:《钦察人金帐汗国史》[德文](佩斯,1840 年,第 69—70 页)比较。

[1] 参阅《元史》,第 1 卷,第 15 页正面;《通鉴纲目》,第 28 卷,第 2 页背面。

[2] 参阅《元朝秘史》,第 467—468 页;《蒙古秘史》[德文],第 116 页,第 209 页;《蒙古秘史》[波兰文],第 151 页;谢·安·科津:《蒙古秘史》,第 174 页,第 491 页。还可参阅罗卜藏丹津:《阿勒坦·脱卜赤》,第 183 页,第 354 页注释 5。

[3] 参阅《元朝秘史》,第 466—467 页;《蒙古秘史》[波兰文],第 151 页;《蒙古秘史》[德文],第 116 页;谢·安·科津:《蒙古秘史》,第 292 页,第 441 页。后者的译文中错译作达岱(见第 174 页)。

"成吉思汗转动强大之轮(成为强大的征服者),光临西藏。他征服纳里(Нари-кхор-сум)、乌(У)、藏(Цзанг)、洛(Лхо)、康(Кхам)、敢(Кан)之后,派使者进藏,向萨迦寺住持贡噶宁波法师敬献厚礼,并委他为自己的宗教首领,而后又邀他访问蒙古。"①

尤·尼·廖里赫从另一部藏文史籍《蒙古史》中引述了一段有关蒙古人征讨西藏问题的有趣引文:"1207 年西藏地方官……以及其他封建主……派出……三百人的使团,向蒙古汗进贡。"②

将这两段记载相互进行比较,并与上述材料进行比较,可使我们得出如下几点结论。

第一,在这个问题上,藏文史籍的记载分歧甚大,毫无交叉之处。这些记载似乎将萨刚彻辰的记载悉心地一分为二:《明鉴》只谈成吉思汗征讨西藏和他赠送萨迦寺首领礼物的事;而《蒙古史》则只谈西藏使者觐见成吉思汗的事。这种情况不能不引起人们的警觉,因为如果假设《王统明鉴》的作者认为派遣使者的事件不那么重要,不值得载入自己的著述还是可以理解的话,那么《蒙古史》对于成吉思汗进藏并征服上述地区的事件避而不谈,就是不可思议的了。所以,事情只能是这样:或者《明鉴》中提到的事件根本没有发生过;或者虽然发生过,但是《蒙古史》的作者未有所闻。倘系后一种情况,则他的记载就不足为训了。

第二,除了不重要的细节(萨刚彻辰史中提到的是 1206 年和西藏国王,《蒙古史》中则提到的是 1207 年和西藏地方官),《蒙古史》对萨刚彻辰史中有关部分作了相当准确的虽则是十分简略的复述。这似乎可以证明,萨刚彻辰史的记载是可靠的;但同时也说

---

① 《王统明鉴,第 11 册》,收入《萨拉特·昌德拉·达斯先生之西藏宗教、历史诸问题的手稿》中,见《孟加拉亚洲学会杂志》,第 51 卷,第 1 期,加尔各答,1882 年,第 66 页。关于该书及其作者,可参阅《孟加拉亚洲学会杂志》,第 50 卷,第 1 期,1882 年,第 187—188 页。
② 尤·尼·廖里赫:《十三世纪至十四世纪的蒙藏关系》,收入《蒙古诸族语文学和历史》,莫斯科,1958 年,第 335 页。

明,我们上面指出萨刚彻辰史中存在的可疑之点和讹误之处也使《蒙古史》受到了波及。这里补充说明一点,尤·尼·廖里赫对《蒙古史》这部史籍持批判态度,曾指出其中存在"重大的不相合之处"。①

第三,《明鉴》和萨刚彻辰史正文中尽管有明显的不同之点,但在两个重大问题上甚为相合:一个是成吉思汗征讨西藏,一个是成吉思汗与萨迦寺喇嘛的关系。后一个问题也许正是解开所有"不相合之处"隐情的一把钥匙。问题是这样的。《明鉴》具有亲喇嘛教倾向,而书中含有成吉思汗委任西藏喇嘛为"自己的宗教首领"的记载,既可显示这位大人物对该教的尊敬之情,无疑也提高喇嘛教的威望,且不管记载本身是否合乎情理。后来,诚如我们下面要看到的那样,在蒙古统治者和萨迦寺喇嘛之间确曾有过交往,于是,将这种交往附会在蒙古帝国创始人身上,或者将这种交往的起始时间荒谬地提前,就是十分自然的事了。出现这种情况也合乎情理,因为《明鉴》的成书时间是 1740 年,因此它所反映的并不是当时的情况,而是 13 世纪重大事件参加者们后代的观点。

由此看来,上述材料可以分做三类。一,不含有成吉思汗征讨西藏的材料。属于这一类的有全部汉文史料,大部分蒙古文和一部分其他史料。二,含有不太可靠、互相矛盾或引起种种怀疑的材料。属于这一类的,有萨刚彻辰史、《明鉴》和《蒙古史》。三,具有权威性的拉施特丁史不同于以上二者。他的记载过于简略,毫无细节描述,以致无法充当做出具体结论的严肃依据。

这些情况说明,要解决蒙古人何时征讨西藏这个问题是何等复杂,何等困难。不过,对此总还是可以做出几点推测的。

其一,西藏居于蒙古人扩张的主要方向之外,在中国之西,哈

————————————

① 同上。

刺契丹、花刺子模等之东。至于西藏的北部(西夏),只是蒙古人扩张的次等目标;而且西藏在这一目标的外围。这种地理政治状况,使西藏得到了较为安全的保障。在这方面,自然条件也起一定的作用:高山险阻,利守难攻。

其二,将各种史料中有关成吉思汗的意图和方案之记载综而观之,不难得出如下结论:西藏不包括在他的直接利益范围之内,他没有打算向那里进军。其原因很可能是,这位大汗缺乏有关西藏的足够资料,他的注意力集中在更富饶、更易攻占的地区,其中有的与蒙古相距不远,有的甚至就是它的近邻,或许还有别的原因,我们就不得而知了。

其三,上述两点并不是说萨刚彻辰史和其他史料关于成吉思汗征讨西藏的记载就毫无根据了。可以设想,萨刚彻辰史总是以成吉思汗在位期间发生的真实事件为基础的,这些事件或者可能与藏族人或西藏有关,或者可能与其毗邻地区有关。这一点,除了上面在对相关记载进行分析后提出的推测,还包括另外几种情况。一,西夏的版图包括从前属西藏所有的一些地区,这里甚至还居住着藏人;唐古特军队中有西藏人骑兵队①,因此,无论当时或此后的史家都有可能将征服西夏的战争误认为征讨西藏的行动。二,1227 年成吉思汗大军彻底打败西夏之后,或许可能到过唐古特与西藏交界处②。在这种情况下,一部分蒙古军队可能侵袭过西藏地区。三,受到蒙古人侵略的西夏居民首先要逃往西藏③,他们所讲述的情况使史家产生了蒙古人不仅征服过西夏,而且征讨过西藏

---

① 参阅《蒙古游牧记》,帕·斯·波波夫译,圣彼得堡,1895 年,第 115 页;亨·德·马丁:《成吉思汗的崛起》,第 54 页,第 116 页;王忠:《论西夏的兴起》[汉文],原载《历史研究》,1961 年,第 5 期,第 10 页。

② 参阅叶·伊·克恰诺夫:《唐古特国史纲》,第 313 页。

③ 同上,第 319 页。叶·伊·克恰诺夫指出,"唐古特这一称呼也被蒙古人用来称呼与之相邻的西藏东北部及其居民"(同上,第 300 页),这成为使此后史家陷入迷惘的根源。

的印象。四,蒙古人初次接触佛教是在成吉思汗在世的年代。唐古特佛教文化,很可能是导致这种接触的媒介之一。既然西夏的佛教是由西藏传入的①,于是这一点就很可能成为有关成吉思汗与西藏喇嘛交往记载的基础。

上述种种,可使我们得出如下结论:成吉思汗在位年代,西藏既未被征讨,也未通过自愿归顺而纳入成吉思汗帝国的版图。因此,那些多半以藏文史料为基础而推断在成吉思汗时代西藏即已并入蒙古帝国版图的历史学家们的意见②,我们不敢苟同。不过,在这一时期发生初次交往、军事接触乃至蒙古军队(很可能是小股部队)进入西藏边境地带的可能性不能排除。无论蒙藏关系当时究竟如何,这种关系总归是不牢固的,在这两个民族的历史上也不是重要因素。

1227 年之后,西藏成了蒙古帝国的近邻,于是,西藏的地理政治状况发生了根本性的变化。不过,在成吉思汗继承人时代,这两个国家的军事外交关系在史籍中很少记载。汉文史籍对此依然保

---

① 同上,第 285—286 页,第 292 页,第 328 页,第 333 页;乔·卡拉:《蒙古游牧民的书籍》,莫斯科,1972 年,第 22—24 页。甚为有趣的是,唐古特人认为西藏人最典型的特征是笃信佛教。这一点可由下列诗歌证明:

　　唐古特人精神抖擞走在前,

　　契丹人慢慢腾腾走在后,

　　大多数西藏人信奉佛教和僧人,

　　所有汉族人则喜爱世俗书,

　　吐欲(浑)人爱喝酸奶子,

　　(鄯国)人十分喜欢希腊小女子。

　　(参阅叶·伊·克恰诺夫:《掌中珠——一部研究唐古特文学的参考书》,见论文集《中国和朝鲜文学的体裁和风格》,莫斯科,1969 年,第 17 页;同一作者:《唐古特人论中国(据唐古特文原始史料)》,见论文集《中世纪的西伯利亚、中央亚和东亚》,第 145 页)。

② 这些学者有:萨·钱·达斯(《孟加拉亚洲学会杂志》,第 50 卷,第 1 期,1881 年,第 239 页);沙卡帕——西藏人写的用英文出版的第一部西藏史作者,他将这一事件的年代定在 1207 年(旺·德·沙卡帕:《西藏:政治史》[英文],纽黑文—伦敦,1967 年,第 61 页);华裔美籍历史学家李德(译音)——他认为这些材料与汉文史籍有差距(李德曾:《西藏的今天与昨天》[英文],纽约,1960 年,第 18—19 页)。

持沉默。拉施特丁和志费尼的史书中则仅提及窝阔台派兵进藏或途经西藏[①],然而语焉不详,且若干情况还有谬误。比如,举拉施特丁史中一段最为详细的记载为例:"同年(羊年,即"库里勒台"召开的 1235 年——作者注),……窝阔台汗派其子阔出和皇太子忽秃忽——术赤·合撒儿之子入摩至那。摩至那又名南家思(即华南——作者注)。他们来到该地,攻下襄阴府和克林府,途中劫掠了西藏地方。"[②]这段出征记载,还见于汉文史料:"七年(指窝阔台在位七年,即 1235 年——作者),……遣……皇子曲出及胡土虎伐宋。……冬十月,曲出围枣阳,拔之,遂徇襄、邓,入郢,虏人民牛马数万而还。"[③]

将这两条记载进行比较,可以得知,这里谈的无疑是同一事件,但彼此有重大的不同之处。在这个问题上,中国史家无疑要比拉施特丁更为清楚。他们将蒙古大军的活动范围局限在今河南、湖北一带。这些地方位于蒙古南部,距西藏 1000 多公里的东部。显然,阔出大军既不可能在从蒙古草原或华北出兵"途中"劫掠西藏,更不可能从上述二城市转入另一城市的"途中"劫掠西藏。

不过,西夏被征服后,西藏既已成了成吉思汗帝国的近邻,那么,另有蒙古军队去西藏就不无可能了。尤·尼·廖里赫写道:"藏文史料记载说,地猪年即 1239 年,蒙古人在朵尔达—达尔罕的指挥下侵入西藏。……途中,蒙古军队先在苏楚克(译音)游牧地,……后来在著名的噶当派热振寺……和拉萨北面……贡布(译音)河谷的杰拉康寺附近,同西藏人发生战斗。藏文史料说,这两座寺院遭受战火之乱,损失很大,包括著名的住持色登在内……有

---

① 拉施特丁:《史集》,第 2 卷,第 21 页,第 110 页;《〈金帐汗国史资料汇编〉中的志费尼》,齐曾高曾整理,第 2 卷,莫斯科—列宁格勒,1941 年,第 21 页;阿·阿·志费尼:《世界征服者史》[英文],约·安·波伊勒翻译,第 1 卷,曼彻斯特,1958 年,第 190 页,第 196 页。

② 拉施特丁:《史集》,第 2 卷,第 36 页。

③ 《元史》,第 2 卷,第 5 页正面;毕沅:《续资治通鉴》[汉文],第 5 册,上海,1957 年,第 4580 页。

数百人……被杀。达赖喇嘛五世史中说,当时蒙古人在东起贡布、西到尼泊尔的全境确立了统治权。"

尤·尼·廖里赫针对后一句话还指出,这句话指的不是朵尔达—达尔罕的军队,因为他此后不久便离开了西藏①。

旺·德·沙卡帕也根据藏文史籍《萨迦寺史》《西藏宗教史》和《西藏史》的记载写道:"1227 年成吉思汗死后,西藏人停止进贡,与蒙古人的关系紧张起来。1240 年,成吉思汗的孙子、窝阔台汗的次子阔端②派大军征西藏。三万军队在勒杰(译音)和朵尔达的率领下来到拉萨以北的潘布(译音)。他们烧毁了热振寺和杰拉康寺。大喇嘛色登和五百僧人及平民被杀,城乡被抢。"③

研究中国佛教的专家肯尼思·陈在这一事件上却为我们提供了另外一种结局:"1239 年,蒙古大军在窝阔台汗次子阔端的统率下进攻西藏。西藏人决定不去抵御,而代之以谈判。他们派萨迦

---

① 尤·尼·廖里赫:《十三世纪至十四世纪的蒙藏关系》,第 337 页。

② 据萨刚彻辰(《东部蒙古人及其王室史》[德文],第 111 页)说,窝阔台有二子:贵由(1205—1223),实际上死于 1248 年(关于萨刚彻辰的错误记载,参见让·阿贝尔—雷穆札《对雅·伊·施密特著作〈东部蒙古人历史〉的意见》,见《哈佛亚洲研究杂志》,1832 年,第 134—135 页,145—146 页);阔端(1206—1251)。事实上,其子甚多。《元史》的《宗室世系表》(第 107 卷,第 7 页正面)以及拉施特丁史(《史集》,第 2 卷,第 9—198 页)记载称,他有七子,其中第二子为阔端,系窝阔台正妻所生,第六子为合丹,系妾所生(试与罗卜藏丹津的《阿勒坦·脱卜赤》,第 386 页,注释 56,以及亨·霍渥斯的《九世纪至十九世纪蒙古史》,第 160 页相比较;后一作者关于只有一个阔端即"忽必烈之兄"[第 165 页]的说法是错误的,这一点作者在后面[第 505 页]自己也已指出了)。这二子的名字在各种欧洲文字和波斯文字中的拼写甚为相似,故易混淆。合丹(赫丹、卡丹、卡达安、契丹、科依丹)曾转战于中亚和欧洲,因此他的名字常见于波斯文史籍(如齐曾高曾:《金帐汗国史资料汇编》,第 22 页,第 85 页;拉施特丁:《史集》,第 2 卷,第 17 页,第 37—39 页,第 45 页等处)、立陶宛文史籍(如《俄国编年史全集》,第 32 卷[大事记;立陶宛,日莫伊特,贝霍夫;编年史;巴尔库拉博夫,阿维尔卡,潘齐尔],莫斯科,1975 年[第 16—20 页,第 26 页,第 208 页)等等。后来,他起兵反对忽必烈,结果战死(见《元史》,第 18 卷,第 1 页正面)。阔端(阔敦,库坦,奎腾,阔登,阔丹)则记载不多,"唐古特地营帐"归他所有(拉施特丁:《史集》,第 2 卷,第 11 页,第 13 页,第 115—117 页等);他在四川、西藏一带征过南宋(参阅:尼·策·蒙库耶夫:《蒙鞑备录》,第 113 页,注释 144,第 144 页,注释 152;罗卜藏丹津:《阿勒坦·脱卜赤》,第 369 页,注释 46)。尼·雅·比丘林译本 1236 年条作:"奎腾皇子死"(《最初四汗史》,第 261 页)。这显系误译,这里指的当是另一个皇子(第 251 页、第 259 页同样如此),即阔出(参照《元史》,第 2 卷,第 5 页正面,第 6 页正面。)

③ 旺·德·沙卡帕:《西藏:政治史》,第 61 页。

寺住持萨班——此人当是西藏当时最有权威的人物——去进行谈判。1247 年,萨班开始与阔端谈判。"①据这段话推测,肯·陈的资料来源当出自意大利著名学者朱·图奇所收集的藏文资料。可惜,朱·图奇的著作我们还没掌握②。

由此可见,藏文史籍记载的,大约是同一个年代——蒙古人入侵西藏的年代 1239 年或 1240 年,以及与这一事件相关的同一个人物——皇太子阔端(朵尔达—达尔罕是他的下属),并且地点是确定的——西藏本土,而不是与之毗邻的地区。

这些事件的直接记载,我们在蒙古文、波斯文和汉文史料中无法找到。萨刚彻辰史中只谈到阔端派朵尔达进藏一事,且不是统率大军,而是率使者前往③。拉施特丁关于阔端只有如下记载:"蒙哥汗将唐古特一带的禹儿惕(分地)赐予他,并派兵送他前往。……忽必烈汗及其子铁穆耳汗将阔端家族留在那里……"④《元史》中仅有阔端出兵甘肃、西川——与西藏毗邻地区的记载:"七年(太宗窝阔台在位七年,即 1235 年——作者注)……皇子阔端征秦、巩";"[八年(1236 年)]……冬[阴历]十月,阔端入成都";"十一年(1239 年),皇子阔端军至西川"⑤。

在《元史》记载的上述事件过程中,很可能有一些蒙古军队深入过西藏;上述藏文史籍的记载,很可能反映的就是这类真实事件

① 肯尼思·陈:《中国的佛教:历史概述》[英文],普林斯顿,1964 年,第 418 页(以下简称《中国的佛教》)。肯·陈没有指出萨班是谁,但是这段话的内容却表明,指的当是萨迦一班第达。关于萨迦一班第达,下文有详述(试与维·桑·迪雷科娃:《萨迦格言》相比较,《萨迦格言》一文见《苏联对中国文学的研究。苏联科学院通讯院士尼·特·费德林六十寿辰纪念文集》,第 44 页)。

② 朱·图奇:《西藏画卷》[英文],罗马,1949 年。

③《东部蒙古人及其王室史》,第 111 页。

④ 拉施特丁:《史集》,第 2 卷,第 11 页。

⑤《元史》,第 2 卷,第 5 页正面,第 6 页正面,第 7 页正面。秦指今甘肃天水,巩指今甘肃陇西,西川指今四川西部。参阅《中国古今地名大辞典》[汉文],上海,1935 年,第 743 页,"秦"条;第 1205 页,"巩州"条;第 345 页,"西川"条。

的余音。蒙古军队的出现[1]和有关蒙古人入侵的可怕消息,很可能会促使某些西藏领袖人物要求与蒙古人合作,承认蒙古的最高领导权。据一些藏文史料来看,萨迦寺住持萨迦—班第达就曾承认西藏对蒙古人的附属关系,以换取他对寺院保持政治领导权。这一举动引起了他的同胞们的不满和反对。只是在萨迦—班第达发出呼吁书,指出蒙古人具有征服全世界的武力,做出倘若自愿归顺则蒙古军队就不会进藏的许诺,不满和反抗才告平息[2]。

如此看来,所有的各种文字史料都说明,13世纪第二个25年中,西藏多半还没有彻底被并入成吉思汗帝国的版图,不过其情形距并入已不太远了。无论如何,西藏已引起蒙古统治人物的经常注意了。

藏文史料和其他文字史料记载不同,导致对这一时期西藏是否并入蒙古帝国的问题产生了分歧意见。而分歧意见又由于《元朝秘史》中出现的一段有趣记载而进一步加深。《元朝秘史》在窝阔台自我评价自己一生功绩时曾这样写道:"居我父(成吉思汗——作者注)之大位,继父汗之后,我之所为者乃征札忽惕[3]百姓,讨平札忽惕百姓矣;我再为之者,为俺使者在路急驰,又为搬运所需,而立驿站矣;又再为之者,俾掘井于无水之地而出水,使众百姓得水草之便矣;又为各地方城邑之百姓置阿勒斤臣,探马臣,俾众百姓得以足有所踏、手有所置而居之矣。继我父[之后],益此四事焉。"[4]《元朝秘史》转述的窝阔台的这番话,自然还不能作为否定

---

[1] 也不排除如亚·康·多桑在较晚时代提到蒙古人在西藏某些地点驻扎过军队的可能性(亚·康·多桑:《蒙古史》,第2卷,第260页,并参照亨·霍渥斯《蒙古史》第188页)。

[2] 朱·图奇:《西藏画卷》,第10页,第251页。引文转引自尤·尼·廖里赫:《十三世纪至十四世纪的蒙藏关系》,第338—340页;还可参阅;肯尼思·陈:《西藏的佛教》,第418页;试与旺·德·沙卡帕之《西藏:政治史》第63页相比较。

[3] 斯·卡鲁任斯基解释说,蒙古人称女真人为扎忽惕人,因此这里很可能指的是居住在满洲的某个女真部落,参阅《蒙古秘史》[波兰文]第201页,并参照《蒙鞑备录》第121页。

[4] 参阅《元朝秘史》,第597—598页,第600页;引文转引《蒙古秘史》[波兰文]第187页(文中译文据道润梯步《新译简注〈蒙古秘史〉》——译者)。

在他执政期间征服过西藏的决定性论据。然而，一位大汗能将战胜一个没有名气的女真部落视为自己的一大功劳，如果他确实征服了西藏，又竟对此事绝口不提（他自己不提，《秘史》作者也不提），那是很难令人相信的。因此，我们认为，对此事件还是应当谨慎为好。

无论蒙古人军事臣服西藏的程度如何，到13世纪40年代时，蒙古与西藏毕竟建立了比较密切、牢靠的联系。这种联系的基础，是以西藏喇嘛教形式传入蒙古的佛教。

上面已经指出，早在成吉思汗在世时，蒙古就已初次接触到了佛教。匈牙利蒙古学家和藏学家乔·卡拉认为："蒙古人接触佛教可能是通过哈剌契丹人、女真人、唐古特人、移剌楚材（耶律楚材——作者注），首先可能是畏吾儿人实现的。"①他的论点的后半部分不无可争论之处，但是蒙古人入侵华北以征服金国这一事件，确实在其中起过作用。1218—1219年，木华黎大军进入陕西时②，俘虏两名佛教高僧，一名中观，一名海云。这两名高僧，特别是年轻的海云，既有学识，又很大胆，令木华黎折服，于是木华黎将这两人的情况报告成吉思汗。成吉思汗命令将他们恭请而来，并保证让他们有宗教活动的自由。此后，直到1256年去世为止③，海云向包括未来皇帝忽必烈在内的蒙古贵族传布过佛教经典，并在蒙古汗廷中扮演过重要角色④。

尽管海云本人地位显要，影响甚大，然而佛教在当时的蒙古人中尚未引起广泛反响。蒙古人仍然深信自己的宗教——萨满教及

---

① 乔·卡拉：《蒙古游牧民的书籍》，第22页。

② 参阅《元史》，第1卷，第19页背面—20页正面；第119卷，第4页背面—5页正面。

③ 同上，第3卷，第3页正面。

④ 关于海云生平及这里所描述的事件，在佛教编年史特别是《佛祖历代通载》中也有记载。引文转引自肯尼思·陈：《西藏的佛教》，第414—416页。

其神灵和祖先崇拜①。与异族文化缺乏长期交往,使他们一时无法接受新的宗教。此外,蒙古贵族看来也没有能力及时消化海云传布的禅宗那套复杂而抽象的教条。总而言之,只有到了 13 世纪中叶,蒙古人中出现了西藏喇嘛之后,佛教才得到比较广泛的传播。

蒙古史料将这一传播过程与阔端和萨迦—班第达(1182—1252)的名字联系在一起,而且带着极大的尊敬之情对阔端在蒙古人中传播佛教的事迹进行了描述;给予阔端的评价,不亚于萨迦—班第达②。

萨迦—班第达于 1244 年来到阔端的营帐(现今兰州附近)。是什么直接原因促成此行的,还很难说。一种说法认为,他到那里是为给阔端治病;另一种说法认为,他由于宗教知识丰富而受到邀请③。应当指出,《元史》中没有提及他访问蒙古皇太子一事,这可能是由于这部史籍对于忽必烈(元世祖)登基之前的事件不做详细描述,而阔端其人之于中国命运如何关系不大的缘故④。我们认为,蒙古文和藏文编年史记载的这两个人会晤的事,当是可信的。

---

① 参阅宾·林钦:《蒙古萨满教中对历史人物的崇拜》,见《中世纪的西伯利亚、中央亚和东亚》,第 189 页,及纳·里·菇科夫斯卡娅:《蒙古—布里亚特萨满教及萨满教之前的宗教对喇嘛教的影响》,见论文集《亚洲各民族民族学与民族史问题》,莫斯科,1968 年,第 221—236 页。

② 《东部蒙古人及其王室史》,第 233 页,第 414 页,注释 7;参照该书第 392—394 页,注释 9。此处,雅·伊·施密特引证了另一部蒙古史籍《吉鲁肯·阿勒坦》中的证据(见雅·伊·施密特:《对中亚特别是蒙古和西藏各民族古代宗教、政治和文学形成史之研究》,圣彼得堡—莱比锡,1824 年,第 141 页及以下)。尤·尼·廖里赫的见解则略有不同。他说:"阔端营帐建造佛寺一事说明,在萨迦—班第达未到时(此处及以下的着重点为作者所加),佛教影响就很大,帝国时代的蒙古人通过唐古特国已经熟悉了西藏文化"(尤·尼·廖里赫:《十三世纪至十四世纪的蒙藏关系》,第 340 页)。据史籍材料看来,这种观点走得太远了。

③ 《沙拉·图吉》,第 137—138 页;《东部蒙古人及其王室史》,第 111 页,第 113 页;《孟加拉亚洲学会杂志》[英文],第 51 卷,第 1 期,1882 年,第 69—67 页;肯尼思·陈:《西藏的佛教》,第 418 页;尤·尼·廖里赫:《十三世纪至十四世纪的蒙藏关系》,第 338 页。《沙拉·图吉》中有一处补文,说生病的是窝阔台汗(参阅第 137—138 页)。

④ 事实确如此,虽然据阿·马·志费尼说,阔端在窝阔台死后曾极力争当大汗(阿·马·志费尼:《世界征服者史》,第 1 卷,第 251 页)。

萨迦—班第达这个历史人物的真实性,也不会有什么问题①。他的名字叫作贝丹敦珠,在藏、蒙古、中、印则以宗教名字贡噶坚赞或封号萨迦—班第达而闻名②。这个封号是由于他学识渊博而被授予的。他的著作之一——《苏巴希德·拉特纳·尼德赫》(《萨迦格言》)③普遍流传,并被多次译成蒙古文④。萨迦—班第达到达之后,正值阔端不在营帐,他们的会面直到1247年才告实现。萨迦—班第达在阔端营中待的时间不长,但获得广泛的声誉。其原因除了他具有宗教知识,还因为他医术高明。蒙古文史籍记载说,他把阔端的病治好了⑤。

到13世纪50年代时,喇嘛教在蒙古人中的影响加强了。两个民族的接近,喇嘛们的高明医术,在崇尚迷信的蒙古人中引起巨大反响的妖法⑥,推动了这一进程。1251年,蒙哥汗封南无喇嘛为整个帝国的佛教首领,并授予国师称号。这标志着喇嘛教的胜利⑦。

---

① 萨迦—班第达详细传略,参阅《孟加拉亚洲学会杂志》,第51卷,第1期,1882年,第19—20页;阿·格伦威德尔:《西藏蒙古佛教传说》[德文],莱比锡,1900年,第61—63页。许多材料还采自维·桑·迪雷科娃:《萨迦格言》,第42—45页。

② "萨迦—班第达"的字面意思是"萨迦的圣哲"。"班第达"是梵文,意思是"学者,师傅"。参阅《梵英词典》,霍·海·威尔松译,第二版,加尔各答,1832年,第497页。

③ 这部著作的部分原文和音译曾由乔玛·德·科罗什刊布于《孟加拉亚洲学会杂志》,第24卷,1855年,第141—165页;第25卷,1856年,第257—294页。维·桑·迪雷科娃将这部作品的标题译作《格言宝库》,摘译了其中的大部分内容,并从文学角度作了评介(《格言宝库》,第45—65页)。

④ 《沙拉·图吉》,第183页,注释49;维·桑·迪雷科娃:《格言宝库》,第45页,注释3。

⑤ 参阅《沙拉·图吉》,第137—138页。这一具体情况尽管从史料学角度值得怀疑,但是萨迦—班第达的医学知识未必在怀疑之列,因为西藏喇嘛的医术都很有名气。这一点,自然会赢得医学知识相当原始的蒙古人的尊敬。后者只会灼烤伤口,放血,用动物内脏湿敷,等等。参阅《元朝秘史》,第425页,第427页;《蒙古人民共和国通史》,莫斯科,1967年,第136—137页。

⑥ 比如,有这样一则传说:喇嘛能让酒杯自己跑到嘴边,而基督教传教士却做不到,故忽必烈崇尚喇嘛教(参阅马可·波罗:《游记》[波兰文],安·鲁尔尼翻译,华沙,1954年,第224页);并参照劳·奥·瓦德尔:《拉萨及其神秘的宗教仪式》[英文],伦敦,1906年,第29页)。关于八思巴,有过这样一个故事:他能取下脑袋,肢解身体,然后合在一起(《孟加拉亚洲学会杂志》,第49卷,第1期,1882年,第67页)。关于喇嘛的怪诞行为,在《元史》中也有记载(参阅第202卷,第3页正、背面;并参照第5卷,第19页正面)。这类传说可以提高佛教及其信徒的威望。

⑦ 《通鉴纲目》,第20卷,第15页背面。内中关于南无的民族归属是这样说的:"西域竺乾国人"。据《辞海》(《辞海》,上海,1949年,第1126页)解释,"竺乾"即"天竺",亦即"印度"(参阅冯承钧:(转下页)

就在蒙哥汗在位的 13 世纪 50 年代,西藏成为蒙古帝国的一个组成部分。汉文史籍对此有详细记载,且年代详确。这是征服华南计划中的一个步骤。蒙古人为了筹划与南宋决一死战,首先想把它与整个陆地分割开来。为此,蒙古骑兵在忽必烈和兀良哈带的指挥下,向与中国毗邻的国家和民族发动了一系列战役。西藏的命运就是这时决定的:"冬十二月(宋帝理宗宝祐元年,即 1253 年 12 月—1254 年 10 月 20 日),蒙古人忽必烈灭大理[国],旋入藏,征服之。"[①]

军事征讨西藏的行动在此后还进行过。不过,据《元史》简略的记载来看,这些行动颇有节制(有一处曾记载说,派过 30000 军队,这个数字大概是派兵最多的一次),多是为了镇压一些起义的部落,且其中有西藏军队参加[②]。这可以补充说明,西藏已经完全成了一个附庸国。

成吉思汗帝国某些封地出现衰落状况,促使忽必烈要加强所在封地的中央政权。在这种情况下,他进一步采取措施,取消西藏残留的自主权,使之与元帝国的其他组成部分一致起来。西藏建立了行政机构,作为全国统一的管理体系的一部分:"乃郡县吐蕃

(接上页)《西域地名》,北京—上海,1955 年,第 33 页,第 65 页)。还有另外一些说法。卡·弗·克朋认为他是克什米尔人(卡·弗·克朋:《喇嘛教教秩制与教会》[德文],柏林,1859 年,第 94 页),康·多桑和肯·陈认为他是西藏人(亚·康·多桑:《蒙古史》,第 2 卷,第 261 页;肯尼思·陈:《中国的佛教》,第 419 页);亨·霍渥斯说,其兄是贵由汗的左右(亨·霍渥斯:《蒙古史》,第 504 页)。

① 《通鉴纲目》,第 20 卷,第 17 页正面,并参照《元史》,第 3 卷,第 5 页正、背面。后者只提到了占领大理。兀良哈带列传中可以得到若干补充性细节(《元史》,第 121 卷,第 5 页及以下几页,并参照第 123 卷第 8 页背面)。还可参阅拉施特丁:《史集》,第 2 卷,第 144—145 页;亚·康·多桑:《蒙古史》,第 2 卷,第 314—317 页。爱·沙畹曾根据 1304 年征云南碑文拟出了忽必烈进军的详细路线(爱·沙畹:《蒙古时代中国官员的碑铭和文件》[法文],载《通报》,1905 年,第 2 辑,第 6 期,第 2—4 页;关于途中经由西藏的情形,见第 3 页)。关于这一事件,还可参阅邵远平的《元史类编》[汉文],第 2 卷,[未标出版社],1795 年,第 1 页背面。1252 年忽必烈进军前,于 1251 年曾派兵入藏。参阅《元史》,第 3 卷,第 3 页正面。

② 同上,第 6 卷,第 16 页正面;第 7 卷,第 15 页正、背面;第 8 卷,第 20 页背面。

之地,设官分职。"①1264 年,元帝国设专门机构,"掌释教僧徒及吐蕃之境"②。该机构最初叫总制院,1288 年"因唐制[管理]吐蕃来朝见于宣政殿之故"更名为宣政院③。这个机构的设置,在中国历史上留下了永久的痕迹:元朝中国历史地图上,西藏全境或其一部往往标作"宣政院辖地",意思就是"受宣政院管辖之地"④。

这些措施,不仅仅说明西藏与蒙古帝国及其行政体制一体化起来,同时还体现了忽必烈利用宗教观制服西藏人的政策:"[蒙古]既得西域⑤,世祖[考虑]以其地广而险远,[其地之]民犷而好斗,思有以因其俗而柔其人。"⑥这里具体来说就是利用宗教行事。上述机构也罢,西藏最高政权也罢,都由国师即帝国的最高喇嘛统领。忽必烈时代的国师是八思巴。

八思巴·罗卓坚赞(1234—1280)是萨迦—班第达的侄子,曾随伯父赴阔端营帐。《元史》中有他的列传,内称:"[八思巴生]七岁,诵经数十万言,能约通其大义,国人号之圣童。"⑦1253 年,忽必烈邀八思巴·罗卓坚赞进宫。八思巴的聪慧和知识渊博使忽必烈惊叹不已。忽必烈于 1260 年登基之后,封他为国师。后来,八思

---

① 同上,第 202 卷,第 4 页背面。据藏文史料记载,全藏共分作 13 府("奇科尔"——行政单位,理论上讲当为万户),每府设官员("奇朋";"朋"——高级官吏的职称,用在不同地方有不同的译法)。参阅旺·德·沙卡帕:《西藏:政治史》,第 334 页;贡·苏莱曼:《达赖喇嘛传》[德文],莱比锡,1958 年,第 92 页。

②《元史》,第 87 卷,第 8 页正、背面。关于这一年在西藏人中采取的行政措施,可参阅《元史》,第 5 卷,第 12 页正面。

③ 同上,第 87 卷,第 8 页正面。

④ 参阅顾颉刚、章巽、谭其骧:《中国历史地图集·古代史部分》[汉文],上海,1955 年,第 28 图,第 29 图。

⑤ "西域"一词的含义很广,大体看来包括中央亚、中亚和西南亚各国在内。西藏一般不属其中,但在此处偏偏指的是这个意思。"其俗"首先指其宗教而言。

⑥《元史》,第 202 卷,第 4 页背面。实际上这里指的不仅是制服西藏人一事,还指利用西藏人当兵的事。参阅《元史》,第 7 卷,第 15 页正、背面。

⑦ 同上,第 202 卷,第 1 页背面。关于他的著作《听法广记》,可参阅列·谢·萨维茨基:《〈正果广记〉和〈听法广记〉及其对于研究西藏历史和文学的意义》,见论文集《东方各民族的历史、文化和语言》,莫斯科,1970 年,第 46 页。

巴创制蒙古新文字,忽必烈于 1269 年下诏颁行,并封他为大宝王①。此外,设总制院后,八思巴又被尊为其首,成为皇帝统管西藏事务的全权代表②。关于这位年轻喇嘛地位之高和影响之大,除了他的封号和大批受赐物,最能说明问题的是这样一个事实:进行宗教谈话时,忽必烈居于他之下;进行国事活动时,二人平起平坐③。然而他的行政权力并不是无限的:在总制院(后为宣政院)处理事务时,必须征得中央政权其他机构的同意,方能决定下来④。

忽必烈在位期间,喇嘛教在元帝国得到了广泛传播。中国境内到处建筑喇嘛寺,甚至连宋代王宫也被改为寺院。中国有名的四大佛寺之一——山西的五台山寺院,就是这个时间建成的。⑤

有记载说,到 1291 年时,中国共有寺院 42318 处,僧尼 213148人⑥。这个数字即使以用挑剔眼光去对待,把它当作一个概数,也

---

① 参阅《元史》,第 202 卷,第 1 页背面—2 页正面。关于该字母的创制及其运用和结果等等,详见乔·卡拉的著作:《蒙古游牧民的书籍》,第 27—32 页。

② 关于这一事件的年代,研究家们意见纷争。旺·德·沙卡帕根据萨迦寺藏文编年史《萨迦寺史》的记载和忽必烈致八思巴喇嘛的信,提出最早的年代为 1254 年。参阅旺·德·沙卡帕:《西藏:政治史》,第 65—66 页。查·贝尔提出的年代为 1270 年,而尤·尼·廖里赫提出的年代是 1276 年。参阅查·贝尔:《西藏:过去和现在》[英文],牛津,1924 年,第 31 页;尤·尼·廖里赫:《十三世纪至十四世纪的蒙藏关系》,第 341 页。

③ 参阅《元史》,第 202 卷,第 5 页正面;《东部蒙古人及其王室史》,第 115 页;旺·德·沙卡帕:《西藏:政治史》,第 64 页。应当指出,虽然关于忽必烈对八思巴喇嘛的尊敬态度不仅蒙古文史籍、藏文史籍而且汉文史籍都谈到过,但是不得不说,这只是一种佛教传说。当时,不仅是八思巴,其他西藏喇嘛的地位也是很特殊的。拉施特丁记载说:"忽必烈时代末期有两个西藏喇嘛,……他们……[深得]大汗的信任和重用。……虽有许多喇嘛来自中国、印度和其他国家,但是西藏喇嘛最受重用。……这两名西藏喇嘛发号施令,大权在握。"(第 2 卷,第 196 页)关于这两个喇嘛——一位叫胆巴(拉施特丁作"当巴"),另一位是他的继承人即国师八思巴喇嘛,《元史》中均有记载(参阅第 202 卷)。在此后元朝历代皇帝在位期间,国师在宫廷中一直占有显要位置,不过这里我们不可能对这一问题再作详细探讨。

④ 参阅《元史》,第 87 卷,第 8 页正面。在西藏,有一种官职叫"本钦"[пон-чэн],负责掌管民事军事事宜。可参阅劳·奥·克明:《喇嘛教教秩制与教会》,第 97—98 页;尤·尼·廖里赫:《十三世纪至十四世纪的蒙藏关系》,第 341 页。

⑤ 参阅《元史》,第 202 卷,第 2 页背面;《通鉴纲目》,第 23 卷,第 11 页背面;贡·苏莱曼:《达赖喇嘛传》,第 93 页。

⑥ 参阅毕沅:《续资治通鉴》,第 6 册,第 5187 页。

够惊人的了。

僧职人员被赏赐有加,特权很多,甚至可以不纳赋税。这种情况导致他们腐化起来,滥用权力,肆意妄为,乃至犯罪作恶①。

至于对蒙古人民的生活来说,喇嘛教的影响更为重大。在此后数百年中,喇嘛教控制了蒙古的整个命脉②。其影响通过居民人口停止发展表现出来③。它决定了建筑物特别是宗教建筑物的风格。它使藏语成为教育一个不可分割的部分,成为"宗教、哲学和科学的语言"④。它使蒙古文书籍形制、书籍出版等变成"佛教文明使命"的成果⑤。

我们所掌握的各种史料表明,13世纪蒙古人征服西藏可分为四个阶段。而这四阶段,又部分地与本文开头提及的四位大汗的统治时代相合。

第一阶段——成吉思汗在位期间。蒙古帝国处于人类史上罕见的大规模扩张时期。蒙古大军在各个方向上作战,但主要是东西两个方向,南向只限于西夏地区。由于一系列原因,西藏当时尚未成为蒙古帝国的一个组成部分,而且我们认为,完成这一任务的军事战略必要条件和地理政治必要条件亦未成熟。但是,这两个国家间很可能已经开始了种种性质的初期交往。

第二阶段——窝阔台汗在位期间。蒙古人灭掉西夏并进入中国四川境内,西藏成了成吉思汗帝国的近邻。这一点在西藏前途

① 参阅《元史》,第202卷,第5页正面—背面及此后各页;试与肯尼思·陈:《中国的佛教》,第420页,注释4相比较。

② 关于喇嘛教在蒙古政治、经济和社会生活中的作用,《蒙古人民共和国》一书作过论述(莫斯科,1971年,第67页及此后各页)。

③ "男女孩童大半充作僧尼。藏人数量甚少,其因概在于此"(尼·雅·雅金夫[比丘林]:《西藏现状描述》,圣彼得堡,1828年,第159页)。这些话也完全适用于革命前的蒙古。

④ 阿·伊·沃斯特里科夫:《藏文史籍》,莫斯科,1962年,第11页。

⑤ 贝·劳费尔:《蒙古文学概要》,列宁格勒,1927年,第19页;参照该书第16页,第18页,第23页,第24页等。

和两国关系中得到了明显反映。相互交往频繁且扩大,其中,西藏喇嘛教和该教僧徒以及显然还有蒙古人对西藏进行的军事行动,都起到了重要作用。然而,如同我们以各种史料为基础进行综合分析结果表明的那样,当时西藏仍未并入蒙古帝国的版图。

第三阶段——蒙哥汗在位期间。蒙古人把彻底征服南宋帝国作为最重要的任务,开始施行经过周密策划的从西面和南面包围中国的战役。我们不准备分析征讨西藏是这一计划中的最初组成部分抑或是军事过程中做出的相应决定,但事实是这一事件恰恰发生在这个时期并与此有关。蒙古人在军事行动中常常可能采取劫掠和高压措施,这在亚洲其他地区出现过,但在西藏,我们认为从未起过重大作用。

第四阶段——忽必烈在位时期。忽必烈完成了西藏与蒙古帝国中不久之后被称为元帝国的那个组成部分的一体化过程,并使之与被征服的中国一致起来。在这一过程中,喇嘛教和皇帝宫廷中的西藏僧人起了重要作用。喇嘛教一方面是使蒙古人统治西藏的政权得以安定的重要因素,另一方面又是西藏文化对蒙古人不断增长的影响的行使者。结果,喇嘛教反倒在蒙古人的生活中占据了特殊的位置。这一点,大约当是蒙古人征服西藏之后重要的也是最长久的成果。

(译文原载内蒙古大学《蒙古史研究参考资料》,总第 62 辑)

1771 年的"土尔扈特人东归"

[苏联]希·包·齐木德道尔吉耶夫

本文译自苏联出版的论文集《蒙古历史和文化研究》（新西伯利亚城,1989 年）。原标题为《十七世纪至十八世纪卫拉特人（喀尔梅克人）的迁徙——1771 年的"土尔扈特人东归"》。

本文简要回顾了 17 世纪初西蒙古土尔扈特部离开准噶尔西去伏尔加河流域的原因和过程,着重探讨了土尔扈特部 1771 年离开伏尔加河东归准噶尔的全过程,详细记述了沙皇当局企图引诱土尔扈特人再次返回俄国的种种图谋,结论认为土尔扈特人东归是沙皇政府压迫所致。

本文作者希·包·齐木德道尔吉耶夫(1927—2017),布里亚特人,苏联—俄罗斯蒙古史学家。1952 年毕业于列宁格勒国立大学东方系。1959 年获历史学副博士学位。1981 年获历史学博士学位。1959 年起先后在托木斯克大学、布里亚特国立大学任教。主要著述有:《俄罗斯与喀尔喀蒙古的最初交往》,乌兰乌德,1959 年;《蒙古民族的反清解放斗争（十七世纪至十八世纪上半叶）》,乌兰乌德,1974 年;《俄罗斯与蒙古》,莫斯科,1987 年;《布里亚特蒙古人:历史与现实（概述）——一个蒙古学家的思考》,乌兰乌德,2000 年。

17 世纪初,大部分土尔扈特人以及一部分杜尔伯特人、和硕特人离开西蒙古,向西北迁徙,进入西伯利亚境内。到 17 世纪 30—40 年代,他们到达尼姆巴河畔、雅伊克河和伏尔加河下游一带。来到这里以后,他们挤走了诺盖人、耶姆布依鲁茨克鞑靼人和耶迪桑鞑靼人,并在伏尔加河一带站稳脚跟。西蒙古人(卫拉特人)于 17 世纪中叶加入俄国国籍,从此被称作伏尔加河喀尔梅克人。

西蒙古人离开蒙古地区,是由一系列原因引起的。卫拉特王公的内讧之争,是导致大批卫拉特人向西北部迁徙的基本原因之一。在争夺最高权力的斗争中,"杜日本·卫拉特"(卫拉特四大部)的绰罗斯部首领哈喇忽喇取得胜利。他的对手们,首先是土尔扈特的首领和鄂尔勒克,以及和硕特的首领拜巴噶斯汗,在这场斗争中遭到失败。还有,当时在卫拉特人与喀尔喀之阿拉坦汗之间还爆发过一场战争,这使局势更加复杂化了。

我们根据史料大致可以确定 17 世纪离开西蒙古时卫拉特人(喀尔梅克人)的人数:他们共 5 万帐(车),即 20 多万人[21]。此后,在 17—18 世纪,新到达的同胞使伏尔加河喀尔梅克人的数量不断增加。比如,1663 年,昆都仑乌巴什和达延俄木布率一批和硕特人和杜尔伯特人来到伏尔加河。1670 年,和硕特王公阿巴赖在准噶尔内讧中失败后也来到这里。17 世纪 70 年代中期,喀尔梅克之阿玉奇汗的姐姐多尔济拉布坦在丈夫鄂齐尔图车臣汗被杀之后,也到了伏尔加河一带,她带来了千余户下人。18 世纪到达喀尔梅克地区人数最多的一批卫拉特人,是土尔扈特王公舍楞所率土尔扈特人、和硕特人和杜尔伯特人(1 万帐)。他们是为躲避攻入准噶尔清军的恐怖镇压而出逃的[16,第 1 页]。

来到伏尔加河畔的卫拉特人(喀尔梅克人),同留在准噶尔汗国的同胞继续保持相当密切的联系,特别是在宗教方面的联系。他们与准噶尔汗国的同胞们结成了血缘上的同盟,拒绝清廷要他们参与反准噶尔之战的建议。准噶尔汗国首领曾不止一次劝说他们返回故地,伏尔加河喀尔梅克人均未同意。但是从 18 世纪初,东归想法的拥护者开始出现了,一小批一小批喀尔梅克人回归准噶尔的过程也开始了。其中回归准噶尔人数最多的一批喀尔梅克人,由桑扎卜率领,人数是 1500 人,时间是 1707 年。

1771 年的"土尔扈特人东归"是一个重大事件。这一事件,史籍中均有记载[7;10;11;12;14;20;24]。但是,喀尔梅克人返回准噶尔的经过没有完全解释清楚,特别是他们东归的原因、俄罗斯帝国和清帝国对"土尔扈特东归"的政策、喀尔梅克人此后的命运,均没有完全阐述明白。这里,我们根据自己掌握的材料,对"土尔扈特人东归"的历史进行一番探讨。

土尔扈特人是伏尔加河喀尔梅克人的主要组成部分,在 1771 年离开俄国的喀尔梅克人中也占多数,因此,这次回归就被叫作"土尔扈特人东归"。

应当指出,准噶尔诸汗在 17 世纪至 18 世纪上半叶不止一次试图劝说喀尔梅克诸台吉返回准噶尔。1758 年征服了准噶尔的清帝国博克多汗,也在这方面有所动作。大约从 18 世纪 40 年代起,由于俄国加紧对喀尔梅克草原实行殖民化政策,相当一部分喀尔梅克上层人士萌生了离开俄国返回准噶尔的想法。在 1745 年和 1747 年,由于俄国移民大批涌入,喀尔梅克人群情激愤,一些台吉热烈讨论起回归准噶尔的方案来[11,第 213 页;22,第 15 页]。

我们对各种历史事件、喀尔梅克人的经济生活和政治生活进行一番分析之后,可以得出这样的结论:1771 年喀尔梅克人东归的原因之一是沙皇政府的殖民主义政策。柳·希·布尔奇诺娃有一篇论文对沙皇政府在喀尔梅克草原的殖民主义政策进行过论述,对革命前的作者们在这个问题上的看法进行过批判[4]。

革命前的俄国贵族和资产阶级历史学家,在他们的许多著作中从客观上为俄国政府的喀尔梅克政策进行过辩护。看过费·布勒、卡·科斯坚科夫、阿·波兹德涅耶夫著作的人,可以得出这样的结论:1771 年之前,沙皇政府未对喀尔梅克人进行过监视[5,8,

14]。上述历史学家在探讨喀尔梅克人东归的原因时,都没有留意沙皇政府的政策。

苏联著名喀尔梅克学学者尼·帕里莫夫在解释"土尔扈特人东归"的原因时,也没有比他们走得更远。不过,他指出,沙皇政府干涉过喀尔梅克人的生活,喀尔梅克人对沙皇政府很不满意。至于喀尔梅克人的东归,他认为原因在喀尔梅克人的首领渥巴锡身上[12]。

应当指出,沙皇政府执行的是一种残暴的殖民主义政策。喀尔梅克游牧地区地广人稀,吸引了大批的无地农民。他们纷纷迁到喀尔梅克地区,有的经过沙皇政府的批准,有的没有经过批准[4,第34页]。沙皇势力大规模侵入喀尔梅克草原,说明俄国的商业—工业资本得到了发展,需要越来越广阔的原料市场。

渥巴锡在1765年说过:"自萨拉托夫市起,在伊尔吉兹河上游的草原地带以及其他河流两旁的草原地带,都出现了俄国人的居民点。这些俄国人欺负喀尔梅克人,他们无缘无故赶走喀尔梅克人的牲畜,甚至抓走喀尔梅克人。"[13,第1页]一位显要的上层代表人物策伯克多尔济也说过:"你们看,你们的权利在许多方面受到了限制。俄国官员粗暴地对待你们,俄国政府想把你们变成农夫。瞧,哥萨克的驿站布满了乌拉尔河和伏尔加河两岸,你们草原的北部边缘住满了俄国人。用不了多长时间,他们就会占去顿河、捷列克河和库玛河两岸地区,就会把你们挤到缺水的地方。你们生存的唯一来源——牲畜就会毁掉。他们已经下令让渥巴锡的儿子去做人质,还决定让300名最优秀的喀尔梅克人住进首都。你们现在的处境是显而易见的。你们将来的前途是二者必居其一——或者充当奴隶过艰难的日子;或者离开俄国,从而结束种种不幸的局面……"[11,第214页]这席反映沙皇政府殖民主义政策的谈话似带有某种戏剧化色彩,但基本上还是正确地反映了这一政策的实质。

到 18 世纪,俄国人在伏尔加河两岸进行垦殖导致牧场减少,而经济困难和牧场减少又常常在喀尔梅克人中引起骚动。

在解释这类骚动的原因时,沙皇政府与当地的喀尔梅克汗常常意见相左。俄国政府的代表认为,喀尔梅克汗利用手中的领主权任意行事,是引起喀尔梅克人骚动的基本原因。喀尔梅克汗是通过所谓汗的"札尔固"这样一个地方行政司法办公机构来行使其职权的。"札尔固"有八名成员,由汗从他的兀鲁思"宰桑"中任命。这种管理形式引起了其余的非汗兀鲁思诸"宰桑"和封建主们的不满。

俄国当局认为喀尔梅克人骚动的主要原因,是管理形式不完善。他们提出要进行行政和司法方面的改革,要通过吸收所有兀鲁思代表的办法扩大汗的"札尔固"的组成人员。如果说过去"札尔固"的成员是由汗指定和承认的话,那么现在他们应当通过所谓人民选择的办法推举出来,呈送沙皇政府批准。此外,还有将"札尔固"易名的提议——不叫汗的"札尔固",而叫人民"札尔固"[14]。这样一来,汗权在很大程度上将失去原有的意义。这一改革可能会导致如下结果:汗国的治理将被置于彼得堡派来的沙皇官员们的严格控制之下。这一情况自然会引起不愿意丧失治理同胞权力的喀尔梅克上层王公们的极大不满。于是,这种企图限制汗权和加强沙皇地位的改革,就成了"东归"的直接导火线。

中国作者七十一[即椿园——译者注]认为,喀尔梅克人离开伏尔加河的原因之一是谋求自主。七十一说,喀尔梅克人在伏尔加河期间,依附俄国政府[10,第 177 页]。他们很想返回气候宜人、水草丰美的伊犁。但是,关于包括喀尔梅克人故地准噶尔在内的整个蒙古地区正处于清朝统治之下这一点,他只字未提。史料记载表明,喀尔梅克人东归的主要目的,在于获得行动自由、获得被清朝军队消灭了的同胞们留下的游牧地,在准噶尔恢复独立自主的生活。

事实证明,东归的准备工作在极为秘密的状态下前后共进行了若干年。极力参与其事的除了喀尔梅克人首领渥巴锡,还有敦杜克俄木布汗的孙子策伯克多尔济。策伯克多尔济曾是汗权觊觎者之一。他为了谋求汗权而到过彼得堡,但未得到俄国当局的应允。从此,策伯克多尔济便成了俄国当局对喀尔梅克人施行各项措施的坚决反对者。

其他有影响力的喀尔梅克人士也进行了反俄宣传。比如,舍楞台吉就宣传说,俄国人想把全体喀尔梅克人武装起来并编入俄国军队,而后再对他们进行清洗[10,第 177 页]。

以丹增(嘉增)喇嘛为首的宗教人士,也为喀尔梅克人的东归进行了积极宣传。他们号召喀尔梅克人返回到离佛教中心拉萨不远的准噶尔。参加过 1771 年追击大军行动的尼·雷奇科夫上尉曾这样写道:"号召东归的不仅有他们的首领,还有大喇嘛洛桑丹增。他要人们回到准噶尔去,恢复自古以来对那里的管辖权。"[7,第 53 页]尼·雷奇科夫引述了到哈萨克汗帐与哈萨克人进行谈判的喀尔梅克使者说过的一段话。当哈萨克人指责喀尔梅克人忘恩负义背叛俄国时,喀尔梅克使者声称:他们是被迫出走的;大多数喀尔梅克人是在不得已的情况下唯首领之命而行事的[7,第 53 页]。

如此看来,史料记载证实,喀尔梅克人东归的主要原因是:沙皇俄国推行殖民主义政策,沙皇政府企图削弱喀尔梅克汗的地位,以及喀尔梅克上层台吉想要保持自主地位。宗教界人士和那颜们关于迁回准噶尔境内可以保持汗国的自治地位、复兴准噶尔的繁荣强盛、过上富裕的日子以及更靠近喇嘛教中心之类的秘密宣传,也起了一定的作用。当然,喀尔梅克群众由于横征暴敛、双重压迫和自然灾害而面临严重贫困局面,也是一个重要原因。据记载,土尔扈特人进入准噶尔境内的伊犁河谷时,曾向清朝地方当局呈递过这样一份呈文:他们是迫于困苦的生活条件和半饥不饱的生存环境才离开俄国的[18,第 109 页]。

喀尔梅克人游牧在伏尔加河两岸,至 1771 年初离开该地时,可分为两大部分,一部分居驻在左岸,一部分居驻在右岸。其中大多数(主要是土尔扈特人)驻在左岸,和硕特人和杜尔伯特人驻在右岸。这两部分人关于东归的初步决定,是以秘密方式进行的。全体喀尔梅克人原定于 1770 年 10 月动身。其时,伏尔加河当已结冰,游牧于右岸的同胞们能够赶上畜群安全过河[10,第 182页]。为此,他们采取了安全措施,比如,将那些在东归准备期间正在喀尔梅克兀鲁思逗留的俄国商人和其他人一律扣留。

出乎预料的是,1770 年天气暖和,伏尔加河迟迟不冻,右岸的居民无法在预定的时间渡河。在这种情况下,渥巴锡召集左岸的宰桑和兀鲁思首领聚会,宣布原定计划无法完成,命令左岸的喀尔梅克人动身。直到 1771 年 1 月 5 日,左岸的喀尔梅克人才有组织地离开伏尔加河。至于右岸的居民,则可在晚一些的适当时候动身。但是,他们已经无法效仿左岸的同胞了,因为沙皇政府已命令对尚未离开的喀尔梅克人实行严密监视。

据俄文档案资料记载,离开伏尔加河的喀尔梅克人为 1 万帐[19,第 15 页]。《日志》作者尼·雷奇科夫上尉援引的数字是 3 万帐,12 万人,其中军人为 3 万人[7,第 55 页]。尼·帕里莫夫则认为,前往准噶尔的有 3 万余帐,留在俄国伏尔加河畔的有 11000 帐[12,第 76 页]。日本历史学家矢野在一本书中提到,离开伏尔加河的有 33000 户,169000 人[23]。中国学者提及有关土尔扈特人资料的著作中,我们可以看到各种数字。魏进、李恭[音译]说,1771 年从俄国返回伊犁的男女老少为 27 万—28 万;张平毅、姜其祥[音译]说,返回伊犁的为 7 万余人[15]。我们认为,3 万户(帐)这个数字大体与实际情况相合。若喀尔梅克人每户平均 4 口人至 6 口人,则离开伏尔加河的喀尔梅克人当在 15 万至 16 万人左右。

这里出现一个问题:沙皇政府的代表是否知道东归的准备活动?事实证明,他们听到过这一消息。特别需要提及的是,与渥巴锡不和的王公札木扬曾将喀尔梅克人准备东归的情况向阿斯特拉罕省长尼·阿·贝凯托夫报告过。但是,这一报告,并未引起地方官员的严重关切。渥巴锡汗 1770 年军事征讨库班归来之后不久,便来到伏尔加河左岸。他致信警察署长伊·阿·基申斯基(叶诺塔耶夫斯克城)说,他征讨库班是由于遭到了哥萨克人的进攻。警察署长命令杜金上尉处理此事。但是,为时已晚。渥巴锡攻下了杜金的营地,活捉了上尉本人和 40 名士兵。喀尔梅克人的前锋部队摧毁了雅依克河岸若干俄国哨点,继续东行[24]。由此可见,预防土尔扈特人东归的必要而有效的措施,并未采取过。

1771 年 1 月 24 日,在叶卡捷琳娜的参加下,国务会议做出采取"一切措施迫使他们返回伏尔加"的决定[1]。会议提出,要奥伦堡省长指挥全部雅依克驻军、巴什基尔人和龙骑兵团捕捉喀尔梅克人。但是,当时造反的雅依克驻军拒绝追击,故奥伦堡省长未能及时集结兵力[6,第 221 页]。直到 1771 年 4 月,由正规军和非正规军组成的一个军的兵力才在特劳宾贝格少将的指挥下投入追击行动。4 月 12 日亦即喀尔梅克人离开伏尔加河后三个月时,这个军才开出奥伦堡。要想赶上土尔扈特人并把他们弄回来,显然是不可能了。

喀尔梅克人的行进路线是怎样的呢?特劳宾贝格大军追击行动的参加者尼·雷奇科夫上尉的《日志》,可以帮助我们弄清喀尔梅克人的行进路线。4 月 21 日,以渥巴锡为首的喀尔梅克人渡过雅依克河。而后,他们直奔恩巴河,再进入哈萨克草原。那里草原上的哈萨克人是俄罗斯帝国的臣民,他们千方百计阻拦喀尔梅克人通过大草原。

喀尔梅克人以后的行军路线是:卡梅什洛夫河—伊尔吉兹河—吐尔盖河—萨西库里湖—卡拉赛湖—吉捷里沙漠—马尔古特—切科拉克沙漠—库姆。穿过沙漠再往东,便是泥泞的沼泽地和芦苇丛。接着,喀尔梅克人进入荒无人烟的巴尔喀什湖沙漠和成格斯察干平原。喀尔梅克人途经的大多数地区是哈萨克人的游牧地。

冬天时节,要在短时间内穿过广漠无边而又没有道路的哈萨克地域,实在是一件不可能的事。我们手头拥有的资料表明,直到1771 年 4 月初,喀尔梅克人才到达哈萨克草原的中心地带吐尔盖河附近[7,第 6 页]。这时,他们遇到了极大的困难——食品、药品缺乏,许多人病死,饥饿和恶劣天气使他们难以继续前进。动身不久,土尔扈特人就失去了许多马匹,"喀尔梅克人极端缺乏马匹,……冬天行路艰难,他们又失去了马匹,只好徒步前进"[7]。此外,喀尔梅克人还不止一次遭到游牧的哈萨克人和吉尔吉斯人的攻击。所有这些,都使喀尔梅克人的队伍大大减员。

离开伏尔加河时,喀尔梅克人"从阿斯特拉罕强行带走许多俄国人和……土库曼人"[2,第 5 页]。我们不知道,这些所谓俄国人中包括多少俄罗斯人、鞑靼人、巴什基尔人和其他民族的人。我们相信,喀尔梅克人带走的人中除了俄国人,一定还有伏尔加河流域的其他民族的人。文献资料中仅单独提到过土库曼人及其财产的数目。当喀尔梅克人途经哈萨克阿布赉汗地面时,哈萨克人曾从喀尔梅克人手中抢下过土库曼人——320 名土库曼人和 1463 匹马、114 峰骆驼成了哈萨克人的虏获物。这些土库曼人被分配到哈萨克人的各个兀鲁思,"在不同的人手下充当奴隶"[2,第 7 页]。这批土库曼人在这种境遇中一直生活了 10 余年,直到 1781 年阿布赍汗去世。阿布赍汗的儿子瓦里苏丹于 18 世纪 80 年代中期称汗后,才将 200 余名土库曼人送还他们原来所在阿斯特拉罕附近的游牧地。其余的土库曼人以及被俘的喀尔梅克人,仍留在他手下。后来到 1791 年时,被哈萨克人抢下的全部土库曼人才得以西归,被安顿在阿斯特拉罕附近伏尔加河岸边的山中。与他们一起被送往伏尔加河岸边的,很可能还有一部分被哈萨克人俘获的喀尔梅克人和其他俄国人。

从奥伦堡被派去追击的俄国军队不断得知哈萨克汗、苏丹、巴特尔向土尔扈特人开战的消息,在战斗中土尔扈特人人力、畜力和财力受到很大损失。哈萨克人自然也有损失。哈萨克人和喀尔梅克人举行过谈判,谈判的内容是交换俘虏和哈萨克人停止袭击。问题在于,18 世纪的哈萨克并不是一个统一的国家,哈萨克诸汗和诸苏丹彼此不和,因此,他们在哈萨克人对待喀尔梅克人的态度问题上,不可能达成一致行动的协议。一部分苏丹可能停止攻击了,另一部分苏丹却对东归者发动了新的攻击。

俄国军队从未与喀尔梅克人接触过,但是,他们发现过喀尔梅克人留下的种种遗迹。比如,在卡拉赛湖畔,他们发现了喀尔梅克人"因湖水不好喝"而掘的井[7,第 39 页]。在吐尔盖河上,他们看到了喀尔梅克人搭的桥。尼·雷奇科夫对这座桥做过描述。桥是用河中的芦苇搭成的。芦苇捆扎成束,形状大小如木筒一般,然后用绳子结结实实绑在一起,无论河水湍急或者牛群马群都不可能使之动摇。俄国人通过询问当地居民得知,土尔扈特分成两队向前推进。第一队由巴木巴尔和舍楞二王公带领,第二队由渥巴锡汗本人带领。

俄国的特劳宾贝格军队根本没有指望赶上喀尔梅克人,甚至任何人也无法知道喀尔梅克人在什么地方。有些资料称,5 月初,俄国人与东归的土尔扈特人相距 6 天的路程。对于疲惫不堪、饥饿生病的俄国士兵来说,要赶上土尔扈特人是不可能的。所以,1771 年 5 月 15 日,司令部决定让俄国军队返回,撤到离俄国边界线最近的乌斯特—乌伊斯克城堡。俄国军队走了半个多月时间,受尽饥饿和疾病的折磨。6 月初,他们渡过伊希姆河,到达托波尔河支流乌雅河畔的城堡。

奥伦堡方面来了新的命令:从军中挑选一批健壮青年赴西伯利亚,与从西伯利亚到阿尔泰山区切断喀尔梅克人归路的兵团会合。这支军队在尼·雷奇科夫的带领下,到达西伯利亚一线。看来,西伯利亚兵团未获成果。原因可能是到达阿尔泰山区时间晚了,或者可能是交战失利。我们拥有的史料缺乏有关西伯利亚兵团和尼·雷奇科夫部队行动的记载。这是一大缺憾。

土尔扈特人出逃之后,沙皇政府取消了司法行政机构"札尔固",结束了汗权。为了对喀尔梅克人进行监督和管理,在阿斯特拉罕城设立了喀尔梅克办事处,阿斯特拉罕省政府下面还设立了事务科[14]。

1771 年 5 月,以渥巴锡汗为首的喀尔梅克人到达边境,进入伊犁河谷。我们知道,在 1771 年喀尔梅克人返回东方的时候,清政府已在准噶尔确立了统治。喀尔梅克人只好承认了这种异族统治的局面。清政府为了接纳他们的到来,切实做了大量的准备工作,在伊犁边区集中了相当大的兵力。因此,当伏尔加河喀尔梅克人进入伊犁地区后,"清政府边防驻军严密把守他们进入故地的大门;喀尔梅克人要想进去,只有让出自己的独立权。疲惫不堪的百姓迫使渥巴锡和其他王公无条件地屈从于清政府"[3,第 235 页]。卡·巴克曼写道,土尔扈特人原本没有屈从清政府的打算,他们希望获得自由并在准噶尔独立生存下去[24]。然而,这一愿望没有实现。中国学者椿园在其《西域总志》(台北,1965 年,第 2 卷,第 28 页)一书中写道,喀尔梅克人"费时 8 个月,行程 1 万里。原有

33000 户,169000 余口人,到伊犁时仅剩其半。且均遭饥饿,多显困色"[20,第 158 页]。

应当指出,清政府最初对回归的喀尔梅克人持怀疑态度,提防喀尔梅克人与俄国人勾结,阴谋反对清帝国。喀尔梅克人一入境,渥巴锡便携带礼品到达伊犁城。驸马色布腾巴勒珠尔和其他朝廷命官也来到这里。然后,他们带领渥巴锡去北京附近皇帝的避暑胜地热河[10]。乾隆皇帝赐封渥巴锡为汗,策伯克多尔济、舍楞、巴木巴尔、贡格、默门图为公。

东归的喀尔梅克人被宣布为清帝国的臣民。他们得到了帐篷、畜群、炒米、砖茶、棉衣等物品。清政府对喀尔梅克封建上层人物大加赏赐。渥巴锡汗得到 1000 匹马、1000 块茶、1000 匹丝绸,其他台吉则分别得到 100 之数。皇帝降旨,将伊犁牧场分给喀尔梅克人[23,第 221 页]。但是不久之后,到乾隆三十八年(1774年),又在吐鲁番给他们划了游牧地。与清廷的这一决定相呼应,从伏尔加河归来的游牧民被划分成 16 部。每一个部从军事上都看作是一个旗。喀尔梅克人被分散开来,再没有可能迁徙出去了。清廷始终认为他们可能会重新出逃。尼·雅·比丘林写道,"喀尔梅克人为中国军队和奸细所包围,彼此间相距十分遥远,根本无法实现新的计划"[3]。

自从喀尔梅克人进入准噶尔境内,清政府便加强了边境保卫力量,在边境和喀尔梅克人驻地补充了兵员。5000 名喀尔喀蒙古人以及 5000 名来自国内其他地区(包括乌梁海在内)的蒙古人应征入伍。史料记载称,一位大臣建议乾隆皇帝从喀尔喀和乌梁海再征召 2 万士兵。乾隆皇帝颇为犹豫地回答说,这一提议不可能实现,因为喀尔喀不愿意提供兵员[24,第 92 页]。这一事实说明,蒙古人总是千方百计地对清政府的措施进行抵制。

由此看来,伏尔加河喀尔梅克人东归伊犁的基本目标——自由自在地开发被清朝军队消灭了的同胞们遗留下的游牧地、独立自主地安排自己的生活——未能实现。随着喀尔梅克人回归伊犁（新疆），清政府大力推行绥靖政策，着力建立军事行政单位。为了防止建立反清同盟，喀尔梅克人被分散开来，置于孤立和分裂政策的统治之下。

土尔扈特人刚刚离开伏尔加河，沙皇俄国政府便致函北京，要求大清皇帝协助将俄国的臣民喀尔梅克人遣返俄国。

1772 年春，伊尔库茨克省长勃里尔收到来自首都的沙皇政府指示："离开俄国的伏尔加河喀尔梅克人一旦再回到边境，就要公开接待他们。"[2，第 5 页]

北京方面迅速将土尔扈特人归来和俄国来函的消息告知大库伦，并指示边境代表勿与俄国人谈判土尔扈特人问题。指示中说，这是一件大事，须让俄国人给外交事务衙门来函讨论。这封指示函中，对俄国可能采取的行动进行了分析：若俄国人派兵到边境，我方就与他们打仗，与他们停止贸易——北京方面的指示函中这样说道。函中命令加强边防保卫，向俄国境内派出侦探，以弄清俄国对土尔扈特人的意图[17，第 112 页]。

1771—1773 年期间，中国以政治代表和商务代表为名向俄国派出为数甚多的侦探（李波［音译］、固日扎布、策温扎布、章奇布等）。这些人无权与俄国人谈论土尔扈特人的有关情况。比如，固日扎布在回答有关土尔扈特人的问题时，这样说："我国地大人多，我从未听说过土尔扈特人的事。土尔扈特人是俄国的臣民。他们缘何要去我国？"[17，第 156 页]土尔扈特代表也曾作为侦探，在俄国境内到处走动。比如，萨迈隆喇嘛曾在 1791 年穿过哈萨克草原到达鄂木斯克和托木斯克，再经恰克图返回国内。萨迈隆报告说。俄国人兵力不多，没有准备就绪的军队。

俄国当局为使土尔扈特人返回俄国所采取的措施，可从以下事实看到。

俄国外交部要求,西伯利亚独立军军长阿·马·拉甫罗夫少将应采取一切手段使喀尔梅克人回归俄国。"请报告各级长官采取何种手段可将喀尔梅克人吸引到我们一边,并报告愿意返回俄国的喀尔梅克人帐数"——外交部命令中这样指示道[19,第2—10页]。

喀尔梅克人中也开始出现骚动现象,老百姓对生活条件和清廷的政治、经济压迫公开表示不满。要求返回伏尔加河、返回俄国境内的呼声开始出现了。阿·马·拉甫罗夫向首都报告说,伏尔加河喀尔梅克人对清帝国境内的生活感到失望,内外贸易均无收益,因此对清朝当局很不信任。[19]

1790年,一部分土尔扈特人向俄国西伯利亚军队步兵将军施特朗曼提出协助他们重返俄国的要求。施特朗曼将此事向女皇叶卡捷琳娜二世做了汇报。叶卡捷琳娜二世在1791年初指示,要满足土尔扈特人的要求[19,第23页]。我们发现了女皇给施特朗曼的两封信。在这两封信中,阐述了沙皇政府关于土尔扈特人问题的立场。主要实质精神如下:女皇对南部邻国进行了指责,说"中国人不仅对自己接纳他们[喀尔梅克人]丝毫未有难为之情,而且后来还拒绝交出他们";她指示说:必须采取切实措施让喀尔梅克人返回;他们一旦越过边界,便派出军队对他们加以保护;必须提高警惕,不许"对中国人采取不友好态度",但是一旦当他们向俄国军队发动攻击或他们的军队进入我国边界时,就要给予还击[19,第12页;2,第5页]。

叶卡捷琳娜向施特朗曼问道:"在伊尔库茨克省和科雷万斯克省有安置所有迁徙者——森戈尔喀尔梅克人和蒙加尔人的地方吗?"看来,俄国政府正在酝酿一个想法:一旦他们重返俄国,将把他们安置在南西伯利亚一带。

施特朗曼将军向首都报告了喀尔梅克人想重返俄国的愿望。但是,他又写道,这一愿望由于喀尔梅克人自己行动不慎而未能实现。清朝当局已经发现了他们的重返计划。比如,有一批以嘎布恩为首的喀尔梅克人应俄国人的邀请来过鄂木斯克城堡,但是在返程中被清朝当局在边界附近扣留。清朝当局的侦探大概也猜到了喀尔梅克人的秘密意图,所有到过鄂木斯克的喀尔梅克人均被处死[19,第 12 页]。

有关嘎布恩的情况,清政府的文件另有一番说法。据清政府文件讲,嘎布恩原是受土尔扈特济农东凌乌巴什的委派赴京递信送礼的,但是途中为俄国人扣留,并被送往鄂木斯克。在鄂木斯克他被告知,土尔扈特人正在返回俄国,不久将有 6 万俄国大军前去援救他们[18,第 30 页]。

在俄国当局给库巴克—萨里地方土尔扈特人的一封信(1790年)中,也可看到土尔扈特人正在采取措施准备返回俄国的情况。这封信中说,土尔扈特人生在俄国,七代人均为俄国臣民。宽阔而美丽的伏尔加河两岸游牧着 7 万户喀尔梅克人。如果土尔扈特人愿意归来,俄国当局可以给予帮助,但应在 6 个月之内将此事告知鄂木斯克。届时,一批俄国军队将沿着黑额尔齐斯河向科布多挺进,另一批俄国军队将向塔尔巴哈台挺进[18,第 54—58 页]。

这封信在清帝国都城引起了不安。很快,一封质询函送到俄国枢密院。枢密院在复函中否认有这样一封信和对待土尔扈特人的类似企图。

事实证明,俄国既没有在 1790 年,也没有在此后向土尔扈特人派去军队。从俄清关系首先是贸易关系角度出发,对俄国政府采取的这种谨慎政策,其实不难理解:俄国为了发展和扩大同清政府的贸易,为了同中国人保持和平关系,不愿意弄僵同中国的关系。

在谈到俄国的中央亚政策时,尚需看到,俄国政府在俄清双方的外交活动中还遇到一些其他困难(18世纪末的俄土战争,与法国的复杂关系,等等)。

俄国当时的中央亚政策,在某种程度上可以借用1796年登基的沙皇巴威尔给施特朗曼将军的信说明之:"恰克图的商业为国家带来好处,值得珍重。要采取一切办法使中国政府没有借口中断它。另一方面,使伏尔加河喀尔梅克人回归俄国也是很重要的……因此,我命令你采取措施和行动,保护前者,尽量完成后者。必须向将要前来的喀尔梅克人代表说明,我们同中国朝廷的现状不允许我们给他们以任何明显的帮助,这种局面在他们在中国境内时将维持下去;但是一旦他们离开中国边境来到我国一边并将他们的打算付诸实现时,那么任何情况也不会再妨碍我们向他们提供帮助了……"[19,第26页]

如上所述,俄国政府出于同清帝国保持贸易关系首先是恰克图贸易关系的考虑,不想因土尔扈特人问题弄僵同这个邻国的关系,虽然同时也没有放弃帮助土尔扈特返回俄国的想法。

19世纪头25年中,俄国当局继续采取措施想让土尔扈特人回归,并为此大量启用边境地区的吉尔吉斯人。从史料中可以看到,清朝行政机构尽管采取了严密的监督措施,但喀尔梅克人仍与同俄国人亲近的吉尔吉斯人保持着联系。自然,俄国官方人士也不可能不利用这种关系实现自己在土尔扈特问题上的种种想法。

1805年12月25日,萨尔如蒙地区吉尔吉斯人首领库朱别依·马麦托夫向俄国人报告说:在过去几年中,中国人曾到过库巴克河(额尔齐斯河支流),向居住在那里的土尔扈特人征收过赋税;现在又有200名中国人在那里拘捕土尔扈特人的宰桑;清政府还了解到,明年夏天土尔扈特人要向俄国出逃,为此打造了60只船,准备渡额尔齐斯河时使用。

1806 年,另一个吉尔吉斯人阿克萨雷·卓明涅夫报告了他与一个喀尔梅克人的谈话内容。这个喀尔梅克人说,住在斋桑泊以东的土尔扈特人原打算去年夏天离开那里。他们曾招呼游牧在远离国境线的清帝国内部地区的同胞们一起行动。但是他们的信件不知为什么被中国人截获。中国人派出以昂邦为首的大批军队,抓走了 180 余名宰桑以及有声望的人士,然后把他们全部处死。其余的喀尔梅克人,将在夏天来临时被"迁往帝国内部炎热的草原上"。为了逃避迁往内地,喀尔梅克人决定在开河之前逃往"俄国境内,为此他们用所有的羊群向吉尔吉斯人换来了马匹"[19,第 19页]。

1808 年,一个到吉尔吉斯草原做买卖的鞑靼人也报告过此类情况:喀尔梅克人把羊卖给了吉尔吉斯人,正焦急不安地等待着春天的来临,并希望知道俄国的意图,得到俄国的同意;他们询问,对他们以前的罪过(1771 年东归)是否原宥[19,第 17 页]。为了逃往俄国,他们已备好了 3000 辆车。

1808 年 3 月 23 日,西伯利亚独立军军长斯科伦少将得到外交部尼·彼·鲁米扬采夫伯爵关于土尔扈特人问题的指令。指令中重申了沙皇政府的政策。

但是,无论在 1806 年,还是在 1808 年,土尔扈特人都没有能够离开清帝国。1819 年的文献资料表明,喀尔梅克人依然居住在清朝境内,依然酝酿着返回俄罗斯帝国的想法。

1819 年,受格拉泽纳普少将的指派,从鄂木斯克到吉尔吉斯草原会见过卡姆巴尔·沙米亚佐夫苏丹的俄国使者,带回一则有趣的消息。这位吉尔吉斯苏丹打算"敞开大门"迎接离开清帝国境内的土尔扈特人。西伯利亚军队机构决定同苏丹会谈,并同他保持密切的联系。为了进行会谈,西伯利亚方面派出了布赫塔明斯克城堡的骑兵大尉维尔希宁。沙米亚佐夫苏丹同意充当俄国人与土尔扈特人中介人这一角色,参与解决土尔扈特人问题。

然而,全体伏尔加河喀尔梅克人最终未能返回俄国。19 世纪时,只有一小部分喀尔梅克人回到俄国一边,1771 年东归的绝大部分喀尔梅克人最终留在清帝国境内。

本文引用书目:

1.《枢密院档案》,圣彼得堡,1869 年,第 1 卷,第 2 册。

2.《俄国外交档案》,吉尔吉斯—凯萨克人事务卷(中国),第 122/3 号,1792 年。

3. 尼·雅·比丘林:《喀尔梅克历史概述(15 世纪至今)》,圣彼得堡,1834 年。

4. 柳·希·布尔奇诺娃:《俄国史学研究中关于沙皇对喀尔梅克殖民主义政策的论述》,载《喀尔梅克语言文学历史研究所通报》,爱里斯达,1968 年,第 3 期。

5. 费·布勒:《游牧和定居在阿斯特拉罕省的异族人》,载《祖国纪事》,1846 年。

6. 古里:《蒙古诸部基督教流布简史》,喀山,1915 年,第 1 卷,第 221 页。

7.《尼古拉·雷奇科夫 1771 年吉尔吉斯—凯萨克草原游历日志》,圣彼得堡,1772 年。

8. 卡·科斯坚科夫:《关于游牧在阿斯特拉罕省的喀尔梅克人的历史资料和统计资料》,圣彼得堡,1870 年。

9.《蒙古游牧记》,帕·谢·波波夫译自汉文,载《俄国地理学会民族学分会学报》,圣彼得堡,1895 年,第 24 卷。

10.《土尔扈特投诚纪略(中国王公七十一著作集)》,斯·瓦·里波夫斯基译自汉文,载《西伯利亚通报》,圣彼得堡,1820 年,第 2 部,第 177—182 页。

11.《喀尔梅克自治共和国通史》,莫斯科,1967 年。

12. 尼·尼·帕里莫夫:《喀尔梅克人在俄简史》,阿斯特拉罕,1922 年。

13. 尼·尼·帕里莫夫:《关于伏尔加河流域喀尔梅克人历史的研究》,阿斯特拉罕,1929 年。

14. 阿·波兹德涅耶夫:《本世纪初之前的阿斯特拉罕喀尔梅克人及其与俄国的关系》,载《国民教育部杂志》,1886 年,第 3/4 期。

15. 贺·佩尔列,贡·苏赫巴特尔:《毛派混淆蒙古历史真象》[蒙古文],载《蒙古人民共和国科学院通报》,乌兰巴托,1976 年,第 3 期。

16.《国家中央古代文书档案馆》,第 199 全宗,第 150 存储单元,第 4 部,第 6 件。

17.《蒙古人民共和国国家中央历史档案馆》[蒙古文],第 M—1 全宗,第 97 件。

18. 同上,第 259 件。

19.《苏联国家中央历史档案馆》,第 1264 全宗,第 1 号目录,第 59 件。

20. 阿·伊·切尔尼舍夫:《论 1771 年伏尔加河喀尔梅克人东迁准噶尔》,载《中国的社会与国家》,莫斯科,1984 年,第 2 部,第 158 页。

21. 希·奇米德道尔吉耶夫:《十七至十八世纪的蒙俄关系》,莫斯科,1978 年。

22. 叶·却诺夫:《俄国军队中的喀尔梅克人(十七世纪,十八世纪和 1812 年)》,圣彼得堡,1914 年,第 23 页。

23. 矢野:《蒙古古代史》[蒙古文],蒙古人民共和国科学院历史研究所抄本部收藏。

24. 卡·巴克曼:《土尔扈特人自俄返华记》[英文],载《东方杂志》,香港大学出版社,1955 年。

（译文原载内蒙古社会科学院《蒙古学信息与情报》,1992 年,第 1 期）

"五部喀尔喀"(Tabun otog Xałxa)在哪里?

[苏联]鲍·雅·符拉基米尔佐夫

　　本文译自俄罗斯出版的鲍·雅·符拉基米尔佐夫著作集《蒙古民族史和民族学著作》(莫斯科,2002年)。

　　本文虽短,但在学界颇负盛名。作者依据史料记载,考证出现今居住在内蒙古的扎鲁特部和巴林部来自蒙古喀尔喀(即"五部喀尔喀")。

　　本文作者鲍·雅·符拉基米尔佐夫(1884—1936),俄罗斯—苏联20世纪著名的蒙古学家。1909年毕业于圣彼得堡大学东方系,后留校任教。1911年获硕士学位。1915年获副教授职称。1918年获教授职称。在校学习和工作期间曾赴巴黎几所大学旁听学习,并赴蒙古西部地区搜集语言学材料。1920年创立列宁格勒活的东方语言研究所并领导该所蒙古部的工作。1923年被选为苏联科学院通讯院士,1929年被选为苏联科学院院士。主要著述有:《蒙古语和喀尔喀方言比较语法》(第一部《引言和语音学》),莫斯科,1929年;《蒙古人的社会制度·蒙古游牧封建主义》(汉译本改名为《蒙古社会制度史》),莫斯科—列宁格勒,1934年。

　　众所周知,蒙古 Xałxa 部("喀尔喀部"),主要由现今喀尔喀居民组成,来源于所谓"七部喀尔喀"(Doluyan otoγ Xałxa)[1],有时也称之为"七部北(西)喀尔喀"(aru-yin doluγan otoγ Xałxa)[2];同时

---

① 参阅:《萨刚·彻辰书》,施密特译本,第264—309页。
② 同上。

我们也知道,这些居民属 Batu Mongke Dayan Xayan［巴图孟克·达延汗］幼子 Geresenje Jałayir Xong-taiiji［格呼森扎·扎赉尔·洪台吉］(16 世纪中叶)所辖[1]。在许多场合下,"部"(otoγ)和"旗"(Xosiyun)词义相等,于是除了短语 Doluγan otoγ XalXa("七部喀尔喀")外,还出现了 Doluγan Xosiyun("七旗"),用以表示整个喀尔喀或全部喀尔喀人。这一短语广泛流传于民间生活用语中,如 халх долон хошунінадам("七旗那达慕",亦即"全喀尔喀那达慕")[2]。

与此同时,我们根据《萨刚·彻辰书》和佚名氏《阿拉坦·脱卜赤》的记载得知,在当时亦即 16 世纪中叶,喀尔喀人分作"十二部"(Arban Xoyar otoγ XalXa)[3];这两部史籍还提到过"七部喀尔喀"和"五部喀尔喀"(Tabun otoγ XalXa)[4],合起来就是"十二部喀尔喀"。

那么,这"五部喀尔喀"亦即喀尔喀主要的部到底在哪里呢?它们现今仍然保存着,抑或已经融合于蒙古其他诸部之中了? 我

---

[1] 同上,第 204—205 页。著名著作《王公表传》说,Geresenje［格呼森扎］依其子数将喀尔喀人分作七"旗"(本纪 45,之 2);试比较:施密特:《蒙古诸部》,第 449 页。《蒙古游牧记》的作者重复了这一观点(波波夫译本,第 54 页),阿·波兹德涅耶夫亦如欧洲研究家一样,不加批判地赞同《王公表传》中的记载,参阅他的著作《额尔德尼·额里赫》,第 96 页;试比较:戈尔斯通斯基:《蒙古卫拉特法典》,第 97 页。此后的作者们也重复了上述观点。然而,《王公表传》的记载颇值得怀疑。首先,无论《萨刚·彻辰书》,无论《阿拉坦·脱卜赤》,在 Geresenje ［格呼森扎］尚无七子时就提到喀尔喀有十二部和五部,参阅:《萨刚·彻辰书》(施密特译本),第 190—191 页,194—197 页);《阿拉坦·脱卜赤》,贡布耶夫译本,第 104 页,第 106 页。阿·马·波兹德涅耶夫根据另一部蒙古史籍,列举出 Geresenje ［格呼森扎］诸子继承的喀尔喀诸部是十三个,而不是七个,参阅:《额尔德尼·额里赫》,第 96 页。"七部喀尔喀"、"五部喀尔喀"、"十二部喀尔喀"这些概念,很可能产生于更早时期,并可能与当时的实际情况相符。到后来,这些说法只是一种代代相传的说法而已,已经与实际存在数毫无关系了。于是,从词源学角度对这个乍一看来难以理解的现象进行这样那样的解释,便成了一种民间猜想。试比较同类说法:Dorben Oyirad (四卫拉特),Jiryuyan tümen(六土绵［蒙古人］),Docin(四十［土绵蒙古人］),等等。

[2] 比如,可参阅:波兹德涅耶夫:《蒙古及蒙古人》,第 1 卷,第 61 页;同一作者:《民间文学范文》,第 77 页。

[3]《萨刚·彻辰书》,施密特译本,第 190 页,194 页,196 页;《阿拉坦·脱卜赤》,贡布耶夫译本,第 106 页。

[4]《萨刚·彻辰书》,施密特译本,第 200 页,204 页。《阿拉坦·脱卜赤》,贡布耶夫译本,第 104 页。

知道,这些问题无人提起过,即使那些对喀尔喀人深感兴趣的学者们(雅·施密特、阿·阿·巴托尔斯基、亨·霍渥斯、阿·马·波兹德涅耶夫、《蒙古游牧记》的作者,阿·巴兰诺夫、弗·柳·科特维奇、约·贝德里、伊·科罗斯托维奇),也未曾对蒙古史籍中有关"五部喀尔喀"的记载作过研究。

　　鄂尔多斯的《萨刚·彻辰书》在谈到 Dayan Xaγan［达延汗］诸子受封领地时说[①],六子 Ałcu Bołod［阿尔楚·博罗特］"领内[②]喀尔喀五部",而 Geresenje［格呼森扎］"领北喀尔喀七部"：Ałcu Bołod dotura-ban Tabun otoγ Xalχa degere, Geresenje aru-yin Dołuγan otoγ Xalχa degere…saγuju. 此外,从《王公表传》和《蒙古游牧记》这些名著中,我们可以得知,Ałcu Bołod［阿尔楚·博罗特］的后代是"领过"并至今仍"领有"属于内蒙古或曰漠南蒙古的扎鲁特部(Jaraγud > Царод)和巴林部(Baγarin > Варｊн)[③]的诺颜。由此,我们有理由认为,Jaraγud［扎鲁特］和 Baγarin［巴林］二部居民当属于"五部喀尔喀"的后裔,即喀尔喀人[④]。

　　这一结论,可以从多个方面得到印证。比如,《萨刚·彻辰书》曾数次提及 Dayan Xaγan［达延汗］的同事 Baγasun darXa tabunang［巴嘎逊·达尔汗塔布囊］,并指出他属"Tabun otoγ Xalχa"("五部喀尔喀")(第 190—191 页);接着,又说他是 Jaraγud(扎鲁特人)(第 194—195 页);紧接着,还说他是 Xalχa Jaraγud(喀尔喀扎鲁特

---

① 《萨刚·彻辰书》,施密特译本,第 204 页。

② 即现今漠南蒙古的"内部"领地。

③ 《王公表传》,本纪,之 28 和 29;《蒙古游牧记》,波波夫译本,第 22—25 页;还可参阅:施密特《蒙古诸部》,第 431—434 页。关于《王公表传》,可参阅:科特维奇《俄罗斯档案资料》,第 803 页(还可参阅:法伊特《喀尔喀四汗》)。

④ 《萨刚·彻辰书》用的是 Jaraγud 这样一种拼写形式(第 194 页),这种拼写形式被认为是"正确的"。《王公表传》用的则是 Царод 的现代口语拼写形式 Jarud。科瓦列夫斯基词典和戈尔斯通斯基词典不知 Jaraγud 这种拼写形式,采用了 Jarud 这种拼写形式。受口语影响,Baγarin 有时写作 Baγaring。

人)(出处同上)。由此可知,萨刚彻辰完全知道,Jaraγud[扎鲁特人]属于"Tabun otoγ Xałχa"("五部喀尔喀")。《阿拉坦·脱卜赤》也确认了萨刚彻辰的这一说法;在该书中,我们可以找到有关 Baγasun tabunang[巴嘎逊塔布囊]的如下记载:"Tabun otoγ Xałχa···Baγasun"["五部喀尔喀之巴嘎逊"](贡布耶夫译本,第 104 页;北京本,第 116 页①)。

晚于萨刚彻辰但有机会接触汉文史籍的蒙古历史学家衮布扎布,在其写于 1725 年的著作《恒河之流》中,也确认了萨刚彻辰的说法②。他写道:"Jarud-yin noyad-un uγ:jirγuduγar kobegun Ałcu Bołod. Tabun otoγ Xałχa-yi daruγała γsan;tegunu kobegun Xurχaci Xasar noyan,tegunu kobegun Ubasi-uiijung noyan ··· Baγarin-u noyad-un uγ:Ubasi-uiijung noyan-u deguu Subuχai-Darχan noyan-u kobegun Obodei noyan···"(第 45—46 页)。其义为:"扎鲁特王公之起源:[达延汗之]六子阿尔楚·博罗特统领'五部喀尔喀';其子为和尔朔齐·哈萨尔诺颜;其子为乌巴什—伟征诺颜。······巴林王公之起源:乌巴什—伟征诺颜之弟苏巴海—达尔罕诺颜之子为额布格岱诺颜······"。

诚如所知,《王公表传》和《蒙古游牧记》也谈到过这一点③,只不过未指出 Jaraγud[扎鲁特人]和 Baγarin[巴林人]就是"五部喀尔喀"人而已。由此,指出《萨刚·彻辰书》提到我们所说的 Subuχai

---

① 贡布耶夫所用的蒙古文版本,在此处以及其他地方,常常出现拼写错误;引文已按北京版作了更正。关于北京版,可参阅:[符拉基米尔佐夫]:《民族语言学研究》,第 14—29 页;李盖提:《蒙古人的名字》,第 58 页。

② 手稿,亚洲博物馆,扎姆察朗诺收藏品,第 34 号(第 294 收藏部)。

③ 某些名字在转写时会出现不同的写法,但这并不是说它们指的是同一个人。比如,《蒙古游牧记》(第 22—24 页)和《王公表传》中的 Xurγaci Xasar 等于 Xołsoci Xasar;《王公表传》中的 Obodei 等于 Ebugedei。《拉德洛夫史》(有关该书可参阅弗拉德米尔佐夫:《摩崖》,文 1,第 1270—1271 页,又可参阅本卷第 236—237 页)也出现过 Xurχaci 这种拼写法(第 120 页)。

[苏巴海]诺颜并称他为 Xaʎxa-yin Uiijang Subuxai（喀尔喀伟征[①]苏巴海）(第 200—201 页)，对我们来说是很有意义的。此外，我们还当提及《王公表传》中记载的扎鲁特诺颜和巴林诺颜 ijaɣur-aca com Xaʎxa-yin boluge（最初均属喀尔喀[或最初均归喀尔喀所辖]）[②]这句话。在雅·施密特老人的笔下[③]，这句话的译法则略有不同："Sie waren sammtlich Vsssallen der Chalcha."至于在《蒙古游牧记》中，这句话的表述就差异更大了："他们均承认喀尔喀的管辖权。"(据波波夫译本)[④]

最后，还有一个相合之处。《萨刚·彻辰书》记载了一则含混不清的故事，说有一个属"五部喀尔喀"的 Jaiisang[宰桑]曾同清人发生过争论，后被清人俘获，终被释放[⑤]。这则故事与《王公表传》[⑥]以及《蒙古游牧记》[⑦]中有关扎鲁特诺颜及其与清人发生冲突的记载大体相仿。

如此看来，Jaraɣud > Царод[扎鲁特部]和 Baɣarin > Ба-рiн[巴林部]都是喀尔喀人，属于"五部喀尔喀"(Tabun otoɣ Xaʎxa)的喀尔喀人。遗憾的是，我们没有资料可以判断出扎鲁特部和巴林部居民操的是何种方言。至于其他的民族特征，还有一些欧洲旅行家留下的若干记载，不过也仅限于说扎鲁特人和巴林人像喀尔喀人而已。比如，阿·马·波兹德涅耶夫曾指出[⑧]："就其特征而言，当地巴林人[⑨]比其漠南同胞更像喀尔喀人。……巴林人的住

---

① 该词[指封号]在蒙古语中还有如下拼法：uiljang，vaiijang，uiijung，veiijeng，uijeng，uijung。

② 本纪，之 28，第 2 栏；本纪，之 29，第 2 栏。

③《萨刚·彻辰书》，第 432—433 页。

④ 24 页；该书的第 23 页在谈到 Барiн[巴林]诺颜时，这样写道："最初他们归喀尔喀所辖。"

⑤ 第 184—187 页。

⑥ 本纪，之 29，第 4—6 栏。

⑦ 波波夫译本，第 261 页。

⑧《蒙古及蒙古人》，第 2 卷，第 397 页。

⑨ 指巴嘎巴林旗，在 Caɣan suburɣan[查干·苏波尔盖]周遭一带。

所……是喀尔喀通用的帐篷……在帐篷内……有喀尔喀蒙古人用的家什。"除此之外,有关扎鲁特人和巴林人的民族学描述甚少,且感不足①。

"五部喀尔喀"人,亦即扎鲁特人和巴林人,决不可与居住在"内部"或曰漠南蒙古人之中的喀尔喀人比如"左翼喀尔喀""右翼喀尔喀"和其他喀尔喀人混为一谈。我们知道,所有这些喀尔喀人都是从喀尔喀迁徙而来的,来自 aru-yin Doluγan otoγ Xałχa ("北七部喀尔喀")②。

吉姆科夫斯基说,Jaraγud > Царод〔扎鲁特〕的词义是"第六十"③〔当为 plural,来源于蒙古语 Jiran(六十)〕。这种说法是不正确的:蒙古语 Jiran(六十)的复数形式是 Jirad > Царад(漠南蒙古语);由于 Царад 与 Царод 外形有点相似,于是便产生了吉姆科夫斯基所说的这种"民间词源学"说法。

Baγarin > Барiн〔巴林〕是古代蒙古诸部之一。ba'arin(中部蒙古语形式为 Baγarin)部在有关古代蒙古史的主要著述、拉施特丁史④、《元朝秘史》⑤中均有提及。该部是源于不端察儿和阿兰豁阿诸部中古老的一支。不端察儿的母亲、曾祖母都是蒙古贵族。我们知道,成吉思汗便源于这些贵族。

(未刊稿,译稿存内蒙古大学蒙古学中心)

---

① 参阅:巴兰诺夫:《蒙古诸盟》,第 79—82 页。在约·缪勒一篇令人生趣的文章中有许多民族学方面的记载,见约·缪勒:《古代城市》。

② 参阅:《蒙古游牧记》,第 17—19 页,第 30—31 页,第 45—47 页。

③《中国游记》,第 3 卷,第 252 页。

④ 参阅:巴兰诺夫译本,第 1 卷,第 195—199 页;第 2 卷,第 6—14 页;第 3 卷,第 136 页。

⑤ 参阅:帕拉第译本,第 29—30 页,第 122 页,第 117 页。

论有关蒙古人的亚美尼亚文史料

[苏联]阿·加·加尔斯特扬

本文译自苏联出版的资料集《有关蒙古人的亚美尼亚文史料(摘自十三世纪至十四世纪抄本)》(莫斯科,1962 年)一书,为该书前言。

本文对含有记载蒙古人的 13 世纪亚美尼亚文史料作了概括介绍,对 13 世纪 20 年代蒙古人初次入侵、30 年代全面征服亚美尼亚的过程作了详细研究。

本文作者阿·加·加尔斯特扬(生卒年代不详),苏联亚美尼亚蒙古史专家,苏联科学院亚洲民族研究所研究员。主要著述有:《蒙古时代亚美尼亚外交史》,列宁纳坎,1945 年;《有关蒙古人的亚美尼亚文史料(摘自十三世纪至十四世纪抄本)》,莫斯科,1962 年;《有关蒙古人的亚美尼亚文新史料》,莫斯科,1963 年。

古亚美尼亚文史料对于研究蒙古史具有重要价值。某些亚美尼亚史学家关于蒙古人及其征服活动的著作,早在 20 世纪就以俄文和西文刊布过。这类著作有乔治·阿克涅尔齐(马加基亚)①、大瓦尔丹②、姆希塔尔·爱里瓦涅齐③的作品,以及斯捷潘诺斯·奥

①《马加基—阿贝加或曰僧人马加基的著作》[法文],马·博罗塞翻译,载《格鲁吉亚史说明与补充》,圣彼得堡,1851 年;《十三世纪僧人马加基蒙古史》,克·彼·帕特卡诺夫翻译并注释,圣彼得堡,1871 年。
②《瓦尔丹史摘译》[法文],马·博罗塞翻译,载《格鲁吉亚史说明与补充》,圣彼得堡,1851 年;《大瓦尔丹通史》,尼·奥·埃明翻译,莫斯科,1861 年。
③《十三世纪爱里瓦涅之姆希塔尔年代史》[法文],译自亚美尼亚文,载《亚洲博物馆著作集》,马·博罗塞翻译,圣彼得堡,1869 年;《爱里瓦涅之统领姆希塔尔神父所撰年代史》,克·彼·帕特卡诺夫翻译并注释,圣彼得堡,1869 年。

尔贝尔扬①、斯姆巴特·斯帕拉佩特②、吉拉科斯·甘扎凯齐③等人所著编年史片断。

13世纪亚美尼亚史学家详细记述了蒙古人的入侵经过,蒙古人的风俗习惯和宗教观念,蒙古人的武装和部队编制,蒙古人的作战方法,蒙古人在被征服国家中推行的管理和税收制度,等等。

但是,除了东方学家已经相当熟悉的这批史料,还存在一批关于蒙古史特别是13世纪下半叶蒙古史的新资料。这批新资料鲜为人知,其中包括13世纪史学家斯捷潘诺斯主教④、无名氏谢巴斯塔齐⑤、斯姆巴特·斯帕拉佩特⑥、海屯二世⑦、涅尔谢斯·帕里恩茨⑧等人的著作。

除了上述著作,流传至今的尚有各种题词、不连贯的纪念录。这些题词和纪念录可以提供各种事件的可靠记载,并在研究亚美尼亚的社会经济和政治状况,特别是蒙古人在外高加索的统治历

---

① 斯捷潘诺斯·奥尔贝尔扬:《修尼克地区史》[法文],马·博罗塞翻译,第1卷,圣彼得堡,1864年;《甘扎凯齐之吉拉科斯的两部亚美尼亚史,十三世纪,亚美尼亚史》[法文],马·博罗塞翻译,圣彼得堡,1870年;《修尼克主教斯捷潘·奥尔贝尔扬公爵撰写于十三世纪末的史书摘译》,载《蒙古史(据亚美尼亚史料)》,第1辑,收录瓦尔丹、斯捷凡·奥尔贝扬和马队统领斯姆巴特的著作摘录,克·彼·帕特卡诺夫翻译并注释,圣彼得堡,1873年,第29—65页。

② 维·朗格鲁瓦:《斯姆巴特编年史摘译》[法文],圣彼得堡,1862年;《十三世纪马队统领、作家斯姆巴特编年史摘录》,载《蒙古史(据亚美尼亚史料)》,第1辑,第66—67页。

③ 《蒙古史(据亚美尼亚史料)》,第2辑,收录吉拉科斯·甘扎凯奇史摘录,克·彼·帕特卡诺夫翻译并注释,圣彼得堡,1874年。

④ 《国立马捷纳达兰收藏手稿》(以下简称《手稿》)第8481号,第294a—2146页。这些内容经研究分析之后出版:《十三世纪至十四世纪零散编年史料》,瓦·阿·阿科普扬编辑,第1卷,埃里温,1951年,第35—50页,亚美尼亚文版(以下简称《零散编年史料》)。

⑤ 《手稿》第2174号,第284a—586页;第3425号,第1a—206页。这些内容最早在埃里温出版,参见:《无名编年史》,格·曼维尔扬和格·阿勃拉姆扬编辑,埃里温,1940年,亚美尼亚文版;还可参见:《零散编年史料》,第2卷,1956年,第118—151页,亚美尼亚文版。

⑥ 斯姆巴特·斯帕拉佩特:《编年史》,威尼斯,1956年,亚美尼亚文版。

⑦ 《手稿》第663号,第246a—2526页。这些内容最早由阿甫盖尔扬于1842年在威尼斯用亚美尼亚文出版。阿甫盖尔扬误认为这部《编年史》是海屯·帕特米奇所撰。这个错误为瓦·阿·阿科普扬所纠正(参见《零散编年史料》,第1卷,第65页)。

⑧ 《手稿》第6554号,第61a—626页;第2248号,第223a—2266页;《零散编年史料》,第2卷,第173—190页。

史方面具有重大的学术价值。这类文献有 1236 年在埃万盖里亚
的哈尔贝特城写成的关于蒙古人的纪念录①，奥加涅斯·塔乌舍齐
在 1236 年写下的亲笔记录②，1244 年③和 1248 年④的纪念录，乔
治·卡尔涅齐主教的纪念录⑤，以及国家"马捷纳达兰"[埃里温古
代抄本研究院]收藏的由手稿抄写家们编成的其他纪念录。⑥

　　这些史料的珍贵之处在于，大部分作者是蒙古人入侵亚美尼
亚的见证人。克·彼·帕特卡诺夫指出："亚美尼亚作者与其他国
家特别是穆斯林作者、拜占庭作者相比，有着显著的不同，这就是
他们对当时所发生的事件有着清晰的观点，作了真实的记载。"⑦

　　苏联东方学家伊·帕·彼特鲁舍夫斯基说过："蒙古人统治时
期的亚美尼亚叙事历史作品……对于研究蒙古征服史和旭烈兀国
政治史价值甚为重大。"⑧

　　遗憾的是，中世纪亚美尼亚史学家著作中关于蒙古人的节选
材料，没有完全译成俄文。比如，克·彼·帕特卡诺夫曾将斯姆巴
特·斯帕拉佩特《编年史》⑨中有关蒙古大军从撒麻耳干出发进军
伊朗的历史记载译成了俄文，但是这部《编年史》中关于蒙古人及
其征服活动的其他材料没有译出。1956 年威尼斯首次全文出版了

---

① 原文收入文集：加·奥甫谢普扬：《伊沙塔卡兰克（从公元五世纪至 1250 年纪念录）》，安提里阿斯，
　1951 年，第 906 页，亚美尼亚文版。
② 格·阿里尚：《埃亚帕图姆（亚美尼亚编年史）》，第 1 卷，威尼斯，1901 年，第 463 页，亚美尼亚文
　版。
③ 加·奥甫谢普扬：《伊沙塔卡兰克》，第 902 页。
④ 同上，第 990—993 页。
⑤ 雅·马南德扬，拉·阿恰尔扬：《编年史集》，瓦加尔沙帕特，1913 年，第 121—122 页，亚美尼亚文
　版。
⑥ 《手稿》第 8100 号，第 3074 号，第 4881 号，第 4160 号，等。
⑦ 《蒙古史（据亚美尼亚史料）》，第 2 辑，第 V 页。
⑧ 伊·帕·彼特鲁舍夫斯基：《十三世纪至十六世纪伊朗的农耕和土地关系》，莫斯科—列宁格勒，
　1960 年，第 18 页。
⑨ 斯姆巴特·斯帕拉佩特：《编年史》，巴黎，1859 年，亚美尼亚文版。

斯姆巴特·斯帕拉佩特的《编年史》[①]，从中可以发现亚美尼亚和蒙古大军联合起来对抗鲁木和埃及的军事行动，蒙古征服者的成果，等等。这部《编年史》一直记到1272年。

斯姆巴特·斯帕拉佩特在赴蒙古与蒙古贵由汗进行谈判前，于1247年写于撒麻耳干的一封信，也饶有兴趣。

另外一部有价值的史籍是斯捷潘诺斯主教的《编年史》。这部编年史记载了近东、中东、外高加索、奇里乞亚之亚美尼亚在近一个世纪中发生的种种事件。这部史籍中，我们既可以看到亚美尼亚与蒙古、亚美尼亚与埃及的相互关系，又可以看到蒙古与塞尔柱、蒙古与埃及的战争情况。这是一部难得的详细记载蒙古人统治之下近东、中东诸国社会经济和政治关系，以及人民反抗蒙古征服者统治情况的史籍之一。

谢巴斯塔齐的《编年史》也值得注意。此人是蒙古人统治亚美尼亚的见证人。这部《编年史》似为吉拉科斯·甘扎凯齐和大瓦尔丹史著的续集，故甚有价值。谢巴斯塔齐对于13世纪上半叶重大事件的记载时断时续；而自13世纪60年代起，记载开始连贯起来。谢巴斯塔齐的《编年史》一直记到1309年。

过去刊布的关于蒙古人的史料记载未能说明，为什么像绰儿马罕这样著名而富有经验的大将，竟被从高加索蒙古大军的统帅位子上换下来，而代之以拜柱那颜。对于换掉绰儿马罕的原因，大卫·巴吉舍齐是这样记载的："691年（1242年），拜柱替换了大将绰儿马罕，因为后者已死［于战斗中——作者原注］。"[②]

关于1242年在凯萨里亚举行的以奇里乞亚之亚美尼亚国代表康斯坦丁大公及其子斯姆巴特·斯帕拉佩特为一方，以拜柱那

---

① 斯姆巴特·斯帕拉佩特：《编年史》，威尼斯，1956年，亚美尼亚文版。
② 《零散编年史料》，第2卷，第346页；阿·加·加尔斯特扬：《有关蒙古人的亚美尼亚文资料》，第104页。

颜为另一方的谈判,在过去刊布的史籍中很少谈到。对此,新资料中却有颇为详细的记载。例如,上面提到的大卫·巴吉舍齐记载说,当鲁木算端遭到失败,奇里乞亚之亚美尼亚国面临蒙古大军的入侵威胁之时,国王海屯一世"派其弟——亚美尼亚将领斯姆巴特去见拜柱,向拜柱表示归顺之意"①。这位史学家还说,拜柱那颜"很是高兴,发誓遵守和约,并派斯姆巴特大将前去谒见大汗"。②

过去,东方学家们认为,斯姆巴特·斯帕拉佩特谒见拔都的时间似在 1248 年,③我们这里刊布的史籍则推翻了这种看法。国王海屯一世之孙——海屯二世就曾指出:"亚美尼亚纪元 695 年(1246 年),国王海屯(海屯一世)派其弟'帕伦'[贵族]斯姆巴特'贡德萨卜尔'[统领]前去谒见贵由汗。"④吉拉科斯·甘扎凯齐虽未提及斯姆巴特之行的准确日期,但证实说,"斯姆巴特·斯帕拉佩特受命携带礼物贡品前去谒见贵由汗"。⑤ 斯姆巴特·斯帕拉佩特的同时代人——历史学家阿布尔·法拉吉记载说,前去蒙古谒见贵由汗的,"有呼罗珊的阿鲁浑'阿合'[阁下]'异密'[王子],有鲁木的鲁克纳丁'算端'[国王],有奇里乞亚之亚美尼亚的'康涅塔卜尔'[马队统领](斯姆巴特·斯帕拉佩特),即国王海屯(海屯一世)之弟"。⑥ 此外,上面已经提到,流传至今的那封斯姆巴特·斯帕拉佩特从撒麻耳干写给塞浦路斯国王亨利·鲁金扬的信,日期也是 1247 年。⑦ 上述资料完全可以证实,斯姆巴特·斯帕拉佩特受命

---

① 同上。

② 同上,第 347 页。

③ 这一观点得到雅·阿·马南德扬和阿·尼·纳索诺夫的支持(参见雅·阿·马南德扬:《亚美尼亚民族史评述》,第 3 卷,埃里温,1952 年,第 220 页,亚美尼亚文版;阿·尼·纳索诺夫:《蒙古人与罗斯(罗斯的鞑靼政治史)》,莫斯科—列宁格勒,1940 年,第 19 页)。

④ 参见阿·加·加尔斯特扬:《有关蒙古人的亚美尼亚文资料》,莫斯科,1962 年,第 71 页。

⑤ 吉拉科斯·甘扎凯齐:《亚美尼亚史》,梯弗里斯,1909 年,第 301 页,亚美尼亚文版。

⑥ 阿布尔·法拉吉记载的片段(乔治·阿布尔·法拉吉:《王朝简史》,奥欣尼亚,1663 年,第 320 页),由苏联科学院通讯院士伊尼·维·皮古列夫斯卡娅译出。

⑦ 参见阿·加·加尔斯特扬:《有关蒙古人的亚美尼亚文资料》,第 64—66 页。

前去谒见的不是拔都,时间也不是东方学家们如上所说的 1248—1250 年,而谒见的是蒙古的贵由汗,时间当为 1246—1247 年。还有,据乔治·阿克涅尔齐说,在哈剌和林,贵由汗赐斯姆巴特"以圣旨、金牌,并赐给他一位贵族出身的鞑靼女子为妻"。① 我们知道,这位妻子为斯姆巴特生下一子,名叫瓦西里,绰号叫"瓦西里·鞑靼人"。②

新的亚美尼亚文史料可使我们确认,在蒙古人入侵之前,亚美尼亚人对蒙古人一无所知。乔治·西谢齐纪念录(1244 年)说:"从东方来了一批无人知晓的野蛮部落,叫鞑靼人。"③大卫·巴吉舍齐指出,1221 年"从东北方来了一批鞑靼人,据一些人说,他们来自秦和马秦国"。④ 当时的历史学家将蒙古人叫作"箭手民族""鞑靼人""哈剌鞑靼人"或"穆加勒人"。

13 世纪亚美尼亚史学家斯捷潘诺斯·奥尔贝尔扬说,民间将"鞑靼人"叫作"穆加勒人"。⑤ 吉拉科斯·甘扎凯齐有时将这两个词连在一起使用:"穆加勒—鞑靼人"。⑥

亚美尼亚史学家对待蒙古人的态度各不相同。一些史学家,特别是大亚美尼亚的史学家一提到蒙古征服者便惊恐万端,愤愤不已,说他们是"嗜血成性"⑦"无情"⑧"残忍"⑨"凶残"⑩的人。在这些史学家看来,蒙古人给他们的国家带来种种灾难;从这个意义上

---

① 僧人马加基:《箭手民族史》,圣彼得堡,1870 年,第 17 页,亚美尼亚文版。
② 斯姆巴特·斯帕拉佩特:《编年史》,第 247 页。
③ 参见:阿·加·加尔斯特扬:《有关蒙古人的亚美尼亚文资料》,第 70 页;加·奥甫谢普扬:《伊沙塔卡兰克》,第 962 页。
④ 参见阿·加·加尔斯特扬:《有关蒙古人的亚美尼亚文资料》,第 103 页。
⑤ 斯捷潘诺斯·奥尔贝尔扬:《西萨坎地区史》,巴黎,1859 年,第 146 页,亚美尼亚文版。
⑥ 吉拉科斯·甘扎凯齐:《亚美尼亚史》,第 219 页。
⑦ 加·奥甫谢普扬:《伊沙塔卡兰克》,第 906 页。
⑧ 同上,第 962 页。
⑨ 马加基:《箭手民族史》,第 13 页。
⑩ 吉拉科斯·甘扎凯齐:《亚美尼亚史》,第 65 页。

讲,蒙古人的所作所为是"史无前例"的。① 1236 年在埃万盖里亚写成的纪念录也谈到这一点。

蒙古征服者带来的苦难,在文艺作品中也有所反映。例如,13 世纪亚美尼亚诗人弗里克(1210—1290)在其著名的长诗《关于阿鲁浑与不花》中,曾对蒙古八思哈们压迫下的人民遭受苦难的情景作了绘声绘色的叙述。试举这篇长诗中的几句诗行如下:

> "没有一处泉水、一条河流
> 不洒满我们的眼泪;
> 没有一座山头、一片土地
> 不遭受蒙古人的践踏。
> 我们只能苟延残喘,
> 思想和感知均已死去。"②

另一些亚美尼亚史学家则认为蒙古人"热爱和平""心地善良"。例如,乔治·阿克涅尔齐就说过,"旭烈兀汗乃聪明过人之辈,他学识渊博,富有正义感"。③

教堂设在幼发拉底河畔罗姆克拉的亚美尼亚最高主教康斯坦丁,对蒙古人的评价尤佳。1251 年,康斯坦丁就奇里乞亚之亚美尼亚国王海屯一世赴哈剌和林同蒙哥汗进行谈判一事,向亚美尼亚民众发布特别文告,要求民众归顺"为你们缔造和平的"蒙古汗及其热爱和平的官兵。接着,这位最高主教说:"当我们得知此事(指谈判一事)以后,心中甚为欣慰。我们祈祷上帝祝福对我们表示仁慈的汗及其骑士们。……故请你们接受我们的劝告,依据上帝的旨意、按照善良的本性和合理的习俗行事。我们保证,上帝将降仁

---

① 同上,第 65—66 页。
② 弗里克:《诗集》,埃里温,1937 年,第 165 页,亚美尼亚文版。
③ 马加基:《箭手民族史》,第 33—34 页。

慈与恩惠于你们,天气与季节将有利于你们,晴朗的天空将给你们以一切甜蜜愉快,大地将给你们以丰硕果实,汗也将减轻'马勒'税①,因为诸王之心操在上帝之手,上帝已亲手将全世界交给汗进行统治。"②斯捷潘诺斯·奥尔贝尔扬也指出:"这些人不信上帝和宗教,却遵守自然规律,仇视恶习和一切丑行,互相为对方着想,诚心服从其主,想法和做法公道。"③

所有这些说明,蒙古人在确立了他们的统治地位之后,极力同被征服民族的统治阶级寻找共同语言。蒙哥汗与海屯一世在哈剌和林签订的协议中第三条,对说明这一点就有重要意义。第三条说:"一切基督教会和僧职人员,无论在家结婚者,无论出家修行者,统统脱离奴隶地位,甚至不必缴纳赋税。"④

这里有一个问题,蒙古征服者最早是何时来到亚美尼亚的?亚美尼亚文史料各执一词。例如,姆希塔尔·爱里瓦涅齐认为是1211年⑤,乔治·阿克涅尔齐认为是1214年⑥,大卫·巴吉舍齐认为是1221年⑦。实际上,蒙古人首次入侵高加索的时间是1220年。这一点,吉拉科斯·甘扎凯齐⑧、大瓦尔丹⑨和其他史学家的记载都已经证实。"马捷纳达兰"收藏的13世纪手稿也谈到过这

---

① "马勒",蒙古语词,"牲畜"之意,也含有"家产"、"财富"、"钱财"之意(参见伊·帕·彼特鲁舍夫斯基:《十三世纪至十六世纪伊朗的农耕和土地关系》,第 373 页;德·吉洪诺夫:《畏吾儿国税赋和税种术语(九世纪至十四世纪的中央亚)》,载《东方学研究所学报》,第 16 期,莫斯科—列宁格勒,1958 年,第 54 页)。

② 参见:阿·加·加尔斯特扬:《有关蒙古人的亚美尼亚文资料》,第 44—45 页。

③ 斯捷潘诺斯·奥尔贝尔扬:《西萨坎地区史》,第 147 页。

④ 海屯·帕特米奇:《蒙古史》,姆·阿弗盖尔扬翻译,威尼斯,1842 年,第 43 页,亚美尼亚文版。

⑤ 姆希塔尔·爱里瓦涅齐:《亚美尼亚史》,圣彼得堡,1867 年,第 65 页,亚美尼亚文版。

⑥ 马加基:《箭手民族史》,第 6 页。

⑦ 《零散编年史料》,第 2 卷,第 345 页。

⑧ 吉拉科斯·甘扎凯齐:《亚美尼亚史》,第 190 页。

⑨ 瓦尔丹:《通史》,威尼斯,1862 年,第 142 页;还可参阅《蒙古史(据亚美尼亚史料)》,第 1 辑,第 2 页。

一点。[①]

现在已经知道,蒙古人曾两次进军高加索。第一次是1220年。其时,花剌子模沙摩诃末为蒙古人所击败,藏匿于里海中的一个岛上。杰出的蒙古将领哲别那颜和速不台一把阿秃儿,率3000骑兵随后追击。成吉思汗派出的这支侦察部队,不像人们根据吉拉科斯·甘扎凯齐、米·恰姆奇扬[②]和格·阿尔通扬[③]的错误记载所确认的那样从打耳班之门进入亚美尼亚和谷儿只〔格鲁吉亚——译者注〕,而是从南阿塞拜疆进入的。阿拉伯历史学家伊本·阿昔尔证实说,蒙古人在1220年12月由帖必力思方向侵入木干草原。13世纪,亚美尼亚编年史学家谢巴斯塔齐,对这一点也作过相当详细的记载。他指出,"亚美尼亚纪元669年(1220年),2万鞑靼人从秦和马秦国出发,穿过阿格瓦尼亚国的山谷,来到古加尔克地区[④]。

哲别那颜和速不台一把阿秃儿的部队侵入阿格瓦尼亚,在设防的别加麦兹地方驻扎下来。别加麦兹地方位于帕尔塔瓦和拜勒寒二城之间。蒙古人以该地为据点,经常向邻近地区发动毁灭性的袭击。

伊本·阿昔尔和拉施特丁都证实,1220年时蒙古人曾在哈马丹驻扎过,但是由于这里奇寒难熬,于是他们穿过阿塞拜疆侵入木干和阿兰,以便在这里过冬。在这里,他们可以顺利地得到食物和马料。[⑤]

蒙古征服者与谷儿只一亚美尼亚军队的首次战役,发生在古

---

① 《手稿》第3074号,第189a页;还可参阅《零散编年史料》,第1卷,第29页,注释28。

② 米·恰姆奇扬:《亚美尼亚史》,第3卷,威尼斯,1786年,第200页,亚美尼亚文版。

③ 格·阿尔通扬:《十三世纪蒙古人及其入侵》,瓦加尔沙帕特,1913年,第17页,亚美尼亚文版。

④ 参见:阿·加·加尔斯特扬:《有关蒙古人的亚美尼亚文资料》,第23页。古加尔克即现今亚美尼亚的诺耶姆别梁地区。2万蒙古大军的说法,也得到瓦尔丹的确认(瓦尔丹:《通史》,第142页)。

⑤ 弗·齐曾高曾:《金帐汗国史料汇编》,第2卷,莫斯科—列宁格勒,1941年,第31页。

兰—恰依河畔扎万希尔地区的胡南平原①,离著名的捷鲁纳坎城堡所在地奥克苏兹鲁不远的地方。雅·阿·马南德扬院士认为,"这一战役发生在 1220—1221 年的冬季,确切地说,发生在 1221 年 1月"②。

与 2 万蒙古人大军对阵的,是谷儿只国王拉沙(乔治四世)和阿米尔斯帕萨拉尔[大统帅]扎卡列之弟——阿塔毕[地区长官]伊瓦涅率领的 6 万军队。有些资料说,谷儿只—亚美尼亚大军遭到了失败。但是,据亚美尼亚史学家的记载来看,交战双方均未获得全胜。拉沙集结了更多的军队,准备进行一场新的决战,但是蒙古人避开了,其原因据大瓦尔丹说,是"蒙古侦察兵发现谷儿只人和亚美尼亚人打算向他们发动反击"。③ 谢巴斯塔齐肯定了瓦尔丹的说法,指出"蒙古人来到帖必力思,但是很快又撤退回去,因为谷儿只国王拉沙追击来了"。④ 后来,据伊本·阿昔尔记载说,蒙古人放弃梯比里斯以后,向打耳班方向退去,但是那里的居民不让他们通过。于是蒙古人耍了一个手腕:他们请求打耳班官长派人前来谈判。当 10 名贵族人士前来谈判时,蒙古人竟背信弃义地先将其中的 1 名杀掉,再对其余的 9 名说:"如果你们能为我们指出一条通道,就饶你们一条活命;如果不干,就把你们也杀掉。"⑤谈判代表为自己的性命着想,不得不带领蒙古军队通过失儿湾山谷去南高加索。然后蒙古人来到迦勒迦河,于 1223 年在这里爆发了罗斯王公

---

① 马·巴尔胡达梁茨:《阿尔察赫》,巴库,1895 年,第 358 页,亚美尼亚文版。还可参阅《蒙古史(据亚美尼亚史料)》,第 1 辑,第 70 页。

② 雅·阿·马南德扬:《亚美尼亚民族史评述》,第 3 卷,第 185 页。还可参阅:吉拉科斯·甘扎凯齐:《亚美尼亚史》,第 190 页;弗·齐曾高曾:《金帐汗国史料汇编》,第 2 卷,第 140 页;《零散编年史料》,第 1 卷,第 58 页。

③ 瓦尔丹:《通史》,第 142—143 页。

④《手稿》第 2174 号,第 466 页。

⑤ [尼·伊·]伊里明斯基:《伊本·阿昔尔关于 1220—1224 年间鞑靼人首次入侵高加索和黑海沿岸国家的记载摘录》,载《俄罗斯科学院通报》,第 2 卷,第 4 期,圣彼得堡,1854 年,第 658 页。

大军与蒙古征服者之间的战斗。

　　蒙古人是何时最终征服了包括大亚美尼亚在内的高加索的呢？一些亚美尼亚史籍说是 1231 年。[①] 13 世纪的一部纪念录则说，1232 年蒙古人摧毁了甘扎克。[②] 我们认为，这指的当是 1230—1231 年之间蒙古大军在追击算端扎阑丁的军队时顺路摧毁大亚美尼亚的某些城市这件事。直到 1236 年 10 万蒙古征服者大军入侵高加索后，大亚美尼亚才被征服。[③] 吉拉科斯·甘扎凯齐说，"他们（蒙古人）率领大批军队，带着全部军需品来到阿格瓦尼亚之后，在条件优越的木干平原上安营扎寨。这里水草丰美，果树茂盛，野味俱全。他们在这里度过冬天，等春天来临后，便四出活动，到处袭击，烧杀劫掠一番，再回到营地"。[④] 斯捷潘诺斯·奥尔贝尔扬说，"蒙古人侵入亚美尼亚之后，在很短时间内便臣服了全国"。[⑤] 蒙古人在高加索没有遇到像样的抵抗，因为花剌子模算端扎阑丁在高加索进行过 6 年（1225—1231 年）的流血战争，使全国变成一片废墟，荒无人烟，从而削弱了高加索的战斗力，减轻了蒙古人征服行动的难度。

　　大瓦尔丹证实说，蒙古人"用抓阄的方式瓜分"被征服的土地。[⑥] 乔治·阿克涅尔齐写道："亚美尼亚和谷儿只英明的王公们

---

① 谢巴斯塔齐：《编年史》（参见阿·加·加尔斯特扬：《有关蒙古人的亚美尼亚文资料》）；还可参阅：阿·马南特扬：《关于蒙古人摧毁甘扎克时间问题的新资料》，载《苏联科学院阿塞拜疆分院通讯》，巴库，1943 年，第 7 期，第 80 页。

② 格·奥弗谢普扬：《亚美尼亚历史上的哈克巴克扬克或曰普罗施扬克》，第 1 卷，瓦加尔沙帕特，1926 年，第 89 页，亚美尼亚文版。

③ 奥加涅斯·瓦纳坎·塔乌舍齐手稿（1236 年），见阿·加·加尔斯特扬：《有关蒙古人的亚美尼亚文资料》，第 43 页；格·阿里尚：《希拉克》，第 102 页；巴·萨尔克斯扬克：《亚美尼亚手稿主要目录》，第 1 卷，威尼斯，1914 年，第 443 页；《马捷纳达兰收藏学术资料汇集》，埃里温，1941 年，第 1 期，第 75—76 页，亚美尼亚文版；姆希塔尔·爱里瓦涅齐：《亚美尼亚史》，第 66 页；雅·阿·马南德尔：《亚美尼亚民族史评述》，第 3 卷；等等。

④ 吉拉科斯·甘扎凯齐：《亚美尼亚史》，第 221 页。

⑤ 斯捷潘诺斯·奥尔贝尔扬：《西萨坎地区史》，第 148 页。

⑥ 瓦尔丹：《通史》，第 147 页。

得知上帝将力量和战胜我国的权利赐给鞑靼人之后，他们便屈服归顺了鞑靼人。"①

　　事实确实如此，谷儿只和亚美尼亚王公们向蒙古人表示了归顺之意。例如，蒙古大军在拙赤不花的率领下侵入哈臣地区以后，据吉拉科斯·甘扎凯齐说，哈臣王公哈散·扎剌儿"明智地考虑了蒙古人的建议，携带大批礼物前去迎接蒙古人；鞑靼人见此情景，也给他以很高的荣誉，将他原来的全部领地交给他管理"。② 阿塔毕伊万涅之子——阿瓦格王公不仅本人投降了蒙古人，还借助蒙古军事长官亦秃浑之力见到了蒙古大军的统帅绰儿马罕，并带领绰儿马罕来到亚美尼亚都城阿尼。③

　　这就是大部分谷儿只和亚美尼亚封建主的表现。蒙古人臣服整个亚美尼亚之后，将这些当地封建主委任为他们的地方官吏，在这些封建主的帮助下开始对全国进行管理。

　　蒙古人建立了巩固的中央化管理体系，设立了亚美尼亚前所未有的新的赋税。除了财产税——"马勒"、人头税——"科卜楚尔"和军事徭役——"哈兰"外，旭烈兀还设立了"塔加尔"税④。据一位目睹此事的历史学家证实说，蒙古人时代的"赋税不仅男子要负担，而且妇孺老人甚至孩童也得负担"⑤。最沉重的赋税是"塔加尔""哈兰"和"塔姆加"⑥。负责征税的汗宫代表大八思哈不花，肆无忌惮地对人民进行搜刮。据一位历史学家说，他"喜欢什么，就

---

① 马加基：《箭手民族史》，第 8 页。

② 吉拉科斯·甘扎凯齐：《亚美尼亚史》，第 251 页。

③ 姆希塔尔·艾里瓦涅齐：《亚美尼亚史》，第 81—82 页。

④ 塔加尔税，是一种需交纳 100 公斤麦子、50 公斤酒、2 公斤稻子等实物的税（《十三世纪僧人马加基蒙古史》，第 71 页，注释 17）。

⑤《手稿》第 8481 号，第 204b 页。

⑥ "塔姆加"，蒙古语词，"畜印"之意。这个词还用作向商人和工匠征收的贸易—工业税。关于"塔姆加"税，可参阅帕·彼·伊万诺夫：《朱伊巴里诸谢赫国的经济》，莫斯科—列宁格勒，1934 年，第 49 页。

从他们（亚美尼亚人）手中抢走什么。谁也不敢反抗，因为他身边经常有一队猖狂至极的强盗陪伴着。"[1]即使是大亚美尼亚唯一认为蒙古人乃"互相为对方着想""想法公道"之辈的斯捷潘诺斯·奥尔贝尔扬，也不得不承认，他们"劫掠和压迫其他民族"。[2]

在中世纪亚美尼亚诸封建公国中，奇里乞亚之亚美尼亚是唯一没有落入蒙古征服者直接统治之下而内部生活"享有完全独立主权"的国家。[3] 由于政治经济形势和地理位置的原因，奇里乞亚之亚美尼亚处于东西方通道的交叉点上。

奇里乞亚之亚美尼亚的统治人物，警惕地注视着蒙古大军的动向和大亚美尼亚的动态。当 1243 年蒙古人在耶尔森卡河畔奇曼卡图卡村附近打败伊科尼亚算端的军队，刚刚来到奇里乞亚边界的时候，亚美尼亚统治者便立即派出使者谒见蒙古大军统帅拜柱那颜，同蒙古大军结盟。谈判是在凯萨里亚举行的。奇里乞亚方面参加谈判的是大公康斯坦丁及其子斯姆巴特·斯帕拉佩特。结果达成如下协议：奇里乞亚之亚美尼亚国将向蒙古军队提供军需品，并在必要时将派出足够数量的士兵参加出征。蒙古大军统帅则保证维护这个国家的主权，并在这个国家遭到邻国进攻时给予武力支援。后来，1253 年，海屯一世国王与蒙哥大汗在哈剌和林缔约之后，奇里乞亚与蒙古的关系又得到了进一步的加强。[4]

对于这种同盟关系感兴趣的，不仅有奇里乞亚之亚美尼亚国，而且有蒙古诸汗。奇里乞亚之亚美尼亚国当时正处于伊斯兰国家

---

① 吉拉科斯·甘扎凯齐：《亚美尼亚史》，第 276 页。

② 斯捷潘诺斯·奥尔贝尔扬：《西萨坎地区史》，第 147 页。

③ 格·格·米凯耶尔扬：《奇里乞亚之亚美尼亚国史》，埃里温，1952 年，第 299 页。

④ 弗·戈尔德列夫斯基引用伊本·阿昔尔的著作得出结论说，阿拉丁·凯·库巴特苏丹也"倾向于保持与蒙古人的和平关系"。但是，他的儿子不想继续保持这一政策，结果他的国家遭到"惨败，继之[塞尔柱]国便一蹶不振"（弗·戈尔德列夫斯基：《小亚之塞尔柱国》，莫斯科—列宁格勒，1941 年，第 35 页）。

的包围之中,后者战胜十字军之后正寻找合适时机消灭奇里乞亚之亚美尼亚国。蒙古诸汗则认为,继续征服西方是不可能的,因为与他们抗衡的不仅有强大的伊科尼亚算端国,还有打败十字军、拥有大量军队并随时准备抗击蒙古征服者的埃及。

亚美尼亚统帅康斯坦丁大公及其子斯姆巴特·斯帕拉佩特在外交谈判中显示了特殊的才干。乔治·阿克涅尔齐指出,1247 年斯姆巴特·斯帕拉佩特在哈剌和林同贵由汗进行谈判时,贵由汗"曾将土地和采邑赐给他"。[1] 另一位历史学家指出:"斯姆巴特得到了领有从前归国王列温(列温二世)所有的许多地区和城堡的护照;他死后,这些地区和城堡才被鲁木算端阿剌丁从亚美尼亚人手中夺去。"[2]

因此,如下事件就不足为奇了:1251 年,亚美尼亚最高主教康斯坦丁在海屯一世国王赴蒙古前夕曾发布特别文告,文告中请求大亚美尼亚居民"不要起事反对蒙古地方官吏及其士兵"。[3] 这说明,奇里乞亚之亚美尼亚国已将自己的命运同蒙古人联系在一起,人们将极大的希望寄托在外交谈判上。所以,许多亚美尼亚史学家和编年史作者对蒙古征服者怀有好感,把他们当作亚美尼亚人企图用以反对自己的敌人——马木留克人和突厥—塞尔柱人的同盟者来谈论。如此一来,亚美尼亚最高主教的立场就值得特别注意。持这种立场的还不只他一个人。亚美尼亚史学家们都常常以肯定的口吻谈到一些蒙古执政者。13 世纪,奇里乞亚之亚美尼亚编年史作者之一、蒙古人入侵事件的目击者斯捷潘诺斯主教在谈到阿巴哈汗之死时,写道:"善良的和平缔造者,我们的阿巴哈汗死

---

[1] 马加基:《箭手民族史》,第 17 页。
[2] 吉拉科斯·甘扎凯齐:《亚美尼亚史》,第 302 页。
[3] 《马捷纳达兰通讯》,1958 年,第 4 期,第 280—281 页。

于赫米安(哈马丹)。"①这位作者还就旭烈兀王后之死一事写道：
"继旭烈兀死后，伟大的善行者、基督教之希望阿伦古兹哈敦也死
了。"②谢巴斯塔齐在谈到阿鲁浑的战绩时，称阿鲁浑为"上帝选定
的阿鲁浑"。斯姆巴特·斯帕拉佩特在其写于撒麻耳干的那封信
中谈到蒙古人时，曾盛赞蒙古人的军事才干："他们是优秀的箭
手。"③斯姆巴特·斯帕拉佩特的《编年史》中也有这样的例子。马
里战役中，取得胜利的埃及算端拜巴尔斯俘虏了国王海屯一世之
子列温王子。海屯一世千方百计想赎回自己的儿子。拜巴尔斯知
道海屯一世与蒙古汗关系甚好，于是提出了交换条件：要求放出他
被蒙古俘虏的好友霍什塔什。

就旭烈兀汗接见 13 世纪亚美尼亚史学家瓦尔丹一事，谢巴斯
塔齐曾这样写道，1264 年"汗(旭烈兀)接见了他(瓦尔丹)，礼遇有
加，并向这位圣哲垂询种种谋略"。④ 海屯二世证实，1282 年在蒙
哥帖木儿的统率下，亚美尼亚大军曾同蒙古大军一道抗击过鲁木
算端的大军。⑤ 涅尔谢斯·帕里恩茨证实，合赞汗曾应国王海屯二
世之请，统兵 5 万抗击过埃及算端纳速鲁丁·穆罕默德的大军。⑥
这位编年史作者还以肯定的口吻指出，海屯二世国王因奋不顾身
抗击埃及人而受到合赞汗的奖赏。⑦

① 阿·加·加尔斯特扬：《有关蒙古人的亚美尼亚文资料》，第 37 页。
② 阿·加·加尔斯特扬：《有关蒙古人的亚美尼亚文资料》，第 36 页。
③ 皮·贝热隆：《在亚洲的几次重要旅行》[法文]，第 5 卷，海牙，1735 年，第 154—155 页。
④ 参见阿·加·加尔斯特扬：《有关蒙古人的亚美尼亚文资料》，第 37 页。对于这个问题，瓦尔丹·
  瓦尔达佩特[大瓦尔丹]本人有更详细的记述。他写道："1246 年，伟大的旭烈兀汗通过一个名叫
  施诺尔哈沃尔的男子，邀请我们去他那里。与他交谈之后，瓦尔达佩特赢得了他的喜欢。于是，
  旭烈兀便说：'我赏你一件金衣，给你许许多多的金子。'瓦尔丹·瓦尔达佩特回答道：'对于我们
  来说，金子和羽毛是一回事。我请求你给我与你的伟大更相称更珍贵的东西——对我们的国家开
  开恩。'"(瓦尔丹：《通史》，第 158 页；还可参阅《蒙古史(据亚美尼亚史料)》，第 1 辑，第 21 页。)
⑤ 海屯·帕特米奇：《编年史》，载《手稿》第 1898 号，第 1656 页。
⑥《零散编年史料》，第 2 卷，第 180 页。
⑦ 同上，第 188 页。

　　蒙古人将奇里乞亚之亚美尼亚国当作自己的同盟者,抽调该国的兵力参与军事征讨行动。1264 年,当旭烈兀汗进军鲁木时,命亚美尼亚国王率兵前来会合,国王立即执行了旭烈兀汗的命令。①谢巴斯塔齐记载道,应汗的要求,"国王海屯集结军队,带领近亲和贴身'阿扎塔姆'(骑士),攻入鲁木地区"。② 谢巴斯塔齐还说,1281 年,蒙古大军同亚美尼亚及谷儿只大军一起进军埃及。③ 编年史作者海屯·帕特米奇证实,奇里乞亚之亚美尼亚政府为参加蒙古大军抗击鲁木的另一次出征行动,曾派出 2000 骑兵和 4 万步兵。④斯姆巴特·斯帕拉佩特说,乞惕不花在集结其部下时,也要求奇里乞亚之亚美尼亚国王派兵 5000,进攻埃及。⑤ 当亚美尼亚国王列温三世受到埃及大军的进攻时,他曾请求阿巴哈汗支援,阿巴哈汗派来 2 万蒙古军队。⑥

　　涅尔谢斯·帕里恩茨指出,当蒙古大军在埃及大军的攻击下放弃大马士革时,"亚美尼亚军队是在他们(蒙古大军)撤出之后才撤出的,因为他们虽然惧怕算端,但又不敢背弃自己的同盟者"。⑦

　　大卫·巴吉舍齐叙述道,国王海屯一世原本不想"交出投奔他名下寻求庇护的算端母后、王后、公主,……但是慑于[拜柱之]威胁,最后不得不交出这些人"。⑧ 由此可见,蒙古人时时使其亚美尼亚附庸者们感到恐惧不安。

　　某些亚美尼亚政客曾为蒙古人效劳。例如,哈散·扎剌儿在拜柱那颜手下供过职,充当过亚美尼亚外交代表同蒙古统帅进行

① 斯姆巴特·斯帕拉佩特:《编年史》,第 243 页。
② 同上,第 231 页。
③ 谢巴斯塔齐:《编年史》,载《手稿》第 2174 号,第 496 页。
④ 海屯·帕特米奇:《蒙古史》,第 47 页。
⑤ 斯姆巴特·斯帕拉佩特:《编年史》,第 236 页。
⑥ 同上,第 253 页。
⑦ 《零散编年史料》,第 2 卷,第 187 页。
⑧ 同上,第 346 页;阿·加·加尔斯特扬:《有关蒙古人的亚美尼亚文资料》,第 104 页。

谈判时的中介人。

许多亚美尼亚政客曾率领过蒙古执政者的外交使团。亚美尼亚王公普罗什于 1258 年率领蒙古使团到过巴格达①，同该地地方长官就该城的投降问题进行过谈判。此外，亚美尼亚外交官萨尔吉斯·阿贝加，曾参加过蒙古贵由汗与罗马教皇英诺森四世之间的谈判。②

上述材料证明，与蒙古人结盟，对于奇里乞亚之亚美尼亚国来说，具有尤为重要的政治意义：奇里乞亚执政者们获得了将自己国家从蒙古征服者进一步破坏下拯救出来的可能性。

这里产生一个问题：蒙古人是如何建立起一个东起太平洋、西到亚得里亚海的庞大而短暂的帝国的？

亚美尼亚史学家们认为，蒙古大军取胜的原因不仅在于他们的财政实力③和国家组织④，而且在于士兵们具有高度的纪律性和战斗力。亚美尼亚文史料表明，中世纪没有哪一支军队能够像蒙古军队那样，表现出如此之高的战斗力和组织性。斯姆巴特·斯帕拉佩特之侄海屯·帕特米奇指出："鞑靼人是一些勇敢而顽强的士兵。"⑤吉拉科斯·甘扎凯齐说，蒙古人"就纪律和作战方法而言，超过一切民族，而且空前绝后"。⑥ 斯捷潘诺斯·奥尔贝尔扬说，蒙古人是一些灵巧的"箭手"。⑦ 其他亚美亚尼史学家也都指出，蒙古大军具有良好的技术装备。此外，蒙古人有无数经验丰富的步兵和骑兵，还有围城器、攻城器和掷石器。他们使用石弩的技术尤为

① 吉拉科斯·甘扎凯齐：《亚美尼亚史》，第 364 页。
② 伯希和：《蒙古与教廷》[法文]，《东方基督教会评论》抽印本，丛书 3，第 8 卷，巴黎，1929 年，第 25 页。
③ 试参较：米·尼·波克罗夫斯基：《俄罗斯文化史纲》，第 2 部，莫斯科，1915 年，第 186 页。
④ 瓦·弗·巴托尔德：《亚速海沿岸地区在穆斯林世界的地位》，巴库，1925 年，第 72 页。
⑤ 海屯·帕特米奇：《蒙古史》，第 47 页。
⑥ 吉拉科斯·甘扎凯齐：《亚美尼亚史》，第 227 页。
⑦ 斯捷潘诺斯·奥尔贝尔扬：《西萨坎地区史》，第 147 页。

精湛。蒙古士兵能奋不顾身地执行军事长官下达的命令和分配的任务。

蒙古人的侦察工作也值得一提。他们几乎总是提前向打算入侵的国家派出间细,巧妙地在该国各封建主之间挑起内讧,减轻进军和建立统治的难度。

必须指出,各国统治阶级代表人物——王公、教会神职人员和领主们为了同蒙古人搞好关系,保住性命及其封地和特权,常常自愿归顺蒙古征服者;而饱尝入侵之害的老百姓则不承认这种状况。据史籍记载,普通平民有时宁肯"与住所"一同自焚,而不愿落入蒙古人之手。引自亚美尼亚史学家著作的材料表明,老百姓对蒙古人征服和统治亚美尼亚以及整个外高加索地区极为愤恨。

翻译摘自 13—14 世纪亚美尼亚编年史的资料,对于进一步深入研究蒙古人入侵时代外高加索地区和近东一带的社会政治和经济状况,也颇有学术价值。

我们将要刊布的这些资料由于从未译成别国文字,故至今尚未被广大东方学家所利用。这批材料均为首次译成俄文。新资料的俄语译文不仅有益于蒙古学专家,而且有益于研究 13—14 世纪东方政治史的学者。

（译文原载内蒙古社会科学院《蒙古学资料与情报》,1986 年,第 4 期）

关于固始汗的俄文档案资料

［苏联］加·伊·斯列萨尔丘克

　　本文译自蒙古人民共和国出版的论文集《第三届国际蒙古学家大会论文集》，第 1 卷（乌兰巴托，1978 年）。

　　本文作者提供了若干关于明末清初活动在青藏地区的卫拉特（厄鲁特）蒙古所属和硕特部首领固始汗（顾实汗）的有关记载。这些记载来源于俄文档案资料，有助于进一步澄清固始汗生平中的某些细节。

　　本文作者加·伊·斯列萨尔丘克（1926—2012），女，苏联—俄罗斯蒙古史料学家。1948 年毕业于莫斯科历史档案学院，1955 年获副博士学位。1955 年起在苏联中央国立古代文件档案馆工作，1957 年起在苏联科学院东方学研究所蒙古研究室从事档案文献整理研究工作。主要著述有：《苏蒙关系（1921—1975 年）：文献资料》，第 1—2 卷，莫斯科，1975—1979 年；《共产国际与蒙古》，乌兰巴托，1996 年；《蒙苏文化科技交往》，乌兰巴托，2000 年。

　　俄文档案材料作为 17 世纪蒙古人和卫拉特人的历史文献资料，其意义已经不止一次为人们所谈及[①]。

　　在这批档案材料中，含有有关和硕特固始汗（俄文史料中称之

[①] 伊·雅·兹拉特金：《准噶尔汗国史》，莫斯科，1964 年，第 16—19 页，等；马·伊·戈尔曼，加·伊·斯列萨尔丘克：《关于十七世纪 30 年代至 50 年代俄蒙相互关系的俄文档案材料》，载《苏联科学院亚洲民族研究所简报》，1965 年，第 76 期，第 166—181 页；马·伊·戈尔曼：《关于十七世纪 60 年代至 80 年代蒙古史的俄文档案材料》，载《第二届国际蒙古学学家大会论文集》，第 1 卷，乌兰巴托，1973 年，第 108—113 页。

为"奎沙台什")的一些资料。汉文史料和藏文史料关于固始汗的记载①,只谈到他从准噶尔游牧地迁徙到青海一带之后以及他出征西藏这一阶段的情况。而俄文档案材料则谈到了固始汗在17世纪20—30年代的活动情况。

固始汗其人为谁,他在17世纪中央亚政治生活中扮演过怎样的角色,有必要做专门研究。本文的任务仅限于以下几点:引述俄文史籍中有关他的记载;特别注意引述可资证明固始汗与奎沙台什乃是同一个人以及证明研究家们否定固始汗是奎沙台什乃是错误的②那些事实资料。

我们不想对17世纪初的卫拉特历史多做探讨,因为有关这一问题已有专门著作进行过研究③,而只想指出17世纪初卫拉特社会的主要特征。其主要特征是:当时的卫拉特社会正处于危机之中;要渡过这一危机,只能通过建立一个强有力的政权并将四分五裂的卫拉特诸领地统一成一个封建主义国家的办法实现。这项任务,由两个强大集团经过长达整整半个世纪的斗争才告完成。其中,另一个集团的首领是绰罗斯部的哈剌忽喇。当时,和硕特部离开塔尔巴哈台,沿伊犁河和叶密立河向西迁徙。关于这场斗争,俄文档案材料有过详细记载。

俄国与卫拉特人之间的直接交往,在17世纪初的俄文文献中

① 参阅松巴堪布:《青海史》,莫斯科,1972年;同一作者:《佛教史》;参阅沙·比拉:《藏文蒙古历史著作(十七世纪至十九世纪)》,乌兰巴托,第24—34页;尤·尼·廖里赫:《十六世纪至十七世纪初的蒙藏关系》,载《蒙古论文集(经济,历史,考古)》,莫斯科,1959年,第188—199页;拉·尼·杜加罗夫:《出自史籍(德卜帖儿—加木惜)之和硕特部固始汗世系表》,载《中央亚历史语文资料》,第5辑,1970年,第83—94页。又,译者注:Куйша-тайша,《准噶尔汗国史》(伊·雅兹拉特金著)汉译者译作"顾伊舍台什",《俄国·蒙古·中国》(约·巴德利著)汉译者译作"奎沙",本文暂取"奎沙台什"这一译法。

② 伊·雅·兹拉特金:篇名同上,第150页,159页,160页,172页,194页,195页,等等。

③ 伊·雅·兹拉特金:篇名同上;《喀尔梅克自治共和国史纲(十月革命前)》,莫斯科,1967年;谢·康·博戈雅甫连斯基:《十七世纪上半叶喀尔梅克史资料》,载《史集》,第5期,1939年,第48—101页。

即有所提及,不过提到的主要是杜尔伯特部和土尔扈特部,至于和硕特部台什们与俄国人的交往则始于 17 世纪 20 年代末。

关于奎沙台什的首次记载,我们可以在 1628 年赴阿斯特拉罕衙门的卫拉特使者谈话记录中觅得。这位使者请求允许喀尔梅克人在雅伊克河[Яик]和恩巴河[Энба]一带居住,并希望"沙皇保护"他们。原因是他们惧怕拥有 20000 大军的和硕特部奎沙台什和拥有 10000 鞑靼人的哈萨克王子库楚赫—萨尔坦[Кучух-салтан]的进攻①。1630 年 5 月,诺盖鞑靼人杰弗纳伊·杰弗烈杰夫和乌法通司费道尔·康德拉契耶夫向喀山衙门事务部报告说,他们到过罕都儿台什[Хандерь-тайша]的兀鲁思,罕都儿台什正与墨尔根杰梅奈台什、楚琥尔台什在雅伊克河流域游牧。他们受到达赖台什和奎沙台什"大批喀尔梅克人"的攻击。达赖台什和奎沙台什手下约有 10000 人,罕都尔台什、墨尔根杰梅奈台什和楚琥尔台什的"许多下人被打死,其余的被掠回其兀鲁思"。达赖台什和奎沙台什现在游牧于距恩巴河约一月之程的卡拉库姆一带,正向乌儿根赤进发②。

我们可以看到,这两份材料中虽然关于(奎沙台什)军队人数的说法不一,但是毕竟可以证实如下两点:17 世纪 20 年代末奎沙台什离开了塔尔巴哈台山区,脱离了拜巴噶斯汗,来到乌儿根赤一带;他加入杜尔伯特部达赖台什——准噶尔部额尔德尼巴图尔洪台吉的拥护者这一派。

1630 年 8 月初,奎沙台什的一位使者来到乌法,请求准许他去莫斯科"面见沙皇",并献上"喀尔梅克骏马和草原雄鹰"③。这位使

①《苏联中央国家古代文书档案》,诺盖人卷宗,1629 年,第 1 号第 288 页。
②《1604 年至 1636 年俄蒙关系史资料》,莫斯科,1959 年,报告第 77 号,第 150 页;报告第 78 号,第 153 页(以下为《1604 年至 1636 年资料》)。
③ 同上,报告第 81 号,第 158 页。

者的目的何在,结果如何,未能留下任何记载。谢·康·博戈雅甫连斯基认为,奎沙台什的游牧地远离乌法(骑马需走一两个月的时间),且拥有约 20000 人马,未必惧怕俄国军队的进攻①。由此推测,奎沙台什的使者之所以要去莫斯科,是想步达赖台什使者之后尘。达赖台什的使者曾于 1630 年 4 月获准到俄国都城去进贡②。奎沙台什则并不打算向沙皇宣誓效忠,而只打算协调一番贸易关系。至于莫斯科政府,感兴趣之处当在保卫自己的边境不受卫拉特人的侵扰,与卫拉特人保持睦邻关系。这一点,可由俄国官员不止一次地会见奎沙台什并带贡品这一点看出③。

　　1634 年,俄国官员报告说,他们在亚梅舍湖附近见到了奎沙台什以及其他许多台什和下属(约 20000 人);这些人原打算向俄国人发动进攻,后来却离开亚梅舍湖而去④。但是,到了 1634 年 9 月 12 日,喀尔梅克人——奎沙台什的儿子翁博[Онбо]和贡固[Конгу],孙子库楚姆[Кучум],和"贼人"——游牧的和定居的鞑靼人,对塔拉城发动了进攻。当时形势相当严重。塔拉城郊的所有农村被劫掠一空,焚烧殆尽,居民或被杀死,或被掳去,只有少数人逃进城中或躲入四周的森林。喀尔梅克获得了畜群以及各种财物等大量战利品,还要求放回被西伯利亚总督长期扣押在塔拉城而不想让其回到奎沙台什兀鲁思的"布哈拉使者"卡兹伊[Казый]。10 月 13 日和 14 日,喀尔梅克人又两次攻到塔拉城下,幸赖塔拉城和托波尔斯克城两城官员们的协同抗击,俄国人才得以取胜:夺回一部分"被俘的俄罗斯人和鞑靼人",抢下约 300 匹马,将喀尔梅克

① 谢·康·博戈雅甫连斯基:篇名同上,第 67 页。
②《1604 年至 1636 年资料》,莫斯科,报告第 79—80 号,第 154—158 页。
③《1636 年至 1654 年俄蒙关系史资料》,报告第 12 号,第 69—71 页;喀尔梅克人卷宗,1936 年,第 2 号,第 24 页及其他(以下为《1636 年至 1654 年资料》)。
④《1604 年至 1636 年资料》,报告第 197 号,第 238 页。

人从塔拉城下赶走①。

　　这里,我们来谈谈布哈拉人卡兹·卡兹耶夫[Казы Казыев]。卡兹·卡兹耶夫来到奎沙台什驻地之后,获准同喀尔梅克商人一起到塔拉城去。一到塔拉城,他便宣称是布哈拉汗伊马姆库利[Имамкули]的使者。西伯利亚总督将他扣留了一段时间,以便与莫斯科进行核实。后来,一个来自奎沙台什处的名叫库留克·阿贝塔耶夫[Кулюк Абытаев]的人证明,卡兹伊长期自封使者是"胡说八道";却又说,在卡兹伊露面之前,他们已与布哈拉汗开战了,故请释放卡兹伊,让他回到奎沙兀鲁思②。

　　奎沙多次派遣使者到塔拉城和托波尔斯克城,要求归还"布哈拉人"卡兹伊,同时他自己则许诺释放被俘的全部塔拉城居民③。1636年4月,塔拉城总督费·博里亚京斯基公爵和格里戈里·卡弗蒂列夫决定将卡兹伊释放回奎沙台什处,陪卡兹伊同去的还有塔拉城的一个头目斯捷潘·斯库拉托夫。斯捷潘·斯库拉托夫从奎沙台什处返回后,报告说,他们"在喀喇巴扎尔河畔塔尔巴哈台石地方"见到了奎沙台什,交出了布哈拉使者,并向奎沙台什谈了有关释放塔拉城俘虏和秋明俘虏一事④。奎沙台什答应归还塔拉城俘虏,"不过尚需追查其下落";却拒绝归还秋明俘虏,原因是他的人马从未到过秋明。台什还说,他的游牧地远离俄国征税地区,向来没有给纳税居民带来任何不愉快之事;他也不想用塔拉城之战抓获的俘虏交换卡兹伊,认为卡兹伊到塔拉城只是为了做买卖,并不是为了打仗,扣押他是非法的,也就是说,不能把他当作战俘

①《1836年至1864年资料》,报告第10号,第67—68页。有人曾以围攻塔拉城的经过为题材,写成一篇中篇小说,发表在《古代俄罗斯文学学会作品集》(第1卷)中。小说对该城官员抗敌取胜一事做了生动描述。

②西伯利亚卷宗,第456栏,第41页。

③《1636年至1654年资料》。莫斯科,1974年,报告第44号,第197页。

④同上。报告第6页,第27页。

来进行交换①。到后来，奎沙台什非但不想归还塔拉城俘虏，还要求归还 1635 年在乌法城下被俘的库楚姆家族成员。对于和硕特部奎沙台什背信弃义的行为，托波尔斯克城总督米·米·焦姆金—罗斯托夫斯基在写给喀山衙门事务部的报告中，做过如下描述："奎沙的表面恭谨得到了我方的过分信任，我方把布哈拉使者送还给他之后，他却……不想归还全部俘虏，反而要求交出贼人……库楚姆的孙子们。这些贼人们因其贼盗般军事入侵行动而在乌法城下被擒，而非在其兀鲁思境内被擒。在此之前（库楚姆家族成员被擒之前——作者注）……奎沙台什……说过，库楚姆的孙子们行游牧，不在他的兀鲁思境内；他似乎没有庇护过他们，也没有允许他们打仗，更没有以人力帮助过他们。现在，……他要求归还库楚姆的孙子们，实在不成体统。……看来，奎沙台什似乎自以为是，不肯让步。……目前，他正在追寻俘虏的下落，然后送回塔拉城。在这方面，当不会再有争论。"②

　　奎沙台什的行动很容易理解。原来，俄国使者见奎沙台什之前，戴甫列特·基列伊［Девлет-Кирей］曾到过奎沙台什处。他们之间有亲缘关系，虽是远亲，却想要求奎沙台什支援 50000 人马，以征讨西伯利亚诸城③。时值夏天，道路泥泞，进攻西伯利亚诸城不大可能，奎沙拒绝了戴甫列特·基列伊的请求，却答应，天气一旦寒冷，便将派兵支援。与此同时，早已被俘并待在奎沙兀鲁思的鞑靼女子阿克腾［Актен］告诉俄国使者丹尼斯·拉奇科夫斯基和安东·多勃里茨基，达赖台什及其他台什来奎沙台什处"议过事"，商量如何将库楚姆的孙子们解救出来④。然而，他们的计划由于形

---

① 同上。
② 同上，第 29—30 页，报告呈于 1636 年七八月间。
③ 奎沙台什的小妾乌巴桑奇后嫁给库楚姆家族成员之一——戴甫列特·基列伊的弟弟阿布拉。
④ 同上页注释②，报告第 38 号，第 177 页。

势出现了新的变化(与喀尔喀蒙古人交战)而受到干扰。

西伯利亚总督认为,奎沙归还俘虏的诺言不可轻信,于是转而求助于巴图尔洪台吉,请他予以协助。1636 年 3 月,西伯利亚总督派托波尔斯克城贵族之子托米尔·彼特罗夫去见巴图尔洪台吉,巴图尔洪台吉拒绝了使者的请求,原因是穆加尔人(蒙古人)向他们发动了战争,全体喀尔梅克台什均需参加抗击穆加尔人(蒙古人)的战斗。

不过,他向托·彼特罗夫许诺派使者去见奎沙台什和达赖台什,还打算亲自"在任何地方同他们"谈谈"有关俘虏事宜",虽然他对这次会谈的结果并未做出保证①。

1637 年春,塔拉城哥萨克骑兵首领纳扎尔·热多夫斯基去见奎沙台什,适逢奎沙及其儿子翁博不在其兀鲁思境内——1636 年秋,他们父子二人正一同前去抗击穆加尔人②。

《准噶尔汗国史》一书说,蒙古文史籍关于 1636 年卫拉特人与喀尔喀尔人之间的冲突毫无记载,这样说来,纳扎尔·热多夫斯基提供的情况,便当是这场冲突的唯一见证材料。这场冲突原因何在,谁人参加,均不得而知。可见,这一事件既无重大意义可言,也未造成严重后果③。

我们认为,《1636 年至 1654 年俄蒙关系史资料》一书中刊布的文件,可为我们感兴趣的这些问题提供某些资料。

除了纳扎尔·热多夫斯基提供的情况,我们从托波尔斯克城哥萨克首领加甫利尔·伊里英的详细汇报④,以及托波尔斯克城贵族之子菲里普·奥鲍里尼亚尼诺夫和塔拉城哥萨克骑兵阿列克

---

① 同上,报告第 9 号,第 65 页。又,译者注:穆加尔人即蒙古人。
② 同上。报告第 22 号,第 90—91 页。
③ 伊·雅·兹拉特金:篇名同上,第 194—195 页。
④《1636 年至 1654 年资料》,报告第 38 号,第 174 页。

赛·库纳文的报告[1]中,也可以得到有关卫拉特诸台什"参加抗击穆加尔人战争"的资料。菲·奥鲍里亚尼诺夫在1636年11月来到巴图尔洪台吉兀鲁思,在那里他只见到了巴图尔的母亲和妻子,洪台吉本人则正与其他台什一起"同穆加尔人"作战。不久,传来消息说,他们打败了"绰克图洪台吉[Чоктуй-тайша]兀鲁思的40000人马,并将穆加尔人绰克图洪台吉本人杀死"。菲·奥鲍里尼亚尼诺夫亲眼看到,"许多穆加尔俘虏"被押送到巴图尔兀鲁思,但同时其他许多洪台什也未从穆加尔地方返回自己的兀鲁思境内[2]。阿列克赛·库纳文于1638年夏季到过巴图尔兀鲁思,他也报告说,巴图尔和其他台什出发去与"黄穆加尔人和唐古特人"作战。他还报告说,奎沙台什也参加了这次征战:"与洪台吉一起出征的有20000人马,……与奎沙台什一起出征的有多少人马,尚不可知。""他们首先打败了黄穆加尔人台什们,……而后又打败了唐古特人。他们杀死了许多人,捉到了许多俘虏,扫清了中国与布哈拉城市之间的道路。那些喀尔梅克台什在穆加尔地面待了两年。"他还亲眼看到出征的喀尔梅克洪台吉返回兀鲁思本土的情景[3]。

在西伯利亚总督的呈文中可以看到,1636—1638年,喀尔梅克军队没有进逼西伯利亚诸城,也就是说在这两年之中他们正在穆加尔地面和中国地面作战[4]。

上述资料使我们有理由说:

(一)这场战争指的是卫拉特部巴图尔洪台吉和奎沙台什与喀尔喀部绰克图台吉之间的战争,其次指的是征讨西藏之战。

(二)参加这场战争的还有其他许多台什,如杜尔伯特部的达赖台什[5]。

---

① 同上,第175—176页。

② 同上,第176页。

③ 同上,第179页。

④ 同上,报告第38号,第181页。

⑤ 同上。报告第30号,第174页。

（三）关于这场冲突战争的起因，俄文资料中确实几乎一无所及[①]；要想弄清这一点，尚需引证其他资料。

（四）这场冲突的结果，是奎沙台什再没有回到自己原来的游牧地。1636 年之后，再没有留下（俄国）官员去见奎沙台什的任何记载。只有若干资料提到，奎沙使者见过和硕特部昆都仑台什[Хунделень-тайша]——奎沙之弟，时间是 1643 年[②]。1644 年，托波尔斯克官员加甫利尔·伊里英见过洪台吉，并报告说，洪台吉之妻达里班奇[Дарибайчи]去奎沙台什处为自己的儿子卓特巴巴图尔[Охчотба-батырь]娶亲[③]。1651 年，西伯利亚事务部收到奎沙台什之妻子贡吉[Гунжа]和儿子达赖[Далай]的信件，要求允许派使者去莫斯科[④]。1652 年 8 月，使者在外交部说："鄂尔勒克台什[Урлюк-тайша]是贡吉的兄弟。……贡吉之夫奎沙台什现在占据了穆加尔地面，他驻在穆加尔地面。而贡吉现在则带着自己的三个孩子和前妻留下的孩子以及本部下人，仍在原兀鲁思游牧。"[⑤]

档案材料中还有一些有关从奎沙台什处向西伯利亚诸城派出许多使团的记载，有关向俄国沙皇"宣誓效忠"一事的谈判记录，还有一些贸易往来重新密切的记载（尽管 1634—1636 年发生过诸如进犯塔拉城的事件）。

如此看来，我们提供的资料可以说明，奎沙台什曾极力想以其实际行动加强与俄国的睦邻关系，只是后来由于他迁到青海地区，才使这种关系停止继续发展。奎沙台什与杜尔伯特部的达赖结为

---

① 到过巴图尔洪台吉兀鲁思的托·彼特罗夫打听到，在他到来之前，曾有号称"三雷神"的穆加尔使者见过洪台吉，要求喀尔梅克诸台什离开他们现在的游牧地，将地面清理干净，因为这些地方是他们"穆加尔人"的；倘若不从这里离开，不把地面清理干净，"无数人马将以战争方式"对付他们（参阅喀尔梅克人卷宗，1630 年，第 2 号，第 13 页等）。

② 《1636 年至 1654 年资料》，报告第 59 号，第 230 页。

③ 同上。报告第 123 号，第 371 页。

④ 同上。

⑤ 同上。报告第 126 号，第 378 页。

一派，对准噶尔部额尔德尼巴图尔洪台吉的对外政策予以支持。俄文资料无法证实噶班·沙拉布［Габан Шараба］提供的有关奎沙曾与巴图尔洪台吉发生过冲突的说法①。

上述材料还含有以资证明奎沙台什就是固始汗的事实。这些事实材料如下：

（一）巴图尔洪台吉与奎沙台什于1636年共同抗击过绰克图台吉，而后征讨过西藏。此后，奎沙再未返回准噶尔，而是留在"穆加尔地面"。1636年以后，西伯利亚总督即与奎沙台什失去了联系，他的名字在材料中再未出现。

（二）从文献中可以发现，杜尔伯特部的达赖、奎沙台什与绰罗斯部的巴图尔洪台吉有"缘亲关系"，也就是说，达赖和奎沙娶和—鄂尔勒克［Хо-Урлюк］姐妹为妻，而巴图尔洪台吉则娶和—鄂尔勒克之女为妻。

（三）奎沙台什之弟是和硕特部的昆都伦台什。

（四）巴图尔洪台吉之子卓特巴巴图尔在"穆加尔地面"娶奎沙台什之女为妻。

（五）奎沙台什的第一任妻子——土尔扈特人贡吉是和—鄂尔勒克的姐姐；文献中提到过奎沙的儿子有达赖、翁博［Онбо，Анбо］、扬兹［Янзы］，这大约当指多尔济达赖洪台吉［Доржи Далай-хунтайджи］、衮布查珲［Гомбо-шавэн］和丹津达延扎布［Дандзин Даян-чжалбо］而言。

以上引述的关于奎沙台什的全部材料，均与固始汗已知的生平材料相符。

（译文原载兰州大学《西北史地》，1987年，第4期）

西方中央亚考察队对蒙古地区的考察研究

[苏联]马·伊·戈尔曼

本文译自苏联出版的论文集《蒙古历史和文化研究》(新西伯利亚城,1989年)。原标题为《有关西方中央亚考察队考察蒙古的资料(20世纪20—30年代)》。

本文作者对20世纪20年代至30年代美国和西欧的考察队在中央亚(主要是蒙古和与蒙古接壤的中国边境省份)进行的一系列科学考察活动和取得的若干成果进行了描述,认为这些考察队搜集到的考古学资料、民族学资料和蒙古文、藏文抄本对蒙古学研究颇具意义。

本文作者马·伊·戈尔曼(1927—),苏联—俄罗斯蒙古史学史专家。1951年毕业于莫斯科东方学研究所。1951—1957年任苏联革命博物馆研究人员。1957年任苏联科学院东方学研究所研究员。1968年获历史学副博士学位。2000年获历史学博士学位。主要著述有:《西方的蒙古史研究(十三世纪至二十世纪中叶)》,莫斯科,1988年;《西方的蒙古学研究(中心·人员·学会)。二十世纪50年代至90年代初》,莫斯科,1998年。

由罗伊·查普曼·安德鲁斯、斯文赫定、亨宁·哈斯伦德—克里斯坦森分别领导的美国中央亚考察队(1921—1930年)、中国—瑞典中央亚考察队(1927—1935年)、丹麦中央亚考察队(1936—1939年)以及尼古拉·康斯坦丁诺维奇·廖里赫和尤里·尼古拉耶维奇·廖里赫考察队(1928—1934年)进行的考察,给西方蒙古学的发展以促进性影响。

这几支考察队并不是专门研究蒙古史的。他们的任务有多个方面,主要任务是:研究中央亚地区及其中心所在地蒙古的自然气候特点和古今动植物、地理构造,寻找原始人类的最早分布点,等等。其主要成就在自然科学方面。

同时,这些考察队还有考古学家、民族学家、历史学家、蒙古语文学家参加,因此,不但在自然研究方面做出一定贡献,还在考古学、民族学、蒙古史(特别是古代蒙古史)方面做出一定贡献。他们发现了蒙古大地上人类文明的第一批遗址,考察了蒙古人丰富的物质文化和精神文化。他们的发现物包括搜集到的蒙古文抄本和刊本,使西方的蒙古学收藏馆得到了充实。他们激起了广大西方舆论界对蒙古的研究兴趣并使之持续下去,他们使西方社会各界形成了有关蒙古人民共和国的概念。

我们认为,这几支考察队的考察活动,是中央亚研究和蒙古学研究中的重大事件,也是蒙古人民共和国在学术和文化领域同西方的初次接触,很值得进行一番专门的详细阐述和批判分析。

在本文中,我们仅就西方各中央亚考察队组织情况和考察成果的某些共同特点作一番涉猎,就这些考察对蒙古学所起的作用作一番探讨。

首先,这类考察活动在当时来说已经算是一些大型的多年性的学术活动了,参与这些考察队组建工作、实施过程并提供经费的,不但有学术团体,如美国自然史博物馆、瑞典科学院、丹麦皇家地理学会,还有私人公司、慈善基金会和国家机关,乃至瑞典政府和中国政府。

这些考察队拥有充足的资金和不少技术手段,拥有大批科学工作者和辅助人员(比如,鲁·查·安德鲁斯考察队有 40 名参加者,斯文赫定考察队则有 80 名参加者[15]),拥有兽力车、驮载牲畜和汽车,总体说来装备不错。1927年末参观过额济纳河畔斯文赫定考察队大本营的阿·德·西穆科夫就曾注意到,那里光骆驼就有300峰[3,第96页]。这些条件使各考察队得以全面开展工作,在从巴尔虎到西藏、新疆的大片地域内进行考察。综合性、多样性和高度有效性可以说是这几支考察队的共同特点。

我们只要举出下面的例子就足以说明这一点了。鲁·查·安德鲁斯考察队共进行过5个考察季的考察工作,其中,1922—1925年在蒙古人民共和国境内的3个考察季最富成果。这3个考察季取得的初步成果汇编成了114部出版物,总页数为11757页。到20世纪60年代末,出版物达151部,作者有47位[1]。这里还不算从1927年起开始出版的总标题为《中央亚大自然史》的考察队成员12卷著作集(12卷著作集中有1卷是集体编写的总结性著作,概述了考察队的组建和进行考察的经过,出版于第2卷和第4卷已经问世后的1932年;该卷标题十分醒目,叫作《中央亚的新征服》)。考察队的发现物,使美国自然史博物馆变成了西方最大的收藏珍贵古生物学、考古学以及一部分民族学藏品的博物馆。对这些藏品的研究和分析工作,至今仍在进行。

斯文赫定考察队成员著作集共有55卷,分11个学科(门类),除了考古学、古生物学、植物学、动物学和地质学,还有地理学、大地测量学、气象学、民族学等[6]。

总体说来,斯文赫定考察队规模最大,全年进行考察,成员中有10位中国学者(因此叫中国—瑞典考察队),在与蒙古人民共和国接壤的额济纳河畔建有大本营,还设有配备气象台的其他考察点。这支考察队不仅进行科学研究,还兼有实用方面的目的:对德国汉莎航空公司柏林—北京—上海航线途经的内蒙古地区进行考察,为修筑南京至新疆的两条公路进行地形测量。

斯文赫定于1943—1945年在斯德哥尔摩用英文出版了他与

考察队主要考古学家兼副队长福克·贝克曼合作撰写的《考察经过》。这部《考察经过》不像其他西方考察队那样只有1卷,而是4卷,篇幅虽长,但是引人入胜。

亨·哈斯伦德—克里斯坦森考察队的著作也有十数种。这个考察队人数不多,具有明显的人文科学主要是民族学考察性质,任务也有限,具体地来说就是:研究内蒙古和巴尔虎地区蒙古族居民主要是察哈尔部同科尔沁部和苏尼特部的习俗、礼仪、民间口头文学、音乐舞蹈、信仰和宗教仪式。

俄国大画家、作家、学者兼社会活动家尼古拉·康斯坦丁诺维奇·廖里赫(1874—1947)从1926年9月至1927年6月在蒙古人民共和国境内进行过考察。这次考察也颇富成果。后来,出版了尼·康·廖里赫游记和日记《冈底斯山》、著作《亚洲的心脏》,尤·尼·廖里赫百科全书式的著作《通向亚洲腹地之路:廖里赫中央亚考察队五年考察记》,收集了大批各式各样的资料,无数藏文和蒙古文抄本及刊本,300种宗教圣书,还有矿物、土壤标本,等等。就连考察队本身也可以说是一部艺术化了的蒙古历史,因为据尤·尼·廖里赫说,考察队的目的在于"再现中央亚大地和人民活生生的面貌"。考察队带回的尼·康·廖里赫教授创作的500幅写生画,就是这一目的的生动体现。现在这批写生画成了纽约廖里赫博物馆的常年性展品。

西方各中央亚考察队的发现和取得的成果,比如,美国考察队发现的数百万年前死亡的恐龙化石,包括地球上最大的哺乳动物——巨蜥及以考察队领导人命名的"安德鲁斯恐龙"在内,都是轰动一时且十分罕见的。诸考察队成员们的著作丰富了世界上关于中央亚(包括蒙古在内)古生物学、地质学、植物学、动物学和地理学书籍的内容。这些著作还证明,早在史前时期蒙古地区就有过繁盛的动植物,蒙古的自然变迁与全世界的自然变迁有着甚为密切的关系。考察队搜集到的自然科学藏品,为此后多年的室内研究提供了资料。各考察队在蒙古考古学和民族学方面进行的工作,对蒙古学的人文科学研究甚有意义。

比如,作为罗·查·安德鲁斯考察队成员并在 1925 年参加过一季考察工作的考古学家内·克·纳尔逊以及地质学家查·贝吉·弗·莫里斯,在沙巴拉赫乌素地区(今蒙古人民共和国南戈壁省境内)发现了旧石器时代晚期石器散堆、成批的石器加工场。内·克·纳尔逊仅从一个石器加工场地表就收集到了 15000 个燧石块、石核、石斧、石箭镞和其他石器制品[15]。

由此,便发现了所谓新石器时代"沙丘居民文化",并在此后进行了初步描述。这一文化从客观上证明,在蒙古形成的人类文化具有不同于中国的性质。此外,内·克·纳尔逊及其同事和继承人阿伦佐·庞德(1928 年考察季曾在内蒙古进行过考察)还发现了若干岩画、墓葬、城墙遗址,并进行了大致描述。他们搜集的旧石器时代石器样品,使他们得出这样的推论:在蒙古还存在比沙巴拉赫乌素更为古老的蒙古人民共和国原始人类居址。诚如所知,这一推测后来为苏联和蒙古考古学家的考察所证实。苏联和蒙古考古学家的考察结果,使蒙古古代史的起始时间上推了 30 万年。

遗憾的是,内·克·纳尔逊未能将搜集到的田野资料研究完毕。考察归国之后,他只发表过几篇论文。然而,如同研究内·克·纳尔逊遗物的威尔特·弗泽维斯教授所说的那样,在约翰·马林杰尔的著作问世(1950 年)前,内·克·纳尔逊的论文被认为是西方"……有关东起内蒙古边界西到南阿尔泰察干诺尔一带广大地区考古情况唯一可信的总结材料,……是美国有关蒙古史前史唯一参考资料"[15]。

斯文赫定考察队的考察路线途经内蒙古,考古是该队的一项经常性的基本考察工作。由于以福克·贝克曼为首的考古分队的努力,发现了300处基本上属于新石器时代的石器加工场、少量的陶器、大量的铁器时代墓葬、几件"石人"、若干3世纪时期的要塞建筑遗址,等等。虽未发现特殊的古代遗存,但是对于蒙古人也曾经经过古老的石器时代这一点,福·贝克曼并不怀疑。他也如同内·克·纳尔逊一样,只对田野考察的结果进行了一些初步总结。对他以及内·克·纳尔逊、阿·庞德所搜集材料进行更广泛的总结,则是约翰·马林杰尔于1950年在其著作《蒙古史前史研究成果》和瑞典考古学家博·索莫斯特伦于1956年在其两卷本专著《内蒙古额济纳河地区考古调查记》中完成的。

总的说来,给人以这样的印象:内·克·纳尔逊、阿·庞德和福·贝克曼的著作——客观地讲,它们在成果上是相似的——是对蒙古人民共和国和内蒙古境内原始公社制社会新石器阶段开始进行研究的首批标志之一,显示了蒙古人远古祖先历史命运的共同性。

如果说斯文赫定考察队考古学部分的工作成果可与罗·查·安德鲁斯考察队相媲美,那么民族学研究领域的成果就大大超过了罗·查·安德鲁斯考察队了:1954年之前发表的6卷民族学资料,考察队民族学家戈斯特·蒙泰尔的笔记《1929—1932年:一个民族学家在中国和蒙古》,他的著作《穿过蒙古草原》和其他作品,作为考察队成员而在1932年春夏参加过考察工作的蒙古语文学家费迪南德·迪特里希·莱辛的著作《蒙古人:帐篷、教徒和恶魔》,都对寺院、喇嘛教艺术、蒙古音乐和歌曲进行了描述,对蒙古人的宗教信仰、礼仪、风俗习惯以及物质文化和精神文化的演变过程进行了阐述[6,7,10]。

斯文赫定考察队能够搜集到大批蒙古文抄本和刊本并因此而胜罗·查·安德鲁斯考察队一筹,应该归功于费·迪·莱辛。这里我们顺便指出一点,为了给这批收藏在斯德哥尔摩的书籍编制目录,曾专门邀请著名奥地利蒙古学兼佛学家威廉·温克里希。威·温克里希在 1938—1939 年间为 400 部书做了卡片,后来不幸毁于第二次世界大战的战火之中。芬兰蒙古学家彭提·阿尔托不得不重新为这批藏品编制目录。

廖里赫父子以及专门研究蒙古民族学、民间口头文学、音乐和艺术的哈斯伦德—克里斯坦森考察队,也搜集过有关蒙古和蒙古人的珍贵民族学资料和手抄本材料。哈斯伦德—克里斯坦森考察队还记录了 90 首蒙古民歌的曲调(这在西方还是第一次)并编印了集子《蒙古音乐》,发表了考察队成员丹麦蒙古语文学家卡勒·格伦贝赫的文集《蒙古诗歌样品》,出版了哈斯伦德—克里斯坦森的著作《蒙古游记》。据出版预告介绍,《蒙古游记》一书"比任何一本统计汇报或历史概述之类的书更能深入地了解和认识蒙古",因此,这简直是一本"神奇的书"[5]。这部著作叙述了丹麦考察队的考察过程和考察情况,引用了大量的民族学资料,还像上述所有中央亚考察家写的游记一样,文笔生动,引人入胜。应该说,出版者的话是很有道理的。罗·查·安德鲁斯、斯文赫定和哈斯伦德—克里斯坦森的日记、游记,大量的学术著作、科普作品和论文,确实既为蒙古学家提供了珍贵的历史资料和史料学材料,其中含有蒙古民族历史概述,又是外国人对 20 世纪 20—30 年代蒙古人民共和国情况的见证。

哈斯伦德—克里斯坦森在其著述《蒙古的帐篷》(该书还有一个蒙古文附题《牙布那赫》[《走了》][5])中,描述了 20 世纪 20 年代中期西方实业家在蒙古实行掠夺性政策的情景。他的描述相当内行,因为他本人从 1923 年 8 月至 1925 年 4 月就曾作为一个租赁企业(合作社)或者如一般所说卡尔·克莱特斯领导下的丹麦农业考察队的 6 个创始人之一,在蒙古人民共和国从事过贸易和实业活动。

《蒙古的帐篷》一书本身就是一部绝妙的史籍,因为这本书逐日记载了丹麦人长达两年的实验活动情况,描述了粉碎丹津匪帮叛乱的有趣细节,以及其他许多事情。通过作者的描述可以看到,当时的蒙古,对于这批来自欧美的贪婪且无聊、常常带有犯罪前科的投机者和冒险家来说是怎样一个乐园,这批投机者和冒险家给蒙古带来了黄金狂热期"野蛮西方"怎样一种风尚。

多年之后,哈斯伦德—克里斯坦森回忆了张家口这个通向蒙古人民共和国的门户在 1928—1934 年的情景,并在《蒙古游记》中这样写道:"这座城里从来也没有像当时那样有那么多的西方人。我本人也从来没有见过那么多的欧美冒险家……和随时准备蛮干的鲁莽家伙。他们武装到了牙齿,乘坐时髦轿车和卡车招摇过市,向草地(即蒙古)驶去,梦想带回大批貂皮、黄金和其他宝贝。"[5]

斯文赫定对蒙古人民共和国的评价则比较克制和客观。他1897 年首次访问蒙古,后来在 1923 年 11 月从北京赴莫斯科途中又在蒙古逗留了 5 天。在这 5 天中,他参观了大库伦,会见了总理策凌多尔济,见到了俄国旅行家彼·库·科兹洛夫等人。斯文赫定在其著述《从北京到莫斯科》一书中指出,喇嘛教正在蒙古处于衰落过程中,年轻一代蒙古人希望铲除喇嘛教;他还指出,苏联对蒙古的革命化影响甚大。[9]总的来说,在蒙古人民共和国逗留期间所获得的印象,使这位学者得出了此后他为 1927 年出版的《探险家自传》德文版所写序言中表述的观点:"亚洲今天无疑成了最令人感兴趣的一块大陆。它的人民犹如冬眠一样沉睡数百年之后已经进入觉醒阶段。他们开始意识到了自己的力量。他们正在站起来,感到自己是国家的主人。"[8]

罗·查·安德鲁斯、斯文赫定、哈斯伦德—赫里斯坦森特别是尼·康·廖里赫的游记、著作和论文,以及他们所领导的各中央亚考察队搜集到的资料,在当时为唤起学术界和广大读者对蒙古的兴趣并使之日益高涨而起了很大作用,在此后为使蒙古学成为一门独立的学科产生了一定影响。即使今天看来,这些材料无疑仍是珍贵的史料。我们认为,批判地使用这些材料,有助于对蒙古人民共和国现代史更深一步的研究。

本文引用书目:

1.《满洲通报》,哈尔滨,1934 年,第 6 期。

2.《蒙古》,乌兰巴托,1975 年,第 1 期。

3.《蒙古经济》,乌兰巴托,1928 年,第 1 期。

4. 亨·哈斯伦德—克里斯坦森:《蒙古游记》[英文],弗·哈·莱昂译自丹麦文,伦敦,1949 年。

5. 亨·哈斯伦德—克里斯坦森:《蒙古的帐篷(牙不那赫)。在中央亚游牧民中的冒险和经历》[英文],伦敦,1934 年。

6. 斯文赫定:《赴亚洲考察经过。与福克·贝克曼合作进行。1929—1935 年》[英文],斯德哥尔摩,1943 年,第 1 卷,第 8 册。

7. 斯文赫定:《穿越蒙古草原》[德文],斯图加特,1937 年。

8. 斯文赫定:《探险家自传》[德文],莱比锡,1927 年。

9. 斯文赫定:《从北京到莫斯科》[德文],莱比锡,1924 年。

10. 费·迪·莱辛:《蒙古人:帐篷、教徒和恶魔》[德文],柏林,1935 年。

11. 约·马林杰尔:《蒙古史前史研究成果:内蒙古史前搜集物之研究》[英文],斯德哥尔摩,1950 年。

12. 尤·尼·廖里赫:《通向亚洲腹地之路:廖里赫中央亚考察队五年考察记》[英文],纽黑文,1931 年。

13. 尼·康·廖里赫:《亚洲的心脏》[英文],纽约,1941 年。

14. 博·索莫斯特伦:《内蒙古额济纳河地区考古调查记》[英

文],斯德哥尔摩,1956年。

15.《蒙古学会新闻通讯》[英文],1962年,第1卷,第3期。

(译文原载内蒙古社会科学院《蒙古学资料与情报》,1991年,第1期)

十七世纪蒙古编年史的结构
（论文提要）

[苏联] 尼·帕·沙斯吉娜

　　本文译自苏联出版的论文集《亚洲东方的历史和文化》，第 1 卷（新西伯利亚城，1972 年）。

　　本文是一篇论文提要。在这篇简短却又具有重要意义的论文提要中，作者对源于 13 世纪蒙古编年史《蒙古秘史》却又在结构和语言上与之大不相同的五部 17 世纪蒙古编年史的结构特点做了初步归纳和介绍，对于总体了解 17 世纪蒙古编年史的结构特点大有帮助。

　　本文作者尼·帕·沙斯吉娜（1898—1980），女，苏联蒙古史学家。1923 年毕业于伊尔库茨克国立大学师范学院。此后长期随其父生活和工作在蒙古人民共和国。1937 年返回苏联，任列宁格勒苏联科学院图书馆研究员。1947 年任苏联科学院东方学研究所蒙古部研究员。1950 年获历史学副博士学位。主要著述：《沙拉·图吉：一部十七世纪蒙古编年史》，莫斯科—列宁格勒，1957 年；《罗卜桑·丹津：〈阿勒坦·脱卜赤〉（〈黄金史纲〉）》，莫斯科，1973 年。

　　（一）从近 20 年来文献的刊布情况看，蒙古编年史的总数要比原先估计的多得多。从 13 世纪第一部编年史《蒙古秘史》问世到 17 世纪前，概未有其他历史著作问世。通常被称作"编年史"的叙述历史的方法，在 17 世纪又得到了复兴，并作为一种文学形式在蒙古文学中确立下来。17世纪编年史中,已经发现的有五部作品〔当指佚名氏《黄金史纲》、罗卜藏丹津《黄金史纲》、佚名氏《大黄史》、萨刚彻辰《蒙古源流》和《阿萨拉克齐史》——译者注〕,这五部作品在一定程度上都得到了研究。我们知道,17世纪编年史可能还要多一些,因为在其他作品中还保留下了一些篇目名称,只不过原文至今尚未发现而已。此后年代,这种叙述历史的方法继续得到发展,出现了一些与17世纪编年史不同的特点。

17世纪还出现了一种新的叙述历史的方法,即"纳木特日"——蒙古佛教著名人物传记。

(二)通过对17世纪蒙古编年史的分析,可以得出如下结论:17世纪编年史可以分做两大类。第一类数量较多,是一些蒙古历史思想史,其中含有一种基本思想——以年代为序系统阐述历史事件。第二类编年史多半是资料汇集,而不注重对历史的系统阐述。汇集资料时,也有以一定年代为序的,但这一顺序常常因重复先前的故事而被打乱。

(三)17世纪的这两类编年史与《蒙古秘史》(13世纪)相比,可以看出,五部作品有若干共同的特点。其一,《蒙古秘史》全书不分章节,叙述一气呵成。我们知道,《蒙古秘史》是在译成汉文的过程中才被分做若干节的。这种译法利于研究,分节便于学习。17世纪编年史则开始出现章节和大的分段。其二,跋这种形式得到了发展。跋除了简单交代编年史成书的时间和地点,还提供了编年史作者的有关情况、编年史编写的目的乃至作者的观点等有关问题。鄂尔多斯编年史作者萨刚彻辰写的跋就是一例。他在跋中以316行诗的篇幅叙述了有关"轮回"〔сансара〕(周围物质世界)和"菩提"〔бодхи〕(神灵圣光照亮解脱轮回之路)的哲学观点,使跋发展成为一篇独立的文学作品。

(四)17—18世纪的蒙古编年史受到过西藏史学史的较大影

响。一方面,这种影响反映在关于世界起源和人类产生的历史哲学观中。16世纪下半叶佛教再次传入蒙古之后,蒙古编年史作者接触到了佛教宇宙起源理论,并接受了这种理论。《楚哈勒·赫勒格勒格奇》[《本义必用经》]以藏文史料为基础阐明了这一理论,成为大部分编年史作者所依据的基本资料。应当指出,西藏宇宙起源理论是在中世纪早期的科学水平上形成的。

另一方面,所有17世纪蒙古编年史还阐述了关于蒙古最初诸汗来自西藏诸王,而西藏诸王又来自印度诸王的新理论。于是,在藏文著作关于佛教史理论的基础上,形成了一种继承论:佛教由印度传入西藏,由西藏传入蒙古;西藏和蒙古编年史作者认为,世俗统治人物也是同佛教一起传入的。以此为根据,17世纪蒙古编年史作者确认,蒙古人始祖孛儿帖赤那是西藏王子。而在13世纪第一部编年史中,则没有关于孛儿帖赤那的这类记载,仅只提到他来自大湖岸边,遇到未嫁女子阿阑豁阿,娶而为妻。这则传说含混不清;传说中提到的人名,只能视作图腾名称——蒙古史古代事件的余音。继承论的形成很可能是在13世纪末亦即元朝皇帝在位时期,但是完善化则是通过17世纪编年史反映出来的。这种理论在17世纪有着特殊的政治意义:实现了汗权的"神圣化和帝王化",提高了封建主——成吉思汗后裔和元代诸帝的威望。

(五)与继承论密切相关的还有国权论。国权由两个对等的部分组成:世俗政权和宗教政权。这一理论也是西藏史学史所特有的。据蒙古编年史作者记载,国权论最初是在忽必烈时代(1260—1296年)传入蒙古的。忽必烈曾"同时掌握两种管理大权——国家大权和宗教大权"。

(六)17世纪蒙古编年史中,大部分文字(约四分之三以上篇幅)是描述成吉思汗生平事迹的。编年史作者的注意力集中在成吉思汗创业活动上。在17世纪编年史作者看来,成吉思汗首先是统一的国家——大蒙古国的缔造者,因此都比较详细地描述了部落之战和对蒙古诸部的征服。至于侵略战争,在编年史中只是泛泛提及,甚至避而不谈。成吉思汗创业活动的内容记载,集中反映了 17 世纪编年史作者的爱国情绪。因为在 17 世纪,蒙古人有四分之三的时间由于清朝皇帝执行征服政策而处于艰难境地。编年史作者认为,成吉思汗是最伟大的国务活动家。他的形象是与清朝执政者截然对立的,这可在读者心中激起爱国热情。

与成吉思汗相比,17 世纪蒙古编年史中有关成吉思汗继承人的记载甚为简略,常常只谈及他们的出生年代和登基年代。这里自然要产生一个问题:为什么有关继承了成吉思汗对内政策和对外征讨政策的窝阔台汗的执政情况,只有短短几行记载? 与他同时代或相距年代不远的历史作品(拉施特丁史,志费尼史,以及《元史》),关于窝阔台汗的执政情况有许多可靠记载,但在 17 世纪蒙古编年史中却只有年代。要想对此做出解释,不仅需要深入研究 17 世纪的政治形势,还需注意窝阔台汗后代与拖雷汗后代争夺王位的持久斗争。

(七)散文与诗歌相混杂,是 17—18 世纪蒙古编年史的一个特点。其中,诗歌不仅是散文叙述部分的形象化补充,而且使所述内容进一步得到拓展。出现这种情况的原因在于,编年史作者常常引用多半以诗歌为形式的民间文学作品,而引用民间文学作品的引入又导致编年史作者将民间文学作品当作可靠的历史事实加以叙述这样一种结果。除了民间文学作品,编年史的史料来源还有王公贵族家谱。在某些编年史,引用了冗长的达延汗和格呼森扎后裔家谱。之所以将这类家谱资料纳入编年史中,很可能出于编年史作者企图以蒙古王公对抗清朝皇帝的缘故。至于清朝皇帝,在编年史中根本没有提及。

(八)结论。总而言之,17 世纪蒙古编年史结构几乎完全一样。

18 世纪蒙古编年史则出现了新的结构特点:在某些情况下,对史料来源还持有批判态度(如拉西彭楚克的《宝罗·额里赫》)。17—18 世纪蒙古编年史含有许多可靠的有趣记载。过去曾经有过的那种对蒙古编年史轻率不恭的态度,现在已不复存在。蒙古编年史作为史料来源,在历史科学中当占据应有的地位。

(译文原载内蒙古社会科学院《蒙古学资料与情报》,1983 年,第 4 期)

《察罕·图克》的几种传抄本

［苏联］普·巴·巴拉登扎波夫

本文译自苏联出版的论文集《布里亚特东方学研究》（乌兰乌德，1981 年）。

在本文中，作者对 20 世纪 80 年代以前发现的蒙古史籍《察罕·图克》（《白史》）的七种传抄本从版本学角度进行了比较研究，指明了它们之间的传承关系，为研究蒙古史籍《察罕·图克》的传抄演变过程提供了翔实资料。

本文作者普·巴·巴拉登扎波夫（1921—1991），布里亚特人，苏联蒙古学家。1949 年毕业于伊尔库茨克大学历史系。1956 年获历史学副博士学位。1959 年起在布里亚特社会科学研究所工作，任国外东方部的初级研究员、高级研究员，东方文化博物馆馆长。主要著述：《阿勒坦·脱卜赤：一部十八世纪的蒙古编年史》，乌兰乌德，1970 年；《〈白史〉：一部十三世纪至十六世纪蒙古历史—法规文献》，乌兰乌德，2001 年。

1910 年，蒙古书籍史上发生了一件大事。策·扎·扎木察朗诺在遥远的伊金霍洛（鄂尔多斯）发现了一册《察罕·图克》，并以此录制了复本。复本收藏于俄国科学院亚洲部。不久之后，杰出的蒙古文化工作者扎米扬公在南戈壁发现了《察罕·图克》的另一种抄本。该抄本收藏于蒙古人民共和国国立图书馆。20 世纪 30 年代，开始进行《察罕·图克》的研究工作，一直持续至今。现在登记在案的传抄本已有七种之多，共中三种归苏联科学院东方学研究所列宁格勒分所抄本部,另外三种归蒙古人民共和国国立图书馆亚洲抄本部,还有一种存在乌兰巴托市甘丹寺书库。

《察罕·图克》传抄本的发现与研究,不是一个纯属偶然的现象,而是俄国学术界对蒙古古代遗存之兴趣不断增长而产生的合乎规律的结果。早在18世纪,俄国学术界就借俄国启蒙者尼·伊·诺维科夫之口宣布:"了解古代异民族的风俗礼仪是有益的;……热爱并公正地对待异国文物当受到称赞……"[5,第5—6页]。

《察罕·图克》的各个传抄本是通过不同途径流传下来的。每种本子都有一部历史,都有一段遭遇,都有各自的特点。

然而,不能不遗憾地指出,这些传抄本至今没有得到相互比较对照的综合研究,原文没有得到正确的解释,每种传抄本的特点不甚了了,评价性的原文尚未编就。我从1967年开始从事《察罕·图克》的版本研究工作,其时已经具备研究《察罕·图克》各种传抄本的条件。在撰写本文的过程中,我对各种传抄本进行过研究,并对资料中提及而没有可能看到的若干传抄本也予以注意。

遗憾的是,现在各种蒙古史料的传抄本传世甚少,有时只能用到其中的一种。此外,即使是已经传世的传抄本也散在世界各地,归各个学术机构或个人所有。

以不可能概括原文演变史的一种本子或者几种本子为基础研究蒙古史籍,得到的只能是初步材料,只能是仅仅与这种或这几种正文直接有关的材料。这一点,从已经刊布的蒙古史籍即可看到。

重要的工作在于弄清异读情况,探明传抄本的分类,编就评价性的原文。解决这些学术性问题,自然会碰到一定的困难。目前,有关这部史籍的版本学综合性著作尚未出现,只有策·扎木察朗诺[3,第71—78页]、列·谢·普契科夫斯基[6,第140—152页]、瓦·海西希[14,第17—26页]、沙·纳楚克道尔吉[9,第8—9

页]、沙·比拉[2,第123—136页],曾对《察罕·图克》的部分传抄本作过描述。1976年,出版过克·萨加斯特的一部著作,该书对《察罕·图克》的四种传抄本(BI,BII,F237,CII)作了介绍[16]①。

　　蒙古版本学很少得到研究,刊布的原文甚为少见,已经刊布的原文也不能反映蒙古史籍的原文特点。因此,我认为,在蒙古史料学发展到现阶段,首先必须对每部史籍的传抄本进行全面研究,不仅要看到这部史籍独具的事实和现象,而且要区分出蒙古史籍和版本学整体固有的共同性和规律性的东西。只有传抄本才是复原作者亲笔原文的材料。蒙古版本学家不同于欧洲版本学家,后者一般可以看到原本和作者的草稿,前者则通常只能跟不同人物在不同的时代抄就的传抄本打交道。因此,要研究传抄本,就须进行大量的分析性以及综合性工作。只有弄清不同时期增加进去的词句,弄清掩盖和篡改的痕迹,最终才能形成原文的流变史。对各种传抄本的研究,可使我们确定篡改的性质和目的。完成这一系列工作之后,方可编就评价性原文。这里必须强调指出,我们所说的评价性原文,是指在对所有现存的传抄本进行综合研究之后所得到的原文。评价性原文,乃是经版本学理论和实践验证的研究蒙古中世纪文学作品及对其进行刊布的唯一方法。不能把评价性原文与所谓汇综性原文混为一谈。以汇综性原文来刊布史籍的有害做法,至今依然存在。这类刊布物的作者所说的汇综性原文,乃是指以两种或两种以上的传抄本为基础,汇编出某一史籍新的原文,通过这种途径得到一个纯属赝品的产物。一般说来,这种汇综性原文以一种传抄本为主,再加上该本所无而为其他本所有的词句乃至整段文字;而不见于其他本的内容,则放在括弧内。结果,就以"汇综性原文"为名而出现了一个事实上从未有过并且根本不会

---

① 参见书评:尼·策·蒙库耶夫:《一部珍贵的蒙古史籍的译文和注释》,载《远东问题》,1978年,第3期,第194—998页(该书评即收入本书的下一篇文章:《察罕·图克》的德文译本与注释》)。

有的版本大杂烩。评价性原文则不同,它不仅可以考察基本的原文,还可考察各种本子的原文,甚至可以考察它们彼此间的关系。各传抄本之间的关系,对于研究语言、风格、蒙古语语法结构的发展也甚有意义。如此看来,有了评价性原文,我们才能从总体上对《察罕·图克》原文流变史进行全面研究,并对这部史籍从历史文学角度进行研究。

下面,对每种传抄本作一简单介绍。

(一)《此为名曰古代圣人遗风神圣"白史"之强大万能经》。

以此为标题的这部抄本,现藏蒙古甘丹—特克钦林寺书库。

据书库管理人道尔吉扎勒桑说,这部抄本是 20 世纪 60 年代由一个"和屯"(村子)送到寺院书库的。令人遗憾的是,"和屯"何名,原收藏者为谁,均无记录可查。抄本上既无书号,也无登录号。

这部手稿被认为是罕见的蒙古抄本之一。它问世于 16 世纪末。抄本中,第 1b—20b 页(26 行)为《察罕·图克》正文。此外,该抄本中还有两部过去从未发现的罕见作品。第一部名曰:《查克拉瓦尔迪颁布之经》,其正文始于 20b 页(26 行)的"查克拉瓦尔迪颁布之经",终于 31a 页(17 行)的"芒格哈喇嘛译成蒙古语"。第二部始于 31a 页(18 行)的"敖伦嘎—旗经之开端",终于 48b 页(10 行)的"其子为林丹·呼图克图·汗"。

这部抄本为小开本抄本。其尺寸为 33×7 厘米,每页 26—28 行。抄本正文系用芦秆蘸黑墨写成,纸呈黄色,双层黏在一起。笔体与一般古典字体迥然不同,显得甚为古朴,系出自同一个人之手。据蒙古字体专家推测,这是一种西部蒙古字体。标题系他人所写。看来,标题是后来加上去的,且书写者的文化程度不如正文抄写者高。手稿有残损,第 1,5,11,46,47,48 等页底角缺去,有的地方无法识读,有的地方缺漏文字。行间有夹注文字。右半部分比页边清晰,页边由于经常翻阅而发黑。

如此看来，甘丹寺抄本乃是一本合集。这种集子，当是中世纪蒙古抄本书中的一种类型。对这本集子的各个组成部分进行研究之后，可以看到，收入其中的三部作品在思想上有其内在联系，也就是说它们在题材上谈的是同一个问题——宣传一种"宗教与管理结成联盟"的思想。该集子的特殊珍贵处有三点：一、其中含有罕见的《察罕·图克》的传抄本，与其他已知的传抄本相比，这个本子可提供一系列珍贵的补充材料；二、其中含有其他新资料，不但对研究《察罕·图克》，而且对研究整个蒙古史学史都有重要意义；三、抄本系用古典时期之前所特有的语言写成。

下面我们对这部合集中的每篇作品的特点作一简要介绍。

甘丹寺藏《察罕·图克》传抄本是最古老的正文，同时也是最古老的传抄本[①]。

该传抄本内容中缺 Ms,M 692,Ms.G 92,F 237 诸抄本中的第一部分，即关于成吉思汗祭祀规程部分。

16 页（1—24 行）。解释"两种思想"原则的实质。指出《十善福经白史》这部著作为忽必烈汗所著，后经呼图克图·朝格查松·吉鲁肯·岱青·额毡·洪台吉于至顺元年（1330 年）修订。

16 页（24 行）—36 页（2 行）。传说史和对两种思想的解释。关于以"两种思想"为基础建立第一个政府的摩诃萨摩迪的传说。历数遵循此道的诸国诸王。

36 页（3 行）—36 页（18 行）。关于成吉思汗出世的记载。关于他以这种思想"正确管理"本国从而征服其他许多国家和国王的故事。

36 页（18 行）—46 页（1 行）。关于忽必烈出世的记载。他与

---

① 在版本学中，"最古老的正文"与"最古老的传抄本"有着严格的界限。"最古老的正文"是指正文最接近作者的真本，或者接近已发现的各传抄本中最原始的形式。"最古老的正文"可以是最晚的传抄本，而"最古老的传抄本"则可能含有经歪曲了的正文[4，第 161 页]。

八思巴喇嘛结盟,他被授予荣誉称号。关于印度、西藏的传统与以"两种思想"为基础管理国家之原则的继承性。

46页(1行)—46页(6行)。忽必烈关于"帝国诸民及附庸"必须遵守"两种思想"的诏令。对以佛经和怛特罗为基础实行"宗教管理"之实质所做的解释,对以和平和暴力作用实现"世俗管理"之实质所做的解释,对宗教人士和国家公职人员上、中、下等的确定。

46页(7行)—66页(25行)。历数为宗教人士设立的职位,并按等级将其分类。

66页(26行)—9a页(21行)。国家公职人员的组织系统,国家公职人员——大臣、官吏们的等级。

9a页(21行)—11a页(9行)。国家官职的确定和公职人员的职责。由十户、五十户、百户、千户、万户、十万户那颜进行管理的地方公职。

11a页(10行)—116页(5行)。详释遵守两个政权法规的原因。历数诏令所及的民族。

116页(6行)—126页(10行)。关于按四季举行四大佛教节日和四大蒙古民族节日的条款。

126页(10行)—13a页(7行)。历数主持民族节日大臣的官职和等级。

13a页(8行)—17a页(3行)。宗教、世俗人等应遵循的教言和道德原则。

176页(4行)—206页(25行)。关于惩罚犯罪僧人的条款:违犯誓约者,以亵渎礼仪之罪逐出;说谎者,割去舌头;盗窃者,挖去眼睛;闹事者,处死,等等。关于表彰功绩的条款。最后,收束全书,书名。

甘丹寺抄本中所含《察罕·图克》传抄本正文,可以看作是我们所见到的该书的第一个版本。其作者为呼图克图·朝格查松·

吉鲁肯·岱青·额毡·洪台吉,第一个版本的成书日期当为至顺元年即 1330 年,亦即文中所说日期。该抄本中所含另两篇著作——20б 页(26 行)至 30a 页(17 行)之《查克拉瓦尔迪颁布之经》与 31a 页(18 行)至 48б 页(10 行)之《敖伦嘎—旗经之开端》,当有专文另作探讨。

必须强调指出,这三篇作品是 16 世纪时出于一定政治目的而汇编成一个题材上相互联系在一起的集子。这部集子以孤本传世。到 16 世纪时,编就于 13 世纪的《察罕·图克》以及宣扬信仰与管理一致这种思想的书籍,在国家政策和宗教政策上获得了特殊意义。

研究这些作品的构成及正文,可使我们获得如下资料:16 世纪下半叶,由于佛教以新的势头传入蒙古,忽必烈汗早在 13 世纪时提出的 qoyar yosun[两种原则],是如何从历史档案中被推到政治舞台上的。

(二)《论四大管理[原则]之十善福经白史》。

抄本现藏蒙古人民共和国科学院国立图书馆,书号为 294. 352 Д 602,尺寸为 27×27 厘米,页码编排为蒙古式,凡 22 页。正文用毛笔蘸中国墨写在中国纸上,封面用黄色中国布料制成。上有蒙古人民共和国国立图书馆的公章及编号"294. 352 Д 602"。在第 1a 页上标有数码"4097",镌有二枚印章(一为圆形,一为方形,均为"国立图书馆"字样)。

在作者前言中指出,呼图克图·额毡·洪台吉在松州城觅得一本由忽必烈编成的《察罕·图克》(《白史》),并将它与畏吾儿真氏布拉纳什里·微征固什保存的古本相核校,写成该书。

现在,根据这一情况和萨刚彻辰在《额尔德尼·脱卜赤》中的记载,人们认为呼图克图·朝格查松·吉鲁肯·岱青·额毡·洪台吉不是别人,正是土默特阿勒坦汗之孙,《额尔德尼·脱卜赤》的作者萨刚彻辰之曾祖——彻辰·洪台吉(1540—1586)。

将该抄本与甘丹寺抄本相对照,可以看出,这两种本子的区别不是很大:主要是在某些写法上,在某些句子的修辞上有些不同,还有一些单词替代情况。脱漏或增补之处,在两个本子中都不大常见。

该抄本原文末尾有跋。跋中称《察罕·图克》为"主要之经",说明呼图克图·朝格查松·吉鲁肯·岱青·额毡·洪台吉是该书作者,指出抄本写成的日期,还有抄写者对读者说的一段话:"该本[抄本]系梅林旺楚克拉卜丹于'巴达拉古勒图·托鲁'[光绪——译者注]三年夏一月抄成。倘若该经出现误写(?)或不足之处,诸位学者宽大为怀,郑重订正,不亦乐乎。"由此可见,这部抄本是旺楚克拉卜丹于1877年根据一部未能流传至今的《白史》抄本抄录下来的。列·谢·普契科夫斯基[参阅7]引用田清波提供的材料[15,第57页]推测,旺楚克拉卜丹当是呼图克图·彻辰·洪台吉的后代。

该抄本第1a页和第16页,每页12行;从第2a页几至最后,每页13行。

该抄本在使用标点符号方面颇有特色。正文开端置有传统的符号"比日嘎"(云头符号)。该抄本所用的标点符号还有"彻格"(单点)、"达布胡日"(双点)、"道日波勒金·彻格"(四点)这样几种。

"彻格"即单点用于以下场合:

(1)列举时;

(2)通常将一个句子同另一个句子分开时;

(3)将复句的若干谓语单位分开时(即使它们之间具有直接联系)。

有意思的是,"彻格"还可将句子分解成若干音义群。"彻格"

不仅具有一定的句法作用,还表示句子各成分之间韵律上的联系。确切地说,是音调上的联系。这种联系对于理解句子的含义很有作用。

该抄本中,"达布胡日"即双点却没有这些作用。首先,双点用的不多。在整个手稿中,双点仅在 20 页中出现于如下场合:第 3a 页,第 7a 页,第 8б 页,第 14б 页等。双点主要用来区分大段,比如第 8б 页,第 7a 页等。

最后,即"道日波勒金·彻格"(四点)出现在第 1a 页,第 8a 页,第 12a 页,第 17a 页上和全文末尾。看来,它的作用是将几大部分区分开来,还表示正文结束。

必须指出,这里所说的绝不是这些标点符号的用法规律。在语法含义相同的情况下,有时加标点,有时又不加标点,这种情况屡见不鲜。

该抄本字体清晰,正文抄写整洁。不过应当指出,该抄本有一些词,特别是格的结尾有不一致的地方。但是在没有得到该抄本所依据的原本情况下,要将这种不一致地方产生的原因解释清楚,难以办到。

该传抄本未经刊印,但是策·扎·扎木察朗诺[3,第 70 页]、沙·纳楚克道尔吉[9,第 3 页]、丹·扎丹巴[8,第 187 页]的著述以及蒙古人民共和国出版的某些目录[12,第 2—3 页],曾提到过它。我们将该抄本编号为 C1。

(三)《论四大管理[原则]之十善福经白史》。

该抄本是原本 CI 的抄本。我们给它编号为 CII。该抄本现藏苏联科学院东方学研究所列宁格勒分所抄本部。书号为 M 91,инв. No 395. кол. Mong. Nova 456;尺寸为 28×33 厘米;俄国纸,按页装订,每页上有用铅笔标写的阿拉伯数字页码序号。页码数为 24+2 页。封面纸同内文纸。封面上写有蒙古文书名,并有策·扎·扎木察朗诺用俄文写的题记：“蒙古人民共和国学术委员会赠苏联科学院东方学研究所。策·扎·扎木察朗诺，1937 年 9 月 1 日。”以上情况载“清点记录页”。“清点记录页”出自特·戈列格里亚德之手。

如上所说，前 24 页上的正文用墨写成，系同一种字体；除最后一页外（该页为 19 行），每页 16 行。正文开头（第 2 页）和结尾（第 24 页 15 行）与 CI 本相同。将该本与其原本即蒙古 Д 602 藏本（按我们的编号为 CI 本）进行核校，则可以看到，尽管抄写人字字照抄，很想将原本准确地抄录下来，然而有许多地方背离了原本。这种情况，主要是由于抄写人使用了与原本不同的格结尾造成的。还有若干词或者看错，或者有意作了替换。虽然如此，该传抄本毕竟书写清晰，为弄清 Д602 本（即我们编号的 CI 本）中的某些词提供了方便①。

关于该抄本，策·扎·扎木察朗诺曾这样写道：“……还从蒙古人民共和国学术委员会收到呼图克图·彻辰台吉（1540—1586）所编《察罕·图克》的另一种抄本。”策·扎·扎木察朗诺并在其论著《十七世纪蒙古编年史》中引用过该抄本前言中的一段话[3，第70 页]。

（四）《论四大管理[原刚]之十善福经白史》。

该抄本系 Д 602 抄本的再抄本，藏蒙古人民共和国国立图书馆，书号用原本号，即 294．352 Д602。封面纸同内文纸。封面上写有书名，并加盖两枚镌有“国立图书馆”字样的公章，一为正方形，一为长方形。抄本页码按蒙古式编号。正文抄自原本（即 Д602 抄本），有若干词讹误。多数讹误系因试图“完善”和“订正”原本正文所致。抄写人在抄写某些词时前后用词不一，同一个词常

---

① 该抄本为 CI 本的复制本，是蒙古人民共和国科学委员会为苏联科学院东方学研究所复制的。列·谢·普契科夫斯基曾提及过[6，第 280 页]，并对它作过描述[7，第 152 页]。

常出现两种写法。该抄本从未有人描述过。我们将它编号为 CIII。

我们对上述三种本子(即我们编号为 CI,CII,CIII 的本子)进行了一番研究,将每个本子分别与作为基本抄本的甘丹寺藏本(编号为 A)进行对照,以弄清其异读之处,并确定它们之间的相互依存关系,结果可得出如下结论。

第一,我们所说的 CI,CII,CIII 这三种本子乃是最接近原型本[①]——现藏蒙古人民共和国国立图书馆、书号为 Д 602(我们编号为 CI)的《察罕·图克》的一批传抄本。

根据对甘丹寺抄本中的跋进行分析得知,这个本子问世于1877 年,系旺楚克拉卜丹据未传世的一个本子抄录而成。故该本以抄写人旺楚克拉卜丹的名字命名。

第二,各本存在异读情况,是因许多大量人为的同类型改动造成的。从异读性质看,旺楚克拉卜丹本可以说是在书写和语言上与原本不同、独具特点的一个"古本"[②]。

(五)《察罕·图克》——《白史》。

该抄本现藏苏联科学院东方学研究所列宁格勒分所抄本部。书号为 F237。尺寸为 27×21 厘米。纸为俄国纸。封面上有特·戈列格里亚德的亲笔题记:"F 237,《察罕·图克》,14 页+2 页封面。封面用纸如内文用纸,页边有撕裂,封面下角缺去。各页均有研究正文时留下的痕迹。特·戈列格里亚德。"下面是策·扎·扎木察朗诺的墨笔题记:"《察罕·图克》。宇宙之皇帝忽必烈时代《白史》。伊金霍洛祭祀成吉思汗,时在 1910 年,于鄂尔多斯。"下

[①] "原型"的概念有种种说法,参阅德·谢·里哈切夫的著作[4,第 127 页及以下各页]。我们采用阿·谢·拉波—达尼列夫斯基的说法。他认为,"原型"是"对其他派生本即由它复制而成的复本或包含借用它的材料而形成的文献等本子产生影响的真本或主要文献"[出处同上]。

[②] 关于"古本"这一概念,有各种见解,详见德·谢·里哈切夫[4,第 124 页及以下各页]。

面是另一条题记："Inv. 1911° П° 888 инв. 1963 П° 1772"，按页装订，先用蒙古数码编页（第 1 页至第 21 页），后用阿拉伯码编页（第22 页至第 28 页）。第一页天头有策·扎·扎木察朗诺的手记："抄自保存甚坏的乾隆或嘉庆年间抄本。正字法不完全正确。伊金霍洛，1910 年 4 月 19 日。"蒙古文正文系由策·扎·扎木察朗诺抄录。每页为 16 行。"天头地脚处有策·扎·扎木察朗诺对有关个别词应如何理解和书写的眉批"[3，第 70 页]。

该抄本的正文始于第 1 页的"第一章，古代普贤菩萨之转世者……"，终于第 17 页（11 行）的"《十善福经白史》之经书毕"。抄本结尾附两段片断。一为忽必烈颂，始于第 17 页（12 行）的"伊赫·布延图·博迪松·博克多"——忽必烈名字的蒙古语叫法，终于第 18 页（1 行）的"愿吾王万岁"。

一为佚名作者的佛教著作，其正文始于第 18 页（4 行）的"……嘉庆二十一年……春（月）……"，终于第 21 页（4 行）的"佛教在西藏的最初传播……在托托里王 18 岁时，……黑……（年）……"。下面有策·扎·扎木察朗诺用俄文写的几句话："下文阙如。想必抄写人因他事中断，再未续抄。1910 年 4 月 20 日。鄂尔多斯，伊金霍洛。"

第 23 页至 26 页有策·扎·扎木察朗诺"关于《察罕·图克》中遇到的某些词"的注释[3，第 70 页]。

如此看来，F237 抄本包括《察罕·图克》本文，忽必烈颂和"一位佚名作者关于佛教的开端及其前途的某一著作的开头部分"[3，第 70 页]。该抄本有策·扎·扎木察朗诺的注释。这些注释涉及《察罕·图克》中遇到的某些词。

这部《察罕·图克》抄本由三部分组成。第一部分称为"博洛格"（章），第二部分和第三部分称为"德卜帖尔"（册）。策·扎·扎木察朗诺则认为，该抄本"应有四部分"[3，第 71 页]。

　　第一部分[第 1 页(1 行)至第 2 页(6 行)],忽必烈颁布的成吉思汗祭祀令。正文开头先说到了传说中的古代印度国王 Olan-a ergügdegsen[摩诃萨摩迪]规定 qoyar yosun[两种原则]的故事;接着指出,这一传统为西藏三位查克拉瓦尔迪王所继承;然后谈到铁木真在蒙古国的出世,他被封为成吉思汗及他征服操 361 种语言、属 421 个氏族的 16 个民族的经过。忽必烈为使成吉思汗功绩永世长存,设置了"八白帐",创立了成吉思汗祭祀规程。最后谈到受命主持进行祭祀活动的官员等级,关于祭祀活动的诏令,违犯祭祀礼仪应给予的惩罚,参加成吉思汗祭祀的十二个鄂托克的权威性。

　　第二部分[第 2 页(7 行)至第 4 页(5 行)],忽必烈汗在国务活动中采用的两种思想之历史及对其实质所做的阐释。这一部分内容与抄本 A 以及旺楚克拉卜丹抄本无任何重大差别。

　　第三部分[第 4 页(6 行)至结尾],内容与其他抄本相似。策·扎·扎木察朗诺认为,第 11 页(14 行)至结尾所述对佛教徒和世俗人等提出的训诫和道德原则,当划为第四部分[3,第 72 页]。该抄本正文以简短结语"完"字告结束。而后便是上面提到的忽必烈颂以及那篇不知其名的作品片断。

　　根据上面谈到的策·扎·扎木察朗诺留在封面上的题记来看,《察罕·图克》的这个抄本是策·扎·扎木察朗诺于 1910 年在鄂尔多斯抄录的。因此,这个本子可称之为"扎木察朗诺本"。这里顺便指出,策·扎·扎木察朗诺在其描述该抄本的文章中[3,第 70—78 页],未曾对他抄录时所依据的鄂尔多斯原本作过描述。扎木察朗诺本中有不少讹误和个别脱漏之处。该抄本含有有关成吉思汗祭祀的内容,以及抄本 A 和旺楚克拉卜丹诸本中所没有的其他珍贵材料。

　　策·扎·扎木察朗诺在其论著《十七世纪的蒙古编年史》(第70—78 页)、列·谢·普契科夫斯基在其著作《东方学研究所的蒙古文抄本与刊本》（[7]第 149—151 页），都对抄本 F 237 作过描述；沙·纳楚克道尔吉在其论文《论〈白史〉》（[9]第 3,4 页）以及其他不少文章中也对抄本 F 237 作过介绍。

（六）《名曰十善福经白史之蒙古国经》。

该抄本在《白史》诸抄本中颇为有名，现藏于蒙古国立图书馆亚洲抄本部。书号为 294. 352 M 692。内文纸为中国纸，正文系用毛笔抄成，封面用蓝布制成，尺寸为 26×26 厘米，共 23 页。第 1 页上写有如上标题，加盖有蒙古人民共和国国立图书馆印章三枚。该本曾由瓦·海西希作为他的著作《蒙古人的族谱与宗教史文献》的附录影印过。刊印的正文印刷质量不高，许多地方无法辨认，抄本中的第 22a 页（瓦·海西希影印本中为第 21a 页）被漏掉。此外，瓦·海西希还对该抄本的内容作了介绍[14,第 17—26 页]。沙·纳楚克道尔吉在其论文《论〈白史〉》[9,第 3 页]，策·扎·扎木察朗诺在其论著《十七世纪的蒙古编年史》中[3,第 70 页]，也都提到过这个本子。我们将这个本子编号为 B 1。

（七）《名曰十善福经白史之作》。

该抄本现藏苏联科学院东方学研究所列宁格勒分所抄本部。书号为 Ms. G92，инв. 1937 г. П°396，кол. Mong Nova 457；инв. 1964 г. П° 2254。尺寸为 27.5×32.5 厘米；页码编号为蒙古式，26＋2 页，每页 15—17 行；正文抄录在正面。内文用俄国纸，封面也是同一种纸，正文用笔尖蘸墨水写成。封面有策·扎·扎木察朗诺用蒙古文题写的书名和用俄文写下的题记："蒙古人民共和国学术委员会赠苏联科学院东方学研究所。策·扎木察朗诺，19—9—1937。"正文为蒙古笔体，系同一个人抄成。

该抄本包括《察罕·图克》抄本[第 1 页至第 24 页（8 行）]、忽必烈颂[第 24 页（9 行）至第 25 页（4 行）]和《博克多成吉思汗母亲对儿子们的训诫之言》[第 26 页（1 行）至第 26 页（15 行）]。

可见,抄本 G92 是由三部作品组成的,其中前两部作品的正文与抄本 B1 和抄本 F237 的正文完全相合。已经发现的异读现象不太多,主要是在转抄(可能是多次转抄)过程中人为地、无意地造成的。至于最后那部作品——《博克多成吉思汗母亲对儿子们的训诫之言》,作为《察罕·图克》的附录这种情况,还是首次看到。应当指出,《训诫之言》是有名的蒙古文学作品之一。其片断见于萨刚彻辰《额尔德尼·脱卜赤》[11,第88—89页],佚名氏《阿勒坦·脱卜赤》[参见13,第46页,130页],莫日根·葛根《阿勒坦·脱卜赤》等[参见1,第145页,325页]。事实上,见于上述两部史籍中的《训诫之言》片断,说的是速不台—把阿秃儿训子,而不是成吉思汗母亲训子。从文体看,《训诫之言》带有语录体形式;从内容看,谈的是成吉思汗母亲要成吉思汗家族保持一致,加强团结之类的训诫。

该抄本是收藏于蒙古人民共和国国立图书馆的抄本 M962(我们的编号码 B1)的复制本,看来复制工作是策·扎·扎木察朗诺应苏联科学院东方学研究所之请完成的(该抄本本文编号为 BII)。这样看来,这三个本子(F 237,BI,BII)中,有两个本子(即 F 237 和 BI)是来源不同的两个独立的本子:F 237 抄本是策·扎·扎木察朗诺 1910 年抄录于鄂尔多斯的;BI 抄本则如沙·纳楚尔道尔吉所推测的那样,是扎米扬公发现于南戈壁省的[9,第 3 页]。尽管这两个本子来源不同,但内容十分相近,可以看作是同一个版本。

以上,我们对七种传抄本做了初步描述,下面我们对各传抄本的异读情况作一简单的对比。

抄本 A 在第 206 页(25 行)处结束,抄本 BI 在第 21a 页(13 行)处结束,抄本 BII 在第 24 页(8 行)处结束,抄本 F 237 在第 17 页(11 行)处结束。除了《察罕·图克》正文,抄本 BI 的第 216 页(1—13 行)、抄本 BII 的第 24 页(9 行)至 25 页(4 行)、抄本 237 的第 27 页(11 行)至 28 页(3 行),还有忽必烈颂。

另外,抄本 BII 还包括《成吉思汗母亲对儿子们的训诫之言》[26 页(1—15 行)]。

抄本 F 237 第 18 页(4 行)至第 21 页(4 行)包括有佛教史(未完)。该文末行有策·扎·扎木察朗诺的俄文附言:"下文阙如。想必抄写人因他事中断,再未续抄。1910 年 4 月 20 日。鄂尔多斯,伊金霍洛。"第 22 页至 24 页,有策·扎·扎木察诺朗做的眉批。

抄本 CI 中断于第 21 页,相当于抄本 A 的第 18a 页。抄本 CI 在"十善福经白史"一句之后有跋。从跋中可以得知,这个本子是梅林旺楚克拉卜丹于光绪三年夏一月抄成的;此外还可知道这部书的标题和作者。

抄本 CIII 的正文结束于第 38 页(12 行),相当于抄本 A 的第 20a 页(25 行)。

以上就是《察罕·图克》诸抄本的简单描述。各个抄本都有各自的特点。这些特点是根据对异读情况所做分析总结出来的,同时还反映在对正文所做的校刊注释方面。但是,要单纯根据反映诸抄本间相互关系的这些特点去对它们进行分类,还是不够的。为了弄清正文沿革史,还得要有有关正文变动的资料,因此,就不得不用到对有关未能传世的原文以及其他未能传世的抄本的一些猜想。在对涉及正文沿革史的各种异读情况进行分析时,必须注意如下一点,即抄本 A、抄本 B、抄本 C 诸本中恰恰含有值得引起特殊注意的材料。根据抄本 A 所提供的材料来看,原文作者是查克拉瓦尔迪·薛禅汗(即忽必烈),此后经呼图克图·朝格查松·吉鲁肯·岱青·额毡·洪台吉于至顺元年(1330 年)修订,修订后的正文可以看作是抄本 A 的原型。

由此可得谱系表 I(图 1)。

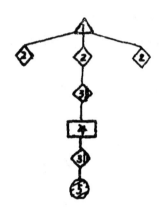

图 1

1. 未传世的作者原文;2. 未传世但可推测出来的作者抄本;3. 未传世但可推测出来的抄本;4. 未传世但知道是呼图克图·朝格查松·吉鲁肯·岱青·额毡·洪台吉所编本的原型;5. 传世的抄本 A。

关于抄本 C 这批本子的情况,首先要注意,这批本子也都称《察罕·图克》是忽必烈所著。但是,重新编撰该版本的作者是呼图克图·朝格查松·吉鲁肯·岱青·额毡·洪台吉,亦即被《额尔德尼·脱卜赤》的作者萨刚彻辰称为鄂尔多斯赫赫有名的王公呼图克图·彻辰·洪台吉(1540—1586)的。他是编年史作者萨刚彻辰的曾祖。这种说法最早由策·扎·扎木察朗诺提出[3,第 70 页],而后为瓦·海西希[14,第 18 页]和蒙古学者们赞同[2,第 123 页]。

史载,呼图克图·彻辰·洪台吉从松州城带回一册查克拉瓦尔迪·薛禅汗·忽必烈所编《察罕·图克》,与吾畏儿真氏布拉纳什里·微征固什的古经相核校,重新编就。抄本 C 这批本子的特征是没有指出新编版本的成书日期(抄本 A 则指明了这一点)。以上情况,可用谱系表 2 表示出来(图 2)。

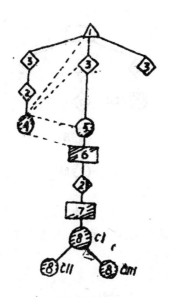

图 2

1.未传世的作者原文；2.未传世但可推测出来的作者抄本；3.未传世但可推测出来的抄本；4.未传世的布拉纳什里版本；5.未传世的松州城版本；6.未传世的呼图克图·朝格查松·吉鲁肯·岱青·额毡·洪台吉版本；7.未传世的旺楚克拉卜丹抄本；8.传世抄本。

略说一下关于 F 237,BI,BII 诸抄本的情况。这三个本子的特点之一是我们从中既找不到有关作者的记载，又找不到有关《察罕·图克》修订重编的材料，更找不到还有其他抄本同时存在的资料。如果除去它们附录的其他材料不计的话，可以认为这些本子当出自同一作者之手。

请看谱系表 3(图 3)，其演变情况是，抄本 F 237 和抄本 BI 可通过未传世但可以推测出来的抄本而溯源到未传世的原型本；而抄本 BII 则是抄本 BI 的复制本。

以上就是《察罕·图克》诸抄本、诸版本的谱系表。从确认(即

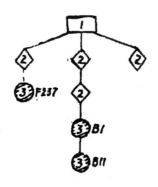

图 3

1. 未传世但可推测出来的原型本；2. 未传世但可推测出来的
抄本，3. 传世的抄本。

确定其作者）和否认（即否认有作者）的角度来看，谱系表反映了三
种情况。抄本 A 和抄本 C 这批本子实际上反映了互相补充而又
互相矛盾的两种情况。我们看到，无论抄本 A 或者抄本 C 这批本
子，在说到《察罕·图克》的作者时，都说系忽必烈汗所著；但是在
谈到重新修订的日期和作者时，材料互相矛盾。根据前一种本子
所说，重新修订本出现于 1330 年，其作者是呼图克图·朝格查
松·吉鲁肯·岱青·额毡·洪台吉；而根据后一种本子所说，新版
本出现于 16 世纪，其作者正是赫赫有名的呼图克图·彻辰·洪台
吉。至于抄本 F 237 和抄本 B 这批本子，则删去了正文中有关这
一部分内容，从而回避了这一问题。

本文引用书目：

1. 普·巴·巴拉登扎波夫:《〈阿勒坦·脱卜赤〉:一部十八世
纪的蒙古编年史》,乌兰乌德,1970 年。

2. 沙·比拉:《〈白史〉基本材料的分析及其成书年代》,载《历
史研究》丛刊,第 8 卷,第 13—24 辑,乌兰巴托,1970 年。

3.策·扎·扎木察朗诺:《十七世纪的蒙古编年史》,载《东方学研究所著作》,莫斯科—列宁格勒,1936年,第16卷。

4.德·谢·里哈切夫:《版本学》,莫斯科—列宁格勒,1962年。

5.尼·伊·诺维科夫:《〈古代俄罗斯藏书家〉前言》,第1部,第2版,莫斯科,1962年。

6.列·谢·普契科夫斯基:《科学描述蒙古文抄本的几个问题》,载《苏联东方学》,第2卷,莫斯科—列宁格勒,1941年,第2部。

7.列·谢·普契科夫斯基:《东方学研究所的蒙古文抄本与刊本》,莫斯科—列宁格勒,1957年。

8.丹·扎丹巴:《国立公共图书馆藏历史及与历史有关的抄本目录》[蒙古文],乌兰巴托,1963年。

9.沙·纳楚克道尔吉:《论〈白史〉》[蒙古文],乌兰巴托,1956年。

10.贺·佩尔列:《蒙古革命前的史籍》[蒙古文],乌兰巴托,1958年。

11.萨刚彻辰:《额尔德尼·脱卜赤》[蒙古文],乌兰巴托,1958年。

12.《国立图书馆亚洲部蒙古文分部藏抄本与刊本书概况》[蒙古文],乌兰巴托,1927年。

13.查·鲍登:《蒙古编年史〈阿勒坦·脱卜赤〉》[英文],威斯巴登,1955年。

14.瓦·海西希:《蒙古人的族谱与宗教史文献》[德文],威斯巴登,1959年。

15.田清波:《萨刚彻辰曾祖呼图克图·彻辰·洪台吉考证。鄂尔多斯志》[法文],载《北京辅仁大学通报抽印本》,1934年,第9期。

16.克·萨加斯特:《〈白史〉,一部关于两种体制学说的蒙古历史文献。西藏与蒙古的宗教和国家。出版,翻译和注释》[德文],载《亚洲研究》丛刊,第41卷,威斯巴登,1976年。

（译文原载内蒙古社会科学院《蒙古学资料与情报》,1983年,第1期）

《察罕·图克》的德文译本与注释

[苏联]尼·策·蒙库耶夫

本文译自苏联杂志《远东问题》1978 年第 3 期。原标题为《一部珍贵的蒙古史籍的译文和注释》。

本文对德国蒙古学家克·萨加斯特翻译的蒙古史籍《察罕·图克》(《白史》)和他为该书所做的大量注释作了评介,认为克·萨加斯特的注释对研究中世纪蒙古意识形态做出了宝贵贡献。

本文作者尼·策·蒙库耶夫(1922—1985),布里亚特人,苏联蒙古学家。1950 年毕业于苏联军事外国语学院汉语—英语专业。1957 年起在苏联科学院东方学研究所从事研究工作,1965 年起任蒙古研究所主任。1962 年获历史学副博士学位,1972 年获历史学博士学位。主要著述有:《有关蒙古最初诸汗的汉文史料》,莫斯科,1965 年;《蒙鞑备录》(俄译并注释),莫斯科,1975 年。

德国学者克·萨加斯特的一部学术著作①对人们研究甚少的课题进行了探讨。这部著作中含有许多新资料,其中包括一部珍贵的蒙古史籍的译文。

这部学术著作主要研究对象是《察罕·图克》——《白史》。《白史》阐述了所谓"两种体制"即西藏和蒙古的宗教体制和国家体

---

① 克劳斯·萨加斯特:《〈白史〉,一部关于两种体制学说的蒙古历史文献。西藏与蒙古的宗教和国家。出版、翻译和注释》[德文],见《亚洲研究》丛刊,第 41 卷,威斯巴登,1976 年,IX+489 页。

制的理论。《白史》的原文有两种版本。一种包括《成吉思汗祭祀规程》和《成吉思汗颂》在内；至于这两篇文字是何时经何人之手纳入《白史》的，至今不得而知。另一种则没有这两篇文字。它被认为是鄂尔多斯作家彻辰·洪台吉（1540—1586）所编。编者为这一版本撰写的前言说："盖因忽必烈—查克拉瓦尔迪—薛禅汗早已编成该《十福善经白史》，故（我）彻辰·洪台吉，呼图克图·朝克查松·吉鲁肯·岱青，自从于松州（Сунчу）①城（废墟）觅得此书后，即将（其）与畏吾儿真·必兰纳识里·微征固什之旧本互校，谨慎合并其显见之处，（重新）权衡，编成是书。"对于这段前言中提到的蒙古王位、名字和术语感兴趣的读者，不妨去读克·萨加斯特的详细译文——他的译文与我的译文略有不同（见第 54—56 页）。而对我们来说，这段前言的重要之处则在于：彻辰·洪台吉——诚如克·萨加斯特所指出的那样——曾于 16 世纪下半叶对这部著作的两种版本进行过核校，并编成了这部著作。

彻辰·洪台吉在松州城得到的版本当是《白史》的最初版本，而那位必兰纳识里手中的版本则可能是修订本（见第 54—55 页）。列·谢·普奇科夫斯基曾经认为，从《白史》中剔出有关祭祀成吉思汗（1155—1227）诏令和成吉思汗颂的是彻辰·洪台吉；现在克·萨加斯特却针锋相对地提出了一个我认为更加令人信服的设想，即上述这两篇文字与《白史》合璧的时间比较晚，应在 17 世纪

---

① 中国地名松州（Сунчжоу）的另一名称。在彼·库·科兹洛夫（1863—1935）发现的 14 世纪印刷品残页中，чжоу（州）拼做 jiu（见尼·策·蒙库耶夫：《哈拉浩特发现的两页印刷品残页》[英文]，载《蒙古研究》，路·李盖提编辑，布达佩斯，1972 年，第 1 页页，第 1 行）。伯希和（1878—1945）对于 13 至 14 世纪蒙古语如何构拟汉字 чжоу（州）——是 jiu 还是 ju 这一问题，态度犹疑（见伯希和：《蒙古秘史（遗著一）》[法文]，巴黎，1949 年，第 99—100 页）。在 14 世纪的一件双语碑铭中，同一个汉字 чжоу（州），我们发现有 ju 和 jiu 这两种拼写法（见柯立夫：《汉蒙合璧忻都公纪念碑》[英文]，见《哈佛亚洲研究杂志》，第 12 卷，1949 年，第 24、25、32 和 37 行及 38 行）。本文引文中用的是 Сунчжоу（松州）城。该城元代（1215—1644 年）时存在于现今热河蒙古境内，毁于明（1368—1644 年）初。其遗址在热河的赤峰县城西南部（见列·吉伯特：《满洲历史地理辞典》[法文]，香港，1934 年，第 810 页）。

初（见第 53—54 页）。克·萨加斯特正确地提出，第一种版本要比 16 世纪经过编者修订的第二种版本早一些。第一种版本无编者前言——倘若原本中有前言的话，抄本中恐怕是不会没有的。此外，第一种版本中的某些字句，在第二种版本中有意做了更改。原因大约是这些字句可能已为编者所不理解，或在当时已不再通用（见第 56 页）。

除了呼和浩特藏本，克·萨加斯特研究了所有抄本，在版本考据方面做了大量工作。他为乌兰巴托蒙古人民共和国国立图书馆收藏并由瓦·海西希影印刊布的手抄本进行了转写，并根据其他两种版本为该抄本做了增补，还根据另外三种手抄本为该抄本的异读情况做了眉批（见第 81—103 页）。克·萨加斯特所依据的这三种手抄本中，最为重要的一种是策·扎木察朗诺于 1910 年 4 月 19 日在伊金霍洛旗（鄂尔多斯）根据一份 18 世纪的古旧抄本抄录下来的。这份抄本现藏于苏联科学院东方学研究所列宁格勒分所抄本部。克·萨加斯特翻译《白史》时依据的原稿（见第 105—171 页），则为蒙古人民共和国学术委员会主席扎米扬公在南戈壁所发现，这份抄本系由 23 页组成，不注页码号。

至于说到《察罕·图克》一书的作者与成书时间，那么蒙古人传统上认为当是忽必烈汗（1215—1294）所著。克·萨加斯特指出，之所以这样认为，主要基础建立在对彻辰·洪台吉威望的信任上。因为他在为第二种抄本所写的前言——即上面引述过的那段话中曾经宣称，这部史籍是忽必烈写的。而《白史》的跋中只谈到，这部书是一部法律集：第一种版本称，这些法律是"由先圣们的大臣制定的"；第二种版本称，这些法律是"由先圣们制定的"（见第 57 页）。13 世纪下半叶，当蒙古汗廷与以八思巴喇嘛（1235—1280）为代表的西藏佛教教派建立了密切关系之后，一种协调宗教活动与国家活动的指导原则得以确立，而这种指导原则就是《白史》。因此,《白史》由某个人根据忽必烈的指令编写而成,是完全可能的。克·萨加斯特推测说,《白史》的成书时间当在 1271—1280 年这段时间。

就内容来看,《白史》确实是蒙古汗的一部"教言",是蒙古帝国首脑人物在 13 世纪下半叶,当世界性蒙古强国建立之后和佛教作用在汗廷得以加强时期,作为对其后代的政治遗训而写成的。

《白史》认为,社会与国家平安的基础是上面已谈到的两种法规学说的基本原则。正文中表示,宗教与国家"两种体系"这一术语的定义是由两类法则概念——"宗教法律"即陀罗尼和佛经,以及"世俗法律"表述的。也就是说,上述两种体制的基础是"四大法则"。宗教法规是由两种法律——陀罗尼和佛经体现出来的,国家法规也是由两种法律——"和平和极乐"法律体现出来的。作者在他的这部著作中谈论两种体制时,基于人们都想得到拯救这样一种想法。这种拯救或者是永久的,灵魂方面的;或者暂时的,世俗方面的。其中,灵魂方面的拯救是脱离苦难的完全拯救,世俗方面的拯救只是一种人间幸福。可以确保人们从一切苦难中得到拯救的是陀罗尼与佛经,即指西藏大乘佛教中拯救灵魂的两条道路——所谓"曼荼罗衍那"之路和"修荼罗衍那"之路。二者之间的不同处在于达到宗教拯救目的过程中采用的办法不同。前者主要是借助名为曼荼罗和陀罗尼而包含于佛教经卷之中的咒语和魔法公式。后者主要是遵守佛经中提出的道德行为规范、专致一境和智慧。至于说到国家法规,则有了"和平和极乐",就可以保证世俗人等得到拯救(见第 34 页和 179 页)。

克·萨加斯特正确地指出,据《白史》看来,佛教与国家是保证一切众生得到拯救的两种合法体制,"两种法律"。它们相互依存,只有和谐一致,才能达到目的。

《白史》说,两种法规体制是由传说中的印度国王摩诃萨摩迪在"人们已生存了无数年"之后的古代创立的。这种体制中,宗教首领是众生的宗教拯救者——佛陀释迦牟尼喇嘛,国家首领则是"百代"之后当今佛世的世俗拯救者——最杰出的查克拉瓦尔迪(梵语"转轮"之意)亦即汗。

佛陀释迦牟尼死后,从灵魂上拯救众生的天职是通过佛的弟子亦即喇嘛完成的。佛的弟子们是宗教的捍卫者,他们向人们宣讲教规,引导人们走上精神超度的道路。他们在完成自己拯救众生的天职时,可以向所有的佛陀、菩萨和经卷,以及一切教中人和世俗人即布施者求助(第179—180页)。

《白史》认为,当今佛世的国家世俗统治者是查克拉瓦尔迪——成吉思汗。成吉思汗又通过其继承人继续管理国家。《白史》确定了这个建立在上述两种法规即西藏佛教宗教力量与蒙古征服者军事力量和谐一致基础上的乌托邦式的世界强国行政机构,指出了管理这个国家以及汗和臣民、喇嘛和世俗者所应遵从的原则。拥有世俗政权的汗,负有确立和保卫这个国家的特殊责任(第177—178页)。他有许多项职责,如:他应当关怀所有臣民的安宁与幸福,应当建立一个能从精神上得到拯救的社会,应当保卫这个社会及其支柱——宗教和国家,应当确保国内法律得到遵守,人民物质利益得到改善,应当懂得过去和未来,亦即善于总结历史经验,善于预见未来,知识渊博,富有驾驭国家的才能。受他委任的国家官员和军事首领,应当传播汗制定的法律,监督其执行情况。《白史》强调指出,之所以如此,是因为如果没有汗的法律,人们在人世间就得不到拯救,就会遭到毁灭。受权执行法律的人,首先要端正自己的行为;只有那些经过事实考验确实具有良好品行的人,才有可能成为这样的执法者。因此,汗所委任的官员也只能是这种人(第180—181页)。

在两种法规的学说中,节日具有特别重要的地位。这一学说以四季为序,安排了四个宗教节日和四个世俗节日。这些节日定在"吉祥"日子,亦即释迦牟尼佛陀和成吉思汗生前进行过重大活动的日子。过节时,要对这两个人进行祭祀。祭祀释迦牟尼时,主要由喇嘛诵经。祭祀成吉思汗时则相反,要举行后代与成吉思汗英灵"直接"交往的仪式。这位汗的英灵要"接见"那些向他供献主要是奶酒、羊、马的臣民们(第182—183页)。

这样一来,管理国家的双重结构体制,就完全取决于在现今佛世上重新创造出两种法规体制的"拯救者"——释迦牟尼和成吉思汗了。只要释迦牟尼和成吉思汗继续活在佛界,保护佛世,亦即保护真正的信仰和人们的行为准则,那么佛世的繁荣就有了保障。倘若没有佛世,谁也不会知道什么是好什么是坏;没有佛世,就不可能达到拯救的目的。"没有宗教法律,芸芸众生就会堕入地狱;没有汗的法律,各个部族就会走向灭亡。"(第183页)

通过以上论述可以看到,《白史》确是一部有关蒙古国家与法制方面的重要哲学著作,它反映了中世纪蒙古的思想体系。因而,这部著作译文的重要价值也就毋庸置疑了。这部书语词古朴,佛教术语甚多,传抄讹误不少,理解起来困难很多。不过从校对大样看来,既精通蒙古学又精通藏学和佛学的克·萨加斯特所做的译文大体上是准确的。

作者除了评介《白史》这部史学著作,还在篇幅甚大的注释(第173—413页)中论述了与题目相关的许多重要问题。注释中列有专门条目,论述成吉思汗和忽必烈在两种法规体制中的作用,论述该体制的原则,论述宗教人物——"佛陀拯救者的弟子"和世俗合罕统治者的职能,论述乌托邦式世界强国的行政设施和军事组织,论述喇嘛以及世俗官吏的等级制度,此外还论述《白史》正文中涉及的其他一些问题。对所有这些问题,作者都以蒙古文、藏文历史著作以及用欧洲文字其中包括俄文在内写成的全部蒙古学和汉学著述为基础,进行了详细论证。比如,克·萨加斯特首次在论文中详细探讨了成吉思汗崇拜问题(第189—232页),以及其他重要问题(第241—245页,第304—317页)。

作者在研究蒙古人宗教和国家之间意识形态相互关系的同时,还研究了与此相关的许多问题。他的结论以历史资料为基础,因此十分有趣。比如,克·萨加斯特推测说,两种法规学说是经忽必烈和八思巴发展了的一种国家哲学。这种哲学是喇嘛为拯救者、国王为宗教支柱这一学说赖以建立的一种政治观念。看来,以最高统治者(恩赐者)和最高国师(萨迦高僧)为首的国家思想,是与忽必烈的想法相吻合的;忽必烈认为,这一思想既借助大汗的政权,又借助与当时蒙古人思想方式最相适应的佛教教派的权威维护帝国的完整,可以说这是一个有力工具。也许正因为如此,忽必烈才任命八思巴为全帝国佛教界的首领(第33页)。

由这一点出发,克·萨加斯特引证忽必烈的佛教国师萨迦高僧八思巴对忽必烈施加影响的有趣资料,对宗教在蒙古征服者中的地位与教会在欧洲的权力问题进行了比较。他认为,八思巴在对待其他教派的问题上,采取了一种容忍态度;这一点与罗马教皇要求在欧洲各国保持天主教单一宗教权力的做法不尽相同。比如,八思巴曾坚决反对忽必烈企图宣布萨迦派为佛教唯一合法代表并禁绝其他教派的做法。然而,与此同时,他又不断完善佛教的乌托邦式理论,使之不但成为西藏世俗和宗教统治势力,而且要在宗教领域建立世界霸权(第33页)。

作者正确地指出,17世纪时,《白史》一书的编者彻辰·洪台吉曾经想使两种法规理论付诸实践。据《额尔德尼·脱卜赤》(《蒙古源流》,1662年)记载,达赖喇嘛三世(1543—1588)和土默特俺答汗(1507—1582)于1578年会见时,根据彻辰·洪台吉的建议,确立了"十善福法规"。我们知道,达赖喇嘛三世是作为格鲁派的代表人物,为借助蒙古人的力量推翻西藏的其他教派,才于这一年来到蒙古,与希望在本部落中传播佛教以巩固其在草原地区统治地位的俺答汗结盟的。克·萨加斯特满有根据地推测说,达赖喇嘛相当于教会,而俺答汗则相当于世俗政权,他们的目的是想制定一种管理理想佛教国的等级制度。

此后,在1635—1642年,和硕特王公固始汗(1582—1654)曾支持过格鲁派首领达赖喇嘛五世反对另一教派噶举派的斗争,并入侵西藏。17世纪80—90年代,准噶尔汗噶尔丹曾将自己置于达赖喇嘛的宗教庇护下,为了将蒙古诸部统一在自己的旗号下,为了使蒙古独立于清朝,进行过长期斗争,直到1696年被清廷击败为止。达赖喇嘛六世(1682—1706)幼年时担任摄政师的桑杰嘉措(1653—1705),则欲以与中国皇帝进行武力较量的强大的准噶尔汗为后盾,极力维护西藏对中国的独立地位。然而,固始汗与达赖喇嘛五世,噶尔丹与桑杰嘉措,都与早先的俺答汗与达赖喇嘛三世一样,未能达到建立一个以蒙古汗和西藏喇嘛(当地的)为首的佛教国家的政治目的。我认为,克·萨加斯特的如下结论是正确的:"强大的中国统治者及其无所不包的有关'天下'的观念总是横在他们的路上。这种观念认为,统治天下地盘的只能是中国国王——皇上,而不是蒙古大汗或西藏大喇嘛(当地的)。"

上面评介的克·萨加斯特的这部著作,是研究中世纪蒙古和西藏在佛教与国家相互关系理论基础方面的重要作品。这部作品中收入的《白史》译文,是中世纪蒙古关于国家与法规的珍贵哲学文献,所附注释对于中世纪蒙古意识形态的研究工作也是一个宝贵贡献。

(译文原载内蒙古社会科学院《蒙古学信息与情报》,1980年,第4期)

蒙古人民共和国学者论蒙古中世纪史

[苏联] 加·谢·戈罗霍娃

本文译自苏联出版的论文集《蒙古人民共和国的社会科学研究》(莫斯科,1977 年)。

本文介绍了 20 世纪 80 年代之前蒙古人民共和国历史学者对 13 世纪前蒙古早期国家的形成、13 世纪统一蒙古国的建立、15 世纪至 17 世纪蒙古封建割据时代的状况进行研究取得的成果,同时介绍了蒙古人民共和国历史学者对这一时期出现的蒙古文史料文献进行研究取得的进展。通过本文,可以对 20 世纪 80 年代蒙古人民共和国学者们的蒙古中世纪史研究所持观点和研究状况获得清晰了解。

本文写于 20 世纪 70 年代,文中留有明显的时代印痕。这篇文章的某些论点与我国史学界的观点不合,若干引证材料也有偏颇之处。收这篇文章入集,只是帮助读者了解当时苏蒙历史学者在蒙古中世纪史问题上“有此一说”;至于文章中的某些论点和材料,相信读者会做出正确判断。

本文作者加·谢·戈罗霍娃(1919—1997),苏联—俄罗斯蒙古史学家。1944 年毕业于列宁格勒大学。苏联—俄罗斯科学院东方学研究所研究员。1968 年获历史学副博士学位。主要著述有:《清朝统治时期蒙古简史(17 世纪末至 20 世纪初)》,莫斯科,1980 年;《关于达延汗的蒙古文史料》,莫斯科,1986 年。

最近 15—20 年来，蒙古人民共和国史学界在研究蒙古中世纪史方面取得了显著成绩。如果说 20 世纪 40—50 年代以积累事实材料、发表和研究新旧资料和历史文献为其特点的话，那么从 20 世纪 60 年代初则出现了一系列专著和集体编写的综合性著作，其中最有意义的是具有重大价值的著作——三卷本《蒙古人民共和国通史》（古代史和中世纪史编入第一卷）①。总的看来，这部著作反映出蒙古人民共和国历史学家在尽可能全面地研究本国历史、探明自己国家历史从古至今发展过程中存在的一般规律和民族特点方面所表现出的热切愿望②。

此外，值得提出的还有蒙古学者沙·纳楚克道尔吉、贺·佩尔列、杜·贡格尔、宁·伊希札木茨、楚·达赖、贡·苏赫巴特尔、朝·道尔吉苏荣等人的专著和重要文章③。蒙古人民共和国的历史学家们依据历史事实，运用马列主义方法论，批判性地利用世界

---

① 《蒙古人民共和国通史》（远古时代—十七世纪），第 1 卷，乌兰巴托，1966 年。

② 书评：《蒙古人民共和国通史》，第 1—3 卷，乌兰巴托，1966—1969 年，载《亚非民族》，1971 年，第 3 期，第 170—176 页。

③ 沙·纳楚克道尔吉：《论蒙古封建制度的经济基础问题》，乌兰巴托，1963 年；同一作者：《蒙古封建制度的经济基础》[蒙古文]，载《科学院通报》，1964 年，第 3 期；贺·佩尔列：《鄂嫩河—克鲁伦河蒙古人。八世纪—十二世纪》[蒙古文]，载《科学院通报》，1960 年，第 5—6 期；同一作者：《鄂嫩河—克鲁伦河诸部。十世纪—十一世纪》[蒙古文]，载《科学与技术》，1960 年，第 6 期；同一作者：《契丹帝国时代（907—1125 年）的原本蒙古诸部》，载《第二十五届国际东方学家大会著作集》，第 5 卷，莫斯科，1963 年；杜·贡格尔：《喀尔喀汗国史的若干问题。（八世纪—十七世纪）》[蒙古文]，载《科学院通报》，1967 年，第 4 期；同一作者：《喀尔喀简史。1.喀尔喀蒙古人的祖先与喀尔喀汗国。八世纪—十七世纪》[蒙古文]，乌兰巴托，1970 年（以下为《喀尔喀简史。1》）；宁·伊希扎木茨：《统一蒙古国家的建立与蒙古封建制度的确立（十一世纪—十三世纪）》，博士学位论文摘要，莫斯科，1972 年；同一作者：《统一蒙古国家的建立与封建制度的确立》[蒙古文]，乌兰巴托，1974 年；楚·达赖：《元帝国时代的蒙古。（八世纪下半叶—十四世纪）》[蒙古文]，乌兰巴托，1973 年；贡·苏赫巴特尔：《鲜卑；鲜卑人的起源，文化，经济和社会制度（上古时代—公元四世纪）》[蒙古文]，乌兰巴托，1971 年（以下为《鲜卑》）；同一作者：《蒙古境内古代各国史中的历史继承性问题》，载《历史研究》，见《历史研究》丛刊，第 9 卷，第 13—25 辑，乌兰巴托，1973 年，第 111—121 页；朝·道尔吉苏荣：《北匈奴》[蒙古文]，乌兰巴托，1961 年；策·沙格达尔苏荣：《在蒙古人军事组织基础上出现的四个家族》[蒙古文]，载《蒙古古代史及其文化的若干问题》，见《考古学研究》丛刊，第 5 卷，第 3—13 辑，第 173—187 页。

蒙古学家积累起来的知识,创造性地解决了蒙古中世纪史中的基本问题:蒙古封建制度的经济基础和起源,蒙古国建立之前国体的形成和蒙古国的建立,统一的蒙古封建国家的形成和发展,喀尔喀部族和喀尔喀汗国的形成,蒙古古城古村的来龙去脉,等等。

蒙古封建制度的经济基础

众所周知,在世界学术界首先提出并基本上正确解决蒙古封建关系产生和发展问题的是苏联蒙古学家鲍·雅·符拉基米尔佐夫院士。他写的具有重大价值的著作《蒙古的社会制度——蒙古游牧封建主义》①一书,至今仍是全面揭示不仅蒙古人而且一般游牧民族封建制度形成规律的经典性学术论著。蒙古历史学家在分析与原始公社制在蒙古解体、封建制在蒙古确立相关的社会经济过程时,常常用到这部论著。他们在自己的著述中令人信服地证明,如同世界其他民族一样,蒙古封建制建立在自然农业——游牧业基础之上;其时,手工业尚未从中分离出来,封建主对牧场拥有垄断权,直接生产者为封建附庸的农奴式的农牧民。学者们对蒙古社会的社会结构中出现的变化以及数百年来在蒙古社会的经济基础和上层建筑中发生的质变,进行了探讨。

他们的研究不仅证实而且发展了鲍·雅·符拉基米尔佐夫关于蒙古社会发展道路和形式的论点,关于 13—17 世纪蒙古社会的社会结构的论点。他们对蒙古封建社会史的研究做出了重要贡献,从而减轻了研究其他游牧民族封建关系的确立和发展方面的困难。这样,就使蒙古封建社会问题凸显出来,引起世界上许多国

---

① 鲍·雅·符拉基米尔佐夫:《蒙古的社会制度——蒙古游牧封建主义》[汉译本题作《蒙古游牧社会史》],列宁格勒,1934 年。

家学者对它的重视①。

第一个研究蒙古封建社会的蒙古历史学家是沙·纳楚克道尔吉。他在《科布多地区的阿拉特解放运动》《论蒙古封建制度的经济基础问题》《清朝统治时期喀尔喀简史（1691—1911 年）》②等文章中，专门研究了蒙古封建制度下土地和牲畜的所有制形式，地租和租赁关系。《喀尔喀简史》一文，广泛描述了蒙古人的各种经济活动——牧业、农业、狩猎业、手工业和商业，展示了蒙古社会的社会结构和对农牧民阶级进行封建剥削的形式。在上述文章中，沙·纳楚克道尔吉还论证了封建社会时代蒙古人封建土地所有制是构成生产关系的基本要素这一重要命题③。在《论蒙古封建制度的经济基础问题》一文中，他论述了诸如被他认为是蒙古封建社会基本生产资料的土地与牲畜这样一些牧业生产手段之间密不可分的关系和统一性问题④。在提出这一观点时，沙·纳楚克道尔吉强调指出，尽管"土地和牲畜具有统一性"，然而无论就生产过程而言，还是就社会关系而言，"土地却是决定性的因素"⑤。这一观点，现在在蒙古史学界占了上风。

比如，杜·贡格尔在其专著《喀尔喀简史》中就写道，"在游牧蒙古这一形势下，牲畜作为这个国家所独具的一种生产手段，其作用是不可否认的"，因此，"把现实存在的土地和牲畜的统一性看作

---

① 伊·雅·兹拉特金：《阿·托因比的游牧民族史观与历史现实》，载《东方国家现代史学研究》，莫斯科，1971 年，第 131 页；同一作者：《游牧民族的社会经济史若干问题》，载《亚非民族》，1973 年，第 1 期，第 67—71 页；萨·伊·伊里雅索夫：《十九世纪末至二十世纪初吉尔吉斯的土地关系》，伏龙芝，1963 年；等等。

② 沙·纳楚克道尔吉：《科布多地区的阿拉特解放运动》，莫斯科，1954 年；同一作者：《论蒙古封建制度的经济基础问题》，乌兰巴托，1963 年；同一作者：《清朝统治时期喀尔喀简史（1691—1911 年）》［蒙古文］，乌兰巴托，1963 年（以下为《喀尔喀简史》）。

③ 沙·纳楚克道尔吉：《论蒙古封建制度的经济基础问题》，第 3 页；同一作者：《喀尔喀简史》，第 162—196 页。

④ 沙·纳楚克道尔吉：《论蒙古封建制度的经济基础问题》，第 3 页。

⑤ 同上。

是封建生产关系的基础是正确的"。但是,他也赞同沙·纳楚克道尔吉的意见,强调在蒙古封建社会,正是"土地起着头等的具有决定性的作用,而牲畜的作用则居于土地以下"①。在土地具有决定性作用的条件下,作为基本生产手段的"牲畜和土地具有统一性"这一论点,还为宁·伊希扎木茨、鸟·尼亚姆道尔吉等一大批其他学者所接受②。

尽管蒙古历史学家一致指出,决定蒙古社会阶级划分的是对待土地这一头等重要的基本生产资料的关系,然而决定蒙古人财产地位即一部分人富有而另一部分人贫穷的,却是对待牲畜的关系。沙·纳楚克道尔吉在其文章中强调指出,土地占有者是封建主,支配牧场并把它分配给农牧民——农奴和村社农民的权利也只能属于他们。在这种情况下,蒙古封建主的经济实力不仅在于他们对土地拥有垄断权这一点,还在于他们拥有大批牲畜③。1206年,当铁木真(成吉思汗)建立统一的蒙古国并为其宗亲和功臣分封土地之后,蒙古封建主拥有土地的权利便在法律上生效,从此,掌管份地和为游牧民居住地臣民分配土地,就成为封建主的特权。沙·纳楚克道尔吉指出,即使在蒙古帝国解体之后的封建割据时代(公元14世纪末至17世纪),封建主对牧场的所有权也是不可动摇的④。

在分析牲畜所有制形式时,沙·纳楚克道尔吉写道,除了大型封建所有制形式,还存在过小型农牧民所有制形式。后者通常只

---

① 杜·贡格尔:《喀尔喀简史。1》,第255页。
② 宁·伊希扎木茨:《统一蒙古国家的建立与蒙古封建制度的确立(十一世纪—十三世纪中)》,博士学位论文,莫斯科,1972年(手稿,苏联科学院东方学研究所图书馆藏);沙·宁道尔吉:《游牧民的生产手段与阶级形成问题》[蒙古文],载《蒙古国立大学学报》,乌兰巴托,1973年,第11期;宁·扎格瓦拉尔:《农牧民阶级与农牧民经济》,乌兰巴托,1974年。
③ 沙·纳楚克道尔吉:《论蒙古封建制度的经济基础问题》,第4页。
④ 同上,第9页。

拥有小型畜群,一般只是绵羊和山羊而已。在蒙古社会生活中,封建主把自己的畜群分给农牧民放牧这件事具有重要意义。它有双重作用:帮助穷人和封建徭役。就第二个意义来说,分放畜群在蒙古已存在数百年,并具有典型的徭役制所有的一切特点。至于以分放畜群的形式帮助穷人这一点,沙·纳楚克道尔吉认为,这一传统起源于氏族公社制时代,是当时氏族内部互相帮助的一种特有形式[①]。

沙·纳楚克道尔吉对 16 世纪末喇嘛教在蒙古最终确立而出现的寺院封建所有制问题,进行了专门探讨。随着时间的推移,这些寺院逐渐变成大批畜群、大片土地和无数农奴——"沙比那尔"的领有者。为使畜群有人照看,产品有人加工,宗教封建主和世俗封建主一样,把畜群交给农牧民分放。虽然在这种情况下寺院允许农牧民"有某些酌情使用奶食和产毛的权利"[②],但是作者指出,不能因此而得出结论认为,宗教封建主的剥削就比世俗封建主要轻。事实上,"寺院把畜群交给贫苦农户分放,同样像世俗封建主所做的那样,具有抵偿徭役性质"[③]。

这些,就是沙·纳楚克道尔吉在游牧蒙古封建制度经济基础问题上的观点。这位学者为学术界提供了大量证据确凿的资料,用以证明他的观点;而这一观点,如上所述,已为蒙古人民共和国全体历史学家所赞同。他的贡献是毋庸置疑的。

对这一十分重要的问题所进行的研究工作,还在继续进行。尚有许多争论问题需要做补充性的研究。然而,已经完成的研究课题说明,蒙古历史学家在解决这一问题上已经做出了显著贡献。

---

① 同上。
② 同上,第 11 页。
③ 同上。

蒙古境内早期国家的建立

蒙古学者在中世纪史领域中研究的课题之一,是蒙古国建立之前蒙古境内产生和消亡的国家组织,以及文化历史传统的继承性问题。

在这方面,策·道尔吉苏荣、贺·佩尔列、宁·伊希扎木茨和贡·苏赫巴特尔的著作最有意义[1]。在专著《北匈奴》和三卷本《蒙古人民共和国通史》的相应章节中,策·道尔吉苏荣研究了匈奴和东胡部落联盟(公元前5至公元前4世纪)及匈奴国(公元前3世纪至公元1世纪)建立的历史。策·道尔吉苏荣以前辈主要是尼·雅·比丘林著作为基础,断定匈奴和东胡是畜牧业部落,过的是游牧生活。匈奴人放牧牛、羊、骆驼、马和驴,基本上可以满足他们在饮食、穿衣和交通方面的需要。他们所缺少的手工业品和农业品,可通过与中国边境地区定居居民进行交换而得到。

策·道尔吉苏荣写道,匈奴人在经济活动中用到了奴隶。这些奴隶既有战争中捉到的战俘,也有因犯罪而受到惩处的同部落人。不过,匈奴人的奴隶具有古老性质,尚未形成一个阶层[2]。

匈奴人在与邻国首先是中国的关系上,是独立的。中国无法用战争力量对付他们时,就缴纳赎品。

公元前1世纪时,匈奴强国中发生了激烈的内讧,结果分裂成南匈奴和北匈奴。前者以呼韩邪单于为首,归顺了中国;后者即北匈奴,以郅支单于为首,逃向西方。公元1世纪时,鲜卑人摧毁了游牧在北部蒙古的匈奴残部。剩下的一部分匈奴人(10万户)并入鲜卑。

---

[1] 见第184页注③。
[2]《蒙古人民共和国通史》,第1卷,乌兰巴托,1966年,第79—96页。

论述鲜卑史的专著,有贡·苏赫巴特尔的《鲜卑人:鲜卑的民族起源,文化,经济和社会制度(上古时代—公元 4 世纪)》和沙·纳楚克道尔吉与策·道尔吉苏荣撰写的《蒙古人民共和国通史》中的一章。这几位学者写道,从公元 2 世纪起,鲜卑的社会组织发生了实质性变化,导致阶级社会的建立。鲜卑在檀石槐在位期间(141—181 年)最为强盛,从前属于匈奴的全部领土,当时尽归鲜卑所有。但是,贡·苏赫巴特尔、沙·纳楚克道尔吉和策·道尔吉苏荣认为,鲜卑国立国时间并不长久。鲜卑上层开始进行争权斗争,于是鲜卑国解体。从中分离出来的拓跋氏和慕容氏是最强大的部落①。

《蒙古人民共和国通史》叙述拓跋早期封建国家(386—550 年)一章②的作者沙·纳楚克道尔吉和策·道尔吉苏荣,根据尼·雅·比丘林、拉·伊·杜曼和其他历史学家的著作得出结论说,拓跋是东胡的一部分,公元 3 世纪时占有当今张家口和鄂尔多斯之间的地域。公元 4 世纪时,拓跋显著强大,所占地域西到当今的新疆,北至戈壁,南至阴山。4 世纪下半叶,拓跋上层中出现了一个统治人物拓跋珪。拓跋珪夺得政权以后(386—409 年),登上王(皇帝)位,并以拓跋魏或元魏(386—550 年)为自己的王朝命名。

佛教在拓跋国中广泛流传。蒙古历史学家指出,国王孝文帝在位期间(471—499 年),国都洛阳城有上百个寺院和 2000 名喇嘛,拓跋国全国则共有 6478 个寺院,77258 名喇嘛。510 年,佛寺扩大到 13000 个,喇嘛增加到 1000000 名。寺院占有大量份地,由编入寺院的村社农民、因犯罪而从村社农民变成奴隶的人以及官奴耕种。

蒙古历史学家详细论证说,拓跋国的灭亡与新的早期封建国

---

① 同上,第 96—110 页。
② 同上。

家建立的中心从蒙古境内转入中国境内,并没有阻止蒙古境内游牧民族封建制的发展过程。5 世纪初,又有一个早期封建国家——柔然汗国在这里形成。蒙古人民共和国学者们不止一次地对柔然史进行过研究。柔然的历史文化问题成了贡·苏赫巴特尔专门研究的课题,为此写下《蒙古境内古代各国史中的历史继承性问题》一文。柔然政治问题,则在其专著《鲜卑》①一书中得到了论述。不过,柔然史最完整的叙述,还是《蒙古人民共和国通史》第三章②。该章作者贺·佩尔列,根据尼·雅·比丘林的著作和中国历史著作,彻底阐明了柔然国产生、发展和灭亡的经过。

蒙古人民共和国的学者们确认,柔然人既是游牧民,也是农民。他们住在便于迁徙的牛皮帐篷中,同邻近的拓跋人进行实物交换,获得日常生活必不可少的食品和用具。贺·佩尔列强调说,柔然人具有相当发达的文化。柔然上层中出现过有教养的人,甚至学者。

柔然汗国的存在年代是 402—555 年。贺·佩尔列写道,柔然汗国的全部历史就是一部战争史;到 5 世纪末,由于内讧,局势更趋复杂化;在 153 年之中,更换了 16 个汗。政权不稳,内讧频起,争夺王位的斗争不断发生,终于使柔然国在突厥人的打击下走向灭亡。在 555 年,受到突厥人打击,一部分柔然人并入兴起的突厥国;其余的柔然人西去,并在此后获得新的部落名称——阿瓦尔人。

《蒙古人民共和国通史》中论述突厥国一章③,是由纳·色尔—奥德扎布撰写的。在这位学者笔下,展现了阿尔泰(鄂尔浑)突厥人奠定政治联合的基础、促进国家体制的形成和发展的过程。东

① 见第 184 页注③。
②《蒙古人民共和国通史》,第 1 卷,第 110—119 页。
③ 同上,第 119—133 页。

突厥汗国的繁荣时代，出现在默啜汗在位时期（693—716 年）。其时，突厥人领有当今蒙古人民共和国的全部领土和中国东北部的大片地域。纳·色尔—奥德扎布强调指出，默啜汗时代的特点是封建剥削加强，统治上层与被统治的人民之间的矛盾激化。默啜汗的继承人默矩汗（683—734）也未能使国家摆脱民穷财尽的危机状态。封建化的加强加剧了社会矛盾，中央政权的衰弱为回纥部落所利用。回纥部落爆发起义。东突厥汗国由此于 745 年灭亡。

在突厥废墟上建立起来的回纥国，就其类型而言，如同宁·伊希扎木茨和策·道尔吉苏荣在《蒙古人民共和国通史》中所写的那样，也是一个早期封建制国家①。回纥国的上层政权属于可汗，其国都是位于鄂尔浑河岸边的巴雷克里克城（哈剌巴勒嘎斯）。

回纥汗国存在年代不足 100 年。宁·伊希扎木茨和策·道尔吉苏荣强调指出，8 世纪末回纥上层分立倾向加剧，引起了尖锐的内部斗争；加之回纥统治下的部落——九族鞑靼部、乃蛮部和九姓回纥部发动起义，局势更趋不稳。汗国终于在 840 年为黠戛斯人所灭。

关于黠戛斯人，《蒙古人民共和国通史》论述不多②。作者指出，黠戛斯人自米奴辛斯克盆地来到蒙古境内，他们是牧民和农民，还是从事手工业并炼铁的人。黠戛斯社会封建化的过程，到九世纪时得到了显著发展。黠戛斯人在此基础上建立了以可汗为首的国家。黠戛斯汗国在中央亚各族人民史上没有留下显著痕迹。它存在时间不长，到 10 世纪时为一个蒙古语族部落——契丹所灭。

---

① 同上，第 134—148 页。
② 同上，第 143 页。

《蒙古人民共和国通史》中契丹一章①的作者是贺·佩尔列。这位学者以大量的事实材料揭开了契丹国的形成史。贺·佩尔列发展并深化了尼·雅·比丘林的观点,证明契丹人的历史与原本蒙古人国家的产生和建立有密切关系。而原本蒙古人的后裔就是蒙古人民共和国的国民。贺·佩尔列把契丹国的建立,同 917 年取得可汗位的阿保机的名字联系在一起。阿保机当上国家首领之后,废除政权的选举制,使可汗继承制合法化。

契丹人的国家——辽帝国的社会经济关系不是单一的:北部地区土著居民从事的多是游牧业;南部地区主要是汉人居住区,从事的多为农业。契丹封建主拥有大量畜群,与此同时,其臣民们通常也有少量畜群。作者强调指出,这一点可以说明,契丹社会正处于急剧的社会分化过程中。古老的奴隶制以一种制度形式在契丹人中存在过,但并未得到多大发展。

贺·佩尔列指出,佛教在契丹国内得到广泛传播。发掘契丹古城得到的考古资料说明,契丹人文化发达。从 8 世纪起,契丹人就有了自己的文字(同时还采用略经改动的汉文)、自己的文学、科学和艺术(地理学、医学、绘画和雕塑得到显著发展)。贺·佩尔列正确地指出,契丹人的文化以及他们在社会和政治方面的发展,不可能不对邻近部落和民族产生影响。

贺·佩尔列在谈到延续 200 年的辽帝国最终灭亡的原因时,以充分的理由指出,主要原因不在于外部因素如战争等,而在于充满社会生活各个领域的政治、社会和经济中不可解决的内部矛盾。辽帝国崩溃之后,登上历史舞台的便是 10—12 世纪居住在北部蒙古草原上的其他蒙古部落。

---

① 同上,第 149—164 页。

鄂嫩河—克鲁伦河蒙古人　统一的蒙古国家的建立

贺·佩尔列的《契丹帝国时期（907—1125 年）的原本蒙古诸部》和杜·贡格尔的《喀尔喀简史》，以及《蒙古人民共和国通史》中的一章[①]，谈的是居住在三河——鄂嫩河、克鲁伦河和土拉河流域蒙古人的历史。这些学者探讨了 10—12 世纪蒙古社会经历的社会和政治过程。此外，杜·贡格尔还为自己提出一个任务，即弄清蒙古人是从何处来到三河流域的，并弄清谁是他们的始祖。在寻求这些问题的答案过程中，他首先求助于尼·雅·比丘林的著作，还研究了波斯文、汉文和蒙古文文献资料。杜·贡格尔赞成尼·雅·比丘林关于原本蒙古部落起源和迁徙的观点。他得出结论认为，蒙古人的祖先是柔然人。6 世纪时，他们避开突厥人的进攻，躲进额尔古纳河谷地。8 世纪时，这个谷地的居民人数大增，于是他们走出谷地，来到蒙古草原上[②]。

到 10 世纪中叶，他们已经成为相当强大的部落，用贺·佩尔列的话来说，即使军事上组织完好的契丹人对他们也不敢等闲视之。又过了两个世纪，这些戎人的后裔（据杜·贡格尔的论证）便在合不勒汗（1101—1148）的领导下联合起来，组成了早期封建制蒙古国家"哈马格·蒙古·兀鲁思"（"全蒙古国"）[③]。加入这个国家的不仅有起源于孛端察儿的原本蒙古部落，而且有与其同源并以孛儿帖赤那为祖先的其他部落[④]。

全蒙古国领有包括杭爱山两侧，鄂尔浑河、鄂嫩河、土拉河、哈

---

① 见第 184 页注 ③；《蒙古人民共和国通史》，第 1 卷，第 167—199 页。
② 杜·贡格尔：《喀尔喀简史·1》，第 44 页。
③ 同上，第 72 页。
④ 同上，第 74 页。

拉哈河两岸,贝尔湖与呼伦湖湖滨,不儿罕合勒敦山麓在内的广阔土地①。哈马格·蒙古人同邻近的女真人所建立的金国以及依附于女真人的塔塔儿人进行过战争,均取得了胜利②。1147 年,蒙古人与女真人签订和约,根据这一和约,哈马格·蒙古从女真国手中得到 27 个边寨。杜·贡格尔把这件事看作是哈马格·蒙古国在当时中央亚最为强盛的例证③。12 世纪末,蒙古上层中爆发了激烈的争权斗争。争权的一方以铁木真为首,另一方以札木合为首。铁木真取得胜利,并于 1206 年被推戴为号曰"成吉思汗"的全蒙古的汗。

杜·贡格尔考察了铁木真争权斗争的过程,弄清了对立双方的力量对比,指出,13 世纪初统一的蒙古封建国家的建立当开始于哈马格·蒙古汗国的复兴。他认为,哈马格·蒙古汗国是成吉思汗封建帝国的民族和政治基础④。这一观点在宁·伊希扎木茨的著作,特别是他的专著《统一蒙古国家的建立与封建制度在蒙古的确立》中,得到了发展。

12 世纪末至 13 世纪初,蒙古历史上充满了各种重要事件。宁·伊希扎木茨认为,这证明国家已进入封建生产方式形成已告结束和农奴制已告确立的阶段⑤。1206 年,成吉思汗取得政权,他成了全部国家事务的唯一主宰者,蒙古国家全部土地的最高领有者。这位蒙古汗所做的第一件事就是分封土地——"兀鲁思"。他把这些"兀鲁思"作为世袭财产分给自己的儿子们。此外,杜·贡格尔指出,蒙古全境就像匈奴那样,分为左翼、中翼和右翼⑥。成吉

---

① 同上,第 72 页。

② 同上,第 74 页。

③ 同上,第 73 页。

④ 同上,第 90 页。

⑤ 宁·伊希扎木茨:《统一蒙古国家的建立与蒙古封建制度的确立(十一世纪—十三世纪中)》,博士学位论文摘要,莫斯科,1972 年,第 9—10 页。

⑥ 杜·贡格尔:《由氏族制向封建制过渡时期的蒙古(十一世纪—十三世纪)》,博士学位论文摘要,莫斯科—乌兰巴托,1974 年,第 15 页。

思汗国的基本行政和军事单位是"明安"(千户)。

蒙古历史学家对当时蒙古社会的社会和经济关系问题,提出了一系列有趣的设想。宁·伊希扎木茨、杜·贡格尔和蒙古人民共和国的其他历史学家认为,千户那颜对于自己"明安"内的土地、牧地没有所有权,他们只有终身(而不是世袭)管理这些地域并为所属游牧民分配土地的权利。至于那些游牧民,则完全依附于千户那颜,并向蒙古汗交纳贡赋。

得到成吉思汗土地分封即"兀鲁思"的皇室子弟和领主们,是13世纪上半叶蒙古社会统治上层的另一类统治人物。他们可以像支配完全世袭的私有物一样,支配这些"兀鲁思"和组成"兀鲁思"的"明安"。他们在得到土地的同时,还得到了"哈里亚特·伊勒根"(臣民)或者"阿勒巴图"(贡民)。

宁·伊希扎木茨发展了这一思想。他写道,鉴于蒙古国家及其军事封建结构的种种特点,农牧民对于封建主牧奴式的依赖性是多种多样的。蒙古牧奴式的依赖性形式和土地所有制形式,又决定了各阶级之间社会财富的分配性质,地租和国家赋税的规模。

宁·伊希扎木茨写道,类似封建主把畜群强迫分给农牧民放牧的这种剥削农牧民劳动方式,在当时被广泛采用。沙·纳楚克道尔吉认为,这种独特的徭役地租形式,连同其他剥削农牧民的方式一起,在蒙古一直存在到1921年人民革命胜利[1]。

我们简单地分析一下蒙古史学家对成吉思汗的评价问题。在《蒙古人民共和国通史》和其他著述中,沙·纳楚克道尔吉、沙·桑达格、宁·伊希扎木茨、巴·锡林迪布都强调指出,成吉思汗建立统一的蒙古国家是一个进步现象,因为这一点促进了更为进步的

---

[1] 沙·纳楚克道尔吉:《论蒙古封建制度的经济基础问题》,第12页;宁·伊希扎木茨:《统一蒙古国家的建立与蒙古封建制度的确立》,第23—24页。

社会关系在蒙古的确立和蒙古部族的形成①。成吉思汗之于蒙古史和世界史的作用,在他促进客观历史发展的范围内是应当肯定的②。与此同时,由成吉思汗开始、由其继承人继续的掠夺性战争,则"给欧亚各族人民带来无数牺牲和破坏,造成了无价历史珍宝的毁灭,并大大延缓了被征服各国的发展进程"③。

封建割据时代

封建割据和内讧战争时代(15—17 世纪),一直是数世纪蒙古史上研究最差的一个部分。这主要是资料贫乏所致。大部分资料,显然毁于 14 世纪末至 17 世纪末那场震撼蒙古的武装冲突战火。蒙古人民共和国的学者们从 20 世纪 50 年代开始撰写先为一卷本后为三卷本的《蒙古人民共和国通史》时,对这一通常被称为"混乱时代"的历史进行了深入研究。

阐述蒙古封建割据时代历史最完备、最合乎逻辑的,是沙·纳楚克道尔吉的著作(三卷本《蒙古人民共和国通史》的一章④及其专著《喀尔喀简史》中的相应章节)和杜·贡格尔的著作(书名同上)。蒙古历史学家以马列主义经典作家和苏联学者的著作为依据,在自己的著作中以应有的方式,对当时蒙古社会发生的过程进行了描述。

沙·纳楚克道尔吉在阐述政治状况时,指出,当时的政治状况有两种主要倾向:一方面是渴求中央集权和国家联合,另一方面是

---

① 《党的生活》,1968 年,第 14 期,第 73 页;《蒙古人民共和国通史》,第 2 卷,第 329 页;沙·桑达格:《统一蒙古国的建立与成吉思汗》,载文集《鞑靼—蒙古人在亚洲和欧洲》,莫斯科,1970 年,第 41 页。

② 同上。

③ 《蒙古人民共和国通史》,第 1 卷,第 241 页。

④ 《蒙古人民共和国通史》,第 1 卷,第 114—第 457 页。

分立主义不断增强。这位学者写道,在经济领域中蒙古正面临困难局面。这种局面与其说与国内因素有关,毋宁说与国外因素,主要是指国家依赖同中国贸易有关。

同中国的关系问题,是研究这一时期中最重要的问题之一。比如,蒙古人民共和国的历史学家们在澄清蒙古—瓦剌(卫拉特)战争的原因和性质时,以充足的理由在自己的著作中强调指出,中国于15—16世纪的明代和17—18世纪的清代,在挑拨东西两部蒙古人造成不和方面,扮演了十分积极的角色。它企图以此达到不仅削弱而且完全控制东部蒙古和西部蒙古的目的。

当时,中国政府手中最有效的政治手段,就是蒙古人迫切需要而中国当局却时开时关的贸易市场。沙·纳楚克道尔吉说,关闭边市,就会引起蒙古人对中国的武装侵袭或战争,如1449年瓦剌的也先汗发动的战争就是一例。沙·纳楚克道尔吉在《蒙古人民共和国通史》中,以汉文史料为基础,对这次战争做了描述①。这位学者写道,蒙古人与中国之间进行的这类战争,在达延汗(1464—1544)、俺答汗(1507—1582)和土蛮汗(1557—1593)掌权期间也曾发生过。俺答汗为争取贸易互市开放而进行的努力最为持久,然而他的种种建议总是遭到中国政府的拒绝。直到1571年俺答汗加大军事压力之后,才得以同中国政府签订开放边市的协议。

封建割据时代蒙古史学研究的另一个最重要组成部分,是对"鄂托克"的社会属性及其在蒙古社会结构中的地位问题所进行的探讨。沙·纳楚克道尔吉饶有兴味的文章《论明安、鄂托克与爱马克》②,论述的就是这一问题。沙·纳楚克道尔吉赞同鲍·雅·符拉基米尔佐夫在其论著《蒙古的社会制度》中论证的观点,即"鄂托

---

① 同上,第423页。
② 沙·纳楚克道尔吉:《论明安、鄂托克与爱马克》[蒙古文],载《科学院通报》,乌兰巴托,1970年,第4期。

克"是用以代替成吉思汗时代的"明安"(千户)的,但同时也对鲍·雅·符拉基米尔佐夫的观点进行了修正。这位蒙古学者认为,封建割据时代的"鄂托克""不能被认为是对从前'明安'的直接替代",因为"鄂托克"之不同于"明安"之处在于,15—16世纪时,它"首先是一种社会经济基层单位"①。沙·纳楚克道尔吉认为,"鄂托克"之所以取代"明安",首先是封建土地所有制继续发展的结果。这位学者承认,鲍·雅·符拉基米尔佐夫指出"鄂托克"是蒙古皇室子弟与其他大封建主在15—16世纪获得的封地这一观点是正确的。沙·纳楚克道尔吉写道,这样一来,"鄂托克"就与一定地域以及居住在这一地域内的一定人群这些概念密切相关。"鄂托克"的地域可以随着不同情况而有所改变,但是组成"鄂托克"的人之间的关系即使是在新的游牧地也不会改变,也就是说,这种关系要适应封建生产方式。

沙·纳楚克道尔吉在分析"鄂托克"这一术语产生的时间问题时,提出了这样的设想:这一术语在蒙古人中很早以前就已存在。"鄂托克"至少在忽必烈汗时代(1260—1294年)即已有之。据史料记载,当时的"鄂托克"包括一万个"阿寅勒"。后来,"鄂托克"中的"爱马克"之数则只徘徊在数千个乃至数十个之间。

沙·纳楚克道尔吉强调指出,"爱马克"与"鄂托克"一样,最初是一种经济单位。不过,"鄂托克"是以皇室子弟或大领主为首,而"爱马克"则以从属于前者的小封建主为首。这位学者写道,"爱马克"与"鄂托克"的主要区别在于:组成同一"爱马克"的人虽然可能属于不同的氏族,但他们有血缘关系。他们供奉同一个祖先,从这一个祖先起计算自己的辈分。

沙·纳楚克道尔吉指出,元代蒙古(13—14世纪)存在过两种

① 同上,第47页。

世袭制领地——"忽必"(份地)和"乌木其"(封地)。与此不同的，还有一种对地段及其境内居民终身领有而不是世袭领有制形式，这种领有制叫做"哈里亚特·爱马克"(从属爱马克)，《元史》中用"所部"(所辖之部)来表示。格呼森札汗死后(1549 年)，他的世袭封地("土绵"，"兀鲁思")被分成三个"爱马克"(或者叫汗国)，分属三个世袭领有者——车臣汗，土谢图汗和扎萨克图汗。从此，"爱马克"不但是经济单位，也成了行政单位。

所有研究家在研究封建时代蒙古人的社会制度时，至今总是回避蒙古农业公社这个问题。杜·贡格尔首先提出了这个问题①，他为自己提出了这样的研究课题：蒙古存在不存在农业公社；如果存在，它是一种什么形式，在蒙古人的历史上有什么作用。为了解答这些问题，杜·贡格尔引用了研究过苏联突厥语族和蒙古语族各民族农业公社的苏联学者列·帕·波塔波夫、谢·伊·瓦因施坦、维·弗·沙赫马托夫、叶·米·扎尔金德等人提供的资料。

这位学者在谈到农业公社的双重属性(土地所有制中公有制占优势，其他财产则为私有制占优势)时，得出这样的结论：在蒙古，早在 11—12 世纪，农业公社就以一种独特的游牧"浩特—阿寅勒"("和屯")的形式开始存在了。杜·贡格尔认为，蒙古的"浩特—阿寅勒"，是一种若干户的联合体，它是蒙古人社会组织的一种形式，而不是行政单位。这种公社只存在于游牧民之中。一群猎人，一群手工业者，一群农民或寺院人口，不能叫作"浩特—阿寅勒"。"浩特—阿寅勒"的经济基础是共同使用土地、水井和牧场，共同照看畜群。不过即使如此，畜群也和其他劳动工具一样，仍然是公社成员的私有财产。

杜·贡格尔断定，"浩特—阿寅勒"是用以取代蒙古历史上封

---

① 杜·贡格尔：《由氏族制向封建制过渡时期的蒙古》，第 23—32 页。

建社会出现前存在过的所谓"古列延"游牧的①。"浩特—阿寅勒"的成员数目不固定,它取决于气候季节、游牧地状况,取决于畜群数量和品种、公社成员的经济利益,还取决于公社成员的血缘关系。一般规律是:组成"浩特—阿寅勒"的户数与属于公社成员所有的畜群数成反比——公社中的畜群越多,则户数越少。加入"浩特—阿寅勒"是出于自愿的,然而要退出"浩特—阿寅勒"就不那么简单了:一旦退出,牧民就会失去使用公社牧场的权利,也得不到一份封地。

就阶级构成来看,"浩特—阿寅勒"不是单一的。公社中存在着穷人对富人的依赖关系,富人对穷人的剥削关系。对穷苦社员的剥削形式多种多样,穷人在富裕的公社成员生产事务中投入的劳动,往往为亲缘关系或所谓互助所掩盖。剥削关系还以抵债工役的形式出现,这种债务迫使贫穷的公社成员终身依附于富人。

杜·贡格尔在其学术著作中指出,"浩特—阿寅勒"与"共有畜群户"("苏鲁格·尼盖图·阿寅勒")具有共同点。"浩特—阿寅勒"中的公社成员们与"共有畜群户"的成员们一样,彼此之间有血缘关系,来自同一个祖先。杜·贡格尔预先反对将"浩特—阿寅勒"与原始公社混为一谈的企图。他断定,基于上述情况,可以做出如下结论:在封建蒙古条件下,"浩特—阿寅勒"是一种独特的区域性游牧式农村公社②。

喀尔喀部族的形成

属于蒙古语族的喀尔喀部族的形成问题,作为蒙古封建制度

---

① 同上,第 24—25 页。
② 同上,第 25—26 页。

的形成与发展的普遍问题中的一部分,在沙·纳楚克道尔吉、宁·伊希扎木茨、贡·苏赫巴特尔等学者的一系列著述中已有涉及。而最先对其进行专门分析的,则有杜·贡格尔的文章《论喀尔喀部族的形成问题》①。杜·贡格尔认为,从8世纪初起,以"蒙古人"这个共同称呼在当今蒙古人民共和国境内形成了部落联合体,其核心是三河流域原本蒙古人,蒙古语族部落篾儿乞、塔塔儿、卫拉特,以及蒙古化了的突厥部落和突厥化了的蒙古部落,这些部落是蒙古部族形成的基础。杜·贡格尔认为,在上述各部落中,12世纪与13世纪交替时期实现联合并建立第一个统一的蒙古封建国家的三河流域原本蒙古人,是现代喀尔喀蒙古人的直接祖先②。封建国家的体制传统之所以为喀尔喀人在此后若干世纪所保存,原因就在于喀尔喀人是古代蒙古人传统的后裔和继承者。

蒙古部族的形成,在统一的民族国家范围内获得了新的动因,加快了速度。形成统一的蒙古文化和共同的蒙古语言,联合各部落占有的各个局部地区成为蒙古民族的统一领土所需要的这些条件,都具备了。

成吉思汗死后,原本蒙古"兀鲁思"传到他的幼子拖雷手中,这块封地从此被称作"高勒因·兀鲁思"(中央封地)。拖雷的封地包括三河流域地面、"哈剌温只敦土绵"和阿尔泰一带"土绵"管辖地。由于拖雷的封地处于中央位置,所以它在与其他皇室子弟封地的联系方面地位十分优越。到元朝时,国家中心由蒙古迁到中国,这块原本蒙古"兀鲁思"变成了元帝国一个北方省份,被称作"哈剌和林"(或北方省)。元朝灭亡(1368年),蒙古征服者被逐出中国后,北方省再一次成为蒙古的中心,从而开始了喀尔喀部族形成史的

---

① 杜·贡格尔:《论喀尔喀部族的形成问题》,载《第二届国际蒙古学家大会论文集》,第1卷,乌兰巴托,1972年,第120—125页。

② 同上,第121页。杜·贡格尔认为,这个国家的建立时间为1189年。

新阶段。

在封建割据时代,东部蒙古被划分成六个"土绵",其中一个被称作"喀尔喀土绵"。"喀尔喀土绵"中包括原来的中央封地。到 16 世纪中叶,达延汗(1464—1544)把东部蒙古的六个"土绵"分给自己的儿子们,这又引起喀尔喀"土绵"的进一步被分割,结果被分成"南喀尔喀"和"北喀尔喀"。"北喀尔喀"(相当于统一的喀尔喀"土绵"的中央部分)由七个"鄂托克"组成,成了达延汗幼子格呼森扎汗(1513—1549)的领地。在格呼森扎汗及其继承人时代,这七个"鄂托克"被称作"喀尔喀"。到 16 世纪时,喀尔喀蒙古人形成了独特的方言和文字,出现了新的术语和名称——"喀尔喀·兀鲁思"(喀尔喀国家)、"喀尔喀—因·鄂伦"(喀尔喀地区)、"喀尔喀·忽谋思"(喀尔喀人),形成了新的风俗礼仪,形成了自己的名曰《喀尔喀·吉鲁姆》(《喀尔喀法》)的法律汇编,接受了新的宗教——佛教(喇嘛教)。杜·贡格尔强调指出,所有这些都证明,喀尔喀部族正是在这一时期最终形成的。

这样,杜·贡格尔的阐述为我们展现了三河流域原本蒙古人的直接后裔和蒙古人民共和国当今社会主义民族的最近祖先,独特的蒙古语族的部族——喀尔喀人形成的历史过程。

古代与中世纪的定居村落和城市

各个历史时期居住在蒙古草原上的各族人民,包括原本蒙古部落在内,他们之中封建关系的形成与发展,均与定居村落和城市在蒙古境内的出现有密切关系。研究这个问题最富成果的是贺·佩尔列。他发表了一系列文章与专著。他在这方面的基本著作之一,是《蒙古人民共和国境内古代和中世纪古城古村简述》①。这位学者不仅把这些蒙古的村落、城市看作是商业中心,而且看作是游牧环境中定居文化的中心。他对第二个问题尤为关注。贺·佩尔列引证事实材料,论证了自己的想法。他认为,已经广泛流传的关于蒙古是一个游牧业经济和游牧生活方式在其全部历史时期都占绝对优势的国家这一概念,应当加以严肃纠正②。

贺·佩尔列在描述蒙古境内发现的属于各个历史时代的定居生活发源地时指出,这是一些手工业和商业城市、军事要塞、封建城堡、大汗及其"赛德"们(大臣们)的宫殿。在大部分城市附近,考古学家都发现灌溉农业的遗迹。这令人信服地证明,定居,在游牧民族史上占有十分显著的地位,其意义要比现在人们通常所能理解到的更为重要。

至目前为止,学者们在蒙古境内共发现约 300 个村落遗址。贺·佩尔列认为,在过去若干世纪中,那里曾有过蓬蓬勃勃的城市生活景象。贺·佩尔列认为,蒙古的大部分古代和中世纪城市由各不相同的市区组成:一些是上层人物的宫殿,另一些是商人和手工业者的住宅,还有一些则是贫苦奴隶或强迫定居的游牧民住地。这些城市村落虽然彼此相距甚远,且常常互不依赖,但是,它们在相应的部落联盟经济中起过很大作用,并对其文化发展起到促进作用。

上述贺·佩尔列的著作共有六章,以年代为序,依次叙述了从1—17 世纪末这一大段时间内城市型定居村落的产生史。在这 17 个世纪中,蒙古各个部分的城市村落在不断地建筑、毁坏和重修。贺·佩尔列在一篇文章中③写道,汗国——突厥人和蒙古人游牧部

① 贺·佩尔列:《蒙古人民共和国境内古代和中世纪古城古村简述》[蒙古文],乌兰巴托,1961 年。
② 同上,第 153 页。
③ 贺·佩尔列:《沿着历史的足迹》,载《蒙古》,乌兰巴托,1975 年,第 1 期。

落所建的古代国家与帝国,从 2—11 世纪,在蒙古境内存在过。即使在今天,考古学家也可以在鄂尔浑河和土拉河流域找到这些文明的遗迹。蒙古考古学家在鄂尔浑河、克鲁伦河及南部的戈壁沙漠中发现过 1—11 世纪带有土堡的村落遗址。贺·佩尔列详细指出,在发掘古城遗址和古村遗址时,"考古学家发现有许多陶器、陶轮、家畜骨骸、生产用的铁器制品"①。根据文字史料得知,鲜卑时代在弹汗山建过牙帐,柔然时代建过龙庭,8 世纪后半叶回纥人在鄂尔浑河畔建过巴雷克里克(哈剌八勒嘎斯)城和哈剌和林城。20世纪 50 年代,考古学家们曾在土拉河流域发现过 10 座契丹时代的古城遗址,其中有青—陶勒盖(镇州)、哈剌布和—巴勒嘎斯等②。贺·佩尔列写道,9 世纪中叶至 11 世纪初,蒙古有过若干座城市和设防居民点。这一时期,最著名的建筑是巴嘎河上的桥和海都汗的宫殿。

　　贺·佩尔列写道,从 12 世纪起,蒙古历史开始了一个新时代——由"在阿尔泰山和兴安岭之间广阔的地域"建立了自己统一国家的原本蒙古部落为领导的时代③。这位学者强调指出,对这一时期的考古遗存进行研究,有助于更好地了解蒙古人民的历史。

　　贺·佩尔列认为,蒙古中世纪城市建筑和城市生活发展的鼎盛时期是 13 世纪。这一世纪的前半叶,哈剌和林城中窝阔台汗的万安宫开始构筑(1235 年),同时有两座新的城市——扫邻和图苏湖建成。而后,在 13 世纪后半叶至 14 世纪初,又出现了额尔楚·察干—巴勒嘎斯城和阿拉龙·察干—巴勒嘎斯城,其壮观程度如贺·佩尔列根据他在考古调查和文字史料研究基础上所指出的那

① 同上,第 24 页。
② 贺·佩尔列:《蒙古人民共和国境内古代和中世纪古城古村简述》,第 154 页。
③ 贺·佩尔列:《沿着历史的足迹》,第 24 页。

样,与汗八里(北京)城一样①。窝阔台汗时代,还在由鄂嫩河中游地区起到流经苏联领土的加纳河止,筑起一道土墙式的防护建筑。当地居民把这道土墙称作"成吉思汗墙"。这道土墙的确切用途从科学上尚未确定。这位学者认为,它可能是用以防止"羚羊或其他野生动物从窝阔台汗的封地跑到敖特根[幼子,似指拖雷——译者注]那颜封地"的一道隔离墙。②

元朝灭亡(1368年)后,开始了一段长期的蒙中之争和内讧时期。14世纪末,中国军队曾打到蒙古首都哈剌和林,并摧毁哈剌和林。贺·佩尔列写道,其他城市也遭到过同样的命运,但是蒙古境内的城市生活并未停止。蒙古史料记载,从15世纪到17世纪,蒙古国内开始构筑所谓临时城市,其遗址现在已被考古学家在台思河、图伊河、哈拉布和河盆地发现③。16世纪末,蒙古汗阿巴岱—赛音(1534—1586)在从前的首都所在地为自己建造过宫殿;而后在1586—1587年,由于蒙古人接受了喇嘛教,于是在离该城遗址不远的地方又建起了佛寺额尔德尼召,此后这座寺庙成为蒙古境内香火最盛的寺庙之一。现在额尔德尼召已改成博物馆。

从17世纪下半叶起,开始到处修建寺院和各种庙宇。比如,1666年温都尔葛根的长兄修起了奇赫—鄂尔德庙,1685年又在宗赫祖地方修起了寺庙④。贺·佩尔列报告说,寺院、庙宇和城市周围出现了商业、手工业和农业村落。哈拉布和河、台思河、马安特河岸边以及蒙古其他地方的遗址中出土的发现物,就是证明⑤。

大库伦——蒙古人民共和国现在的首都乌兰巴托的历史,是游牧文明条件下可以出现新城市的明显例证。这座城市位于土拉

---

① 贺·佩尔列:《蒙古人民共和国境内古代和中世纪古城古村简述》,第156页。
② 同上,第103—104页。
③ 贺·佩尔列:《沿着历史的足迹》,第24页。
④ 贺·佩尔列:《蒙古人民共和国境内古代和中世纪古城古村简述》,第130—131页。
⑤ 贺·佩尔列:《沿着历史的足迹》,第24页。

河畔,始建年代是在 17 世纪中叶。最初,这里只有一座喇嘛庙。后来随着时间推移,庙宇变成一处大型寺院,成了蒙古佛教中心,吸引了大批香客。商人、手工业者随之而来,并在寺院附近盖起了房屋店铺。城市就这样形成了。到 18 世纪时,大库伦已成为蒙古的行政中心。

乌里雅苏台和科布多两城的建立经过,则是另一番情形。它们作为供满汉士兵驻扎的卫戍要塞,于 18 世纪由中国清朝政府修建。18 世纪时还修建过一些城塞,不过后来都由于种种原因而遭破坏①。

最后应当指出,蒙古学者在研究游牧蒙古的定居生活方面,在研究定居和游牧这两种因素结合的许多问题上,都取得了很大成绩。

史学史研究

蒙古人民共和国的学者们研究本国文献史料的工作,开始于 20 世纪 40 年代初。他们的工作建立在世界蒙古学主要是马克思主义蒙古学成果的基础之上。最早的蒙古文献史料研究著作,出自沙·纳楚克道尔吉和贺·佩尔列之手②。

从 20 世纪 60 年代初起,蒙古历史学家沙·比拉开始从事文献史料学研究。他在这方面的第一部著作,是有关蒙古的藏文文献史料研究③。沙·比拉的直接研究对象是 20 世纪初沙·达木丁

①同上。

②沙·纳楚克道尔吉:《略谈〈白史〉》[蒙古文],乌兰巴托,1956 年;贺·佩尔列:《三部原未知晓的抄本》[蒙古文],乌兰巴托,1957 年;同一作者:《论革命前的蒙古史学史》[蒙古文],乌兰巴托,1958 年;同一作者:《〈宝罗·托里〉(〈水晶鉴〉)的一种南戈壁省抄本的跋》,载《蒙古论文集:经济,历史,考古》,莫斯科,1959 年,第 182—187 页。

③沙·比拉:《对达木丁〈赛儿吉·德卜帖儿〉进行史学史研究的尝试(论蒙古的藏文史籍研究问题)》,副博士学位论文摘要,莫斯科,1960 年。

(1867—1937)撰写的《赛儿吉·德卜帖儿》(《金册》)。沙·达木丁是多部藏文著作的作者。后来他的著作收为 12 卷,其中包括为哲学家和历史学家感兴趣的对佛教哲学和逻辑问题所做的注疏。不过,沙·比拉认为,沙·达木丁的历史著作,首先是他的《赛儿吉·德卜帖儿》最有价值。沙·比拉断定,这部著作不但在藏文文献史料,而且在整个蒙古民族文献史料中,都占有重要地位。

沙·达木丁这部著作的内容是有关中世纪蒙古城市、蒙古寺院的资料,有关"沙比纳尔"(表面意思为徒弟,实际上为仆人,蒙古宗教封建主的农奴)法规的资料,有关阿睦尔撒纳、噶尔丹·博硕克图汗、青衮咱卜领主的故事,有关蒙古人同卫拉特人的战争、清朝与蒙古之间的战争故事,以及有关 17—19 世纪喀尔喀社会生活和政治生活的资料。沙·达木丁的 12 卷著作还包含有蒙古佛教史的丰富资料,其中最有珍贵价值的是叙述佛教在古代蒙古境内各部落流布的章节。沙·达木丁认为,佛教传入蒙古草原的时间要比一般佛教文献史料中的记载早得多。沙·比拉认为,这一观点值得严重注意。沙·达木丁对佛教在蒙古的流布史各个阶段做了相当明确的区分,分做早期阶段、中期阶段和晚期阶段。沙·比拉写道,必须对沙·达木丁有关"忽毕勒罕"(活佛)这类人的生动描写予以注意:达木丁把"忽毕勒罕"称为"人间最造孽的人;他们由于信徒们馈赠财物而理智发昏,良好品格不断耗去,罪过不断增加,出路只有一条——堕入地狱"[1]。

沙·比拉写道,尽管沙·达木丁的这部著作有许多优点,然而严重缺陷不可避免,主要缺陷在于他从佛教思想意识立场出发来描述历史事件。在沙·达木丁看来,历史就是一连串事件,而这些事件又是"天意的表现"。沙·达木丁还认为,历史学家的任务在

---

[1] 同上。

于简要描述宗教和世俗的历史事实;他认为汗与佛教高僧的活动就是历史内容。

沙·比拉说,沙·达木丁不仅撰写过历史著作,还翻译过文献史籍。他用藏文翻译的著名中国旅行家法显(5 世纪)游记以及为译本所做的注释、引言和结语,学术价值颇高。《法显游记》是中央亚史中最有趣的文献资料,沙·达木丁的译本至今仍是唯一译本。

沙·达木丁是当时蒙古最有学问的人物之一。他虽然生活在宗教环境中,受的是佛教教育,世界观和学术创作自然也不免要打上这类东西的深刻烙印,但是他的著述在蒙古的藏文历史著作发展过程中依然起过重大作用。这些著作,是革命前蒙古文献史料中最后一批巨著。

沙·比拉研究用旧蒙古文写成的中世纪历史著作的文章还有:《旧蒙古文史学史若干问题》《关于呼图克图·彻辰—洪台吉的一项法规》《〈白史〉基本资料的分析及其成书年代》①。20 世纪 60 年代末,沙·比拉开始撰写总结性著作《十三世纪至十七世纪的蒙古史学史》一书。这是他的博士学位论文②。

在这之前,蒙古人民共和国的蒙古史学史研究工作已经取得了一定的成就。沙·纳楚克道尔吉、贺·佩尔列、策·那顺巴勒吉日、曾·达木丁苏荣等学者,整理和刊布了封建时代一系列珍贵历史文献和文件。他们首先出版和重版了那些没有得到很好研究的、特别是专家们很难得到的著作和文献,如:《乌兰·哈察尔塔斯》[《红皮书》]、萨刚彻辰《额尔德尼·脱卜赤》[《蒙古源流》]、噶尔丹《额尔德尼·额里赫》[《宝贝念珠》]、《喀尔喀·吉鲁姆》[《喀

---

① 沙·比拉:《旧蒙古文史学史若干问题》[蒙古文],载《科学院通报》,1966 年,第 1 期,第 59—89 页;同一作者:《关于呼图克图·彻辰—洪台吉的一项法规》[蒙古文],载《科学院通报》,1970 年,第 3 期;同一作者:《〈白史〉基本资料的分析及其成书年代》,载《历史研究》,见《历史研究》丛刊,第 8 卷,第 13 辑,乌兰巴托,1970 年。
② 沙·比拉:《十三世纪至十七世纪的蒙古史学史》,博士学位论文摘要,莫斯科,1972 年。

尔喀法》]、《忙豁仑·纽察·脱卜赤颜》[《蒙古秘史》]、罗卜藏丹津《阿勒坦·脱卜赤》[《黄金史纲》]等一系列著作①。值得指出的还有从 1960 年开始出版的《Studia Historica》[《历史研究》],这是一种刊登有关蒙古历史学和史学史文章的科学院丛刊。所有这些,都为上面提到的沙·比拉的综合性著述的撰写工作奠定了良好基础。这位学者在谈到撰写这部著作的任务时写道:"我们努力研究蒙古人的历史知识史,研究反映蒙古社会阶级斗争的各种历史政治思想史、历史哲学思想史和宗教思想史,研究蒙古历史学家改变和完善研究历史及注释历史文献方法的历史,而在这一过程中,我们所依据的乃是蒙古社会发展的普遍历史过程。"②

　　沙·比拉指出,蒙古人在历史知识领域所取得的成就,都与蒙古国建立之前居住在蒙古境内的各个民族、各个部落世世代代积累的东西密切联系在一起。沙·比拉断定,蒙古最早的史学活动遗迹是突厥民族留下的。突厥民族在自己国家处于繁荣昌盛时期,产生了本国的文献史料,构成游牧民族历史知识发展过程的一个阶段③。蒙古人发展了前辈的史学遗产,并以本民族传统的固有特点使之得以丰富。蒙古人产生文字历史的基础,是蒙古语族各民族和各部落的口头民间创作。沙·比拉认为,其例证就是《蒙古秘史》——13 世纪上半叶出现的一部历史—文学作品。这部作品不仅含有远古历史材料,还含有这部历史文献出现前不久发生事

---

① 《乌兰·哈察尔塔斯》(《红皮书》)[蒙古文],沙·纳楚克道尔吉整理出版并作引言,载《历史文献》,第 5 卷,第 1 集,乌兰巴托,1960 年;萨刚彻辰,《额尔德尼·脱卜赤》(《蒙古源流》)[蒙古文],策·那顺巴勒吉日整理出版,载《历史文献》,第 1 卷,乌兰巴托,1961 年;噶尔丹,《额尔德尼·额利赫》(《宝贝念珠》)[蒙古文],策·那顺巴勒吉日整理出版,载《历史文献》,第 3 卷,第 1 集,乌兰巴托,1960 年;《忙豁仑·纽察·脱卜赤颜》(《蒙古秘史》)[蒙古文],曾·达木丁荣苏整理出版,第 2 版,乌兰巴托,1957 年;《阿勒坦·脱卜赤》(《黄金史纲。诸汗源流概要》)[蒙古文],策·沙格达尔整理出版,乌兰巴托,1957 年。

② 沙·比拉:《十三世纪至十七世纪的蒙古史学史》,第 4 页。

③ 同上,第 6 页。

件的材料。这位作者认为,《蒙古秘史》是一部与民间口头创作关系最为密切的原始著作,正因为如此,它永远保持着珍贵的学术价值,总是吸引研究家们的注意力。

沙·比拉论述《蒙古秘史》的著述,既不是蒙古学中唯一的一部,更不是第一部。世界上许多学者——帕拉迪(帕·伊·卡法罗夫)、阿·马·波兹德涅耶夫、谢·阿·柯津、艾·海涅什、路·李盖提、田清波、伯希和等人,都写过研究这部作品的论文。不过,他们的兴趣主要集中在语言文学方面。第一个把《蒙古秘史》看作是最珍贵的历史文献的学者,是鲍·雅·符拉基米尔佐夫。这位学者在写作学术论著《蒙古的社会制度》一书时,把《蒙古秘史》当作最重要的历史文献加以引用。沙·比拉也像鲍·雅·符拉基米尔佐夫一样,以一个历史学家的角度来研究《蒙古秘史》,把它看作是完整的蒙古人民群众和蒙古社会生活最丰富的资料来源。沙·比拉经过详细分析后指出,这部文献作品的情节线索和结构,对每个学者来说,只是一个大致要点。以这个要点为基础进行研究,才能考察出蒙古人的历史知识在其数百年的历史进程中的演变过程。

时间上与《蒙古秘史》最接近的一部著作,是 14 世纪成书的在学术著作中以《白史》著称的作品。沙·比拉为研究这部作品专门写了《〈白史〉基本资料的分析及其成书时代》一文[1]。《白史》之使沙·比拉感兴趣之处,首先在于它是一部史学史著作,反映了忽必烈汗时代的官方哲学思想。沙·比拉在对这部作品的结构做过分析之后,得出了一个有趣的结论,认为这是一部分两次写成的作品。沙·比拉认为,第二次写作的时间是 16 世纪,即蒙古历史学家呼图克图·彻辰·洪台吉(1540—1586)重新校勘这部作品的时候。沙·比拉指出,当然,要想准确划定原著和晚作之间的界限是

---

① 见第 209 页注①。

相当困难的。但是作品文本本身含有一些材料,使人们或多或少可以判定,哪些是呼图克图·彻辰之前别人写成的,哪些是呼图克图·彻辰本人写成的①。

沙·比拉认为,《白史》早期文本的主导思想是确立两种主要力量——世俗国家力量与教会力量统一起来的原则。沙·比拉说,从理论上提出确立这种思想要求的,可能是元帝国建立之前的事;而实现这种思想则是忽必烈汗执政时期,在西藏学者兼汗的国师八思巴喇嘛积极参与下才告完成。《白史》一书篇幅不长,但其作用可与帝国时代以及封建割据时代写成的一系列重要历史作品相匹敌。沙·比拉认为,只有这本书才可称作中世纪蒙古史学史的基本指南②。

在对沙·比拉研究中世纪蒙古史学史著作所做的分析即将结束之时,还应当谈谈他对流传甚广、多次重版的 17 世纪蒙古历史学家萨刚彻辰的著作《蒙古源流》(常被称作《萨刚彻辰史》)所做的分析。沙·比拉写道,这部著作有权被认为是 17 世纪蒙古史学史上一部杰出的文献作品。这部作品结构严谨,表现手法也无可挑剔。作者阐述 15—17 世纪蒙古史部分,是这部文献中最优美的篇章。就其政治观点来讲,萨刚彻辰是强大汗权的拥护者。他认为,只有忽必烈家族血统纯正的成吉思汗后代才有权成为蒙古的汗。沙·比拉指出,只有明白这一点,才能明白萨刚彻辰这位蒙古领主所持明显的反卫拉特立场。他采取这种立场,与解决卫拉特诸汗争夺全蒙古王位这一问题有关。

不能不说,沙·比拉的著作在资产阶级东方学关于一般游牧民族特别是蒙古人不可能有独立的历史创作,也不可能有自己的历史这种观点大肆泛滥的情况下,具有特殊的意义。沙·比拉的

---

① 沙·比拉:《十三世纪至十七世纪的蒙古史学史》,第 25—26 页。
② 同上,第 15 页。

学术著作令人信服地表明,类似观点完全站不住脚。

　　对蒙古中世纪历史学家的著作所做的如上评价证明,当代蒙古学术界在蒙古中世纪史研究领域中已取得了巨大的创造性成果。学者们在近 15—20 年中,不仅对蒙古学界多年来积累起来的东西作了批判性的认识,而且为世界蒙古学添加了自己的一份巨大贡献。这无疑是蒙古人民共和国学者进一步取得成就的保证。

　　(译文原载内蒙古社会科学院《蒙古学信息与情报》,1980 年,第 1 期)

参考书目

1［蒙古］沙·桑达格:《统一蒙古国的建立与成吉思汗》,载《鞑靼—蒙古人在亚洲和欧洲》,莫斯科,1977 年。Сандаг Ш. Образование единого монгольского государства и Чингисхан. — Татаромонголы в Азии и Европе. М., 1977.

2［波兰］斯·罗·库切拉:《蒙古人对西藏的征服》,载《鞑靼—蒙古人在亚洲和欧洲》,莫斯科,1977 年。Кучера С. Р. Завоевание монголами Тибета. — Татаро монголы в Азии и Европе. М., 1977.

3［苏联］希·包·齐木德道尔吉耶夫:《1771 年的"土尔扈特人东归"》(原标题为《十七世纪至十八世纪卫拉特人(喀尔梅克人)的迁徙。1771 年的"土尔扈特人东归"》),载《蒙古历史文化研究》,新西伯利亚城,1989 年。Чимитдоржиев Ш. Б. О перекочевках ойратов (калмыкаов) в XVII—XVIII вв. < Торгутский побег > 1771 г. —Исследования по истории и культуре Монголии. Новосибирск, 1989.

4［苏联］鲍·雅·符拉基米尔佐夫:《"五部喀尔喀"(Tabun otog Xałɣa)在哪里?》,载鲍·雅·符拉基米尔佐夫:《蒙古民族历史和民族学著作》,莫斯科,2002 年。Владимирцов Б. Я. Где《пять халхаских поколений (Tabun otog Xalxa)》? — Владимирцов Б. Я. Работы по истории и этнографии монгольских народов. М., 2002.

5［苏联］马·伊·戈尔曼:《西方中央亚考察队对蒙古地区的

研究》（原标题为《有关西方中央亚考察队考察蒙古的资料（二十世纪 20—30 年代）》），载《蒙古历史文化研究》，新西伯利亚城，1989年。Гольман М. И. О материалах западных центрально-азиатских экспедиций（20—30 -е гг. XX в. ）. — Исследования по истории и культуре Монголии. Новосибирск, 1989.

6［苏联］阿·加·加尔斯特扬:《论有关蒙古人的亚美尼亚文史料》，载《有关蒙古人的亚美尼亚文史料（摘自十三世纪至十四世纪抄本）》，阿·加·加尔斯特扬翻译并注释，莫斯科，1962年。Галстян А. Г. Об армянских источниках о монголах. — Армянские источники о монголах, извлечения из рукописей XIII— XIV вв. , перевод и примечания А. Г. Галстяна. М . , 1962.

7［苏联］加·伊·斯列萨尔丘克:《关于固始汗的俄文档案资料》，载《第三届国际蒙古学家大会论文集》，第 1 卷，乌兰巴托，1978 年。Слесарчук Г. И. Русские архивные материалы о Гуши-хане. —III Международный конгресс монголоведов, Т. 1. Улан-Батор,1978.

8［苏联］尼·帕·沙斯吉娜:《十七世纪蒙古编年史的结构》，载《亚洲东方的历史和文化》，第 1 卷，新西伯利亚城，1972 年。Шастина Н. П. Композиционное строение монгольских летописей（XVII век）. — История и культура востока Азии. Т. I. Новосибирск, 1972.

9［苏联］普·巴·巴拉登扎波夫:《〈察罕·图克〉的几种传抄本》，载《布里亚特东方学研究》，乌兰乌德，1981 年 。Балданжапов П. Б. Списки < Чаган тэукэ > — < Белая история >. —Востоковедные исследования в Бурятии. Улан-Удэ, 1981.

10［苏联］尼·策·蒙库耶夫:《〈察罕·图克〉的德文译本与注释》（原标题为《一部珍贵的蒙古史书的译文和注释》），载《远东问题》,1978 年,第 3 期。Мункуев Н. Ц. Перевод и комментарий уникального монгольского источника. —Проблемы Дальнего Востока. 1978, № 3.

11 ［苏联］伊·亚·兹拉特金:《游牧民族的社会经济史若干问题》,载《亚非民族》,1973 年,第 1 期。И. Я. Златкин. Некоторые проблемы социально-экономической истории кочевых народов. — Народы Азии и Африки. 1973, № 1.

12 ［苏联］斯·阿·普列特尼奥娃:《中世纪游牧社会的发展规律》,载《历史问题》,1981 年,第 6 期。Плетнева С. А. Закономерности развития кочевнических обществ в эпоху средневековья. —Вопросы истории. 1981, №6.

13 ［苏联］加·谢·戈罗霍娃:《蒙古人民共和国学者论蒙古中世纪史》,载《蒙古人民共和国的社会科学研究》,莫斯科,1977 年。Горохова Г. С. Монгольское средневековье в трудах ученых МНР. — Общественные науки в МНР. М., 1977.

译者后记

这本译文集《游牧社会史与蒙古史研究》，收入我汉译的国外学者撰写的有关游牧社会史和蒙古史的论文13篇。这批论文短则几千字，长则数万字，分别由苏联、蒙古、波兰著名蒙古学者撰写。论文作者集中论述了游牧社会史领域几个重要问题，如：有关游牧社会的发展规律问题，有关游牧社会的经济史问题；从各个侧面论述了蒙古史领域的若干重要问题，如：有关成吉思汗统一蒙古诸部过程问题，有关蒙古人征服诸国期间与西藏的关系问题，有关土尔扈特人东归经过问题，有关蒙古史的亚美尼亚文史料记载和卫拉特蒙古所属和硕特部首领固始汗的俄文档案材料问题，有关中世纪后期蒙古史籍的结构特点以及某些史籍的版本流传问题，有关蒙古国学者对蒙古中世纪史的研究情况及其观点问题，等等。其中，苏联著名蒙古学家鲍·雅·符拉基米尔佐夫的重要论文《"五部喀尔喀"（Tabun otog Xalⵄa）在哪里？》系国内首次完整译出。

我业余从事俄译汉工作凡40年，除了翻译蒙古学专著和有关蒙古的历史小说10余部，还翻译论文和文章近100篇。2010年我译完最后一部蒙古史专著，感觉视力下降，不得不停止译事，开始搜集整理过去发表过的译文，设法结集出版。之前，2005年，我已应有关方面的约请整理出版过一本有关岩画的译文集《亚欧草原岩画艺术论集》（中国人民大学出版社，2005年），收入译文11篇。此后，我整理出版了有关蒙古西征的译文集《蒙古西征研究》（内蒙古人民出版社,2015年),收入译文7篇;而后,整理出版了蒙古考古译文集《蒙古高原考古研究》(内蒙古人民出版社,2016年),收入译文24篇。现在,我又将剩余译文中涉及游牧社会史和蒙古史的译文13篇结成一集,于是便有了这本译文集《游牧社会史与蒙古史研究》。

这次结集过程中,我沿用以往结集体例,对准备入集的译文进行了重新修订,对一些发表时被删节的正文和注释作了补充,同时为每篇文章编写了题记。在题记中,我对每篇译文的出处做了交代,对译文的内容和作者的生平做了简要介绍。此外,我还编写了"参考书目",置于书末。"参考书目"给出收入本书所有译文的汉文和俄文形式,并给出原文出处,为读者进一步查找原文内容提供了方便。

随着这本《游牧社会史与蒙古史研究》的出版,我过去零散发表过的有价值且可归类于蒙古史、蒙古考古的译文所剩无几,值得贡献给读者的东西也所余寥寥;只剩下一些有关蒙古文学和蒙古民族学方面的译文,字数已达不到结集出版的要求了。看来,我与翻译出版说再见的时刻真的来临了。

在这篇译者后记行将结束时,我顺便说两句题外话。从幼年起,我便莫名地萌生了要在有生之年留下一些著述的愿望。后来大学学了俄语,我便将这个愿望转托于译作。现在,我回望自己的翻译途程和收获,不禁感喟曰:筚路蓝缕,愿望终成,何其难哉,亦复欣哉。

最后,我认为必须感谢樊志强先生,特别是王静女士。2013年冬樊志强先生在内蒙古人民出版社工作期间策划编辑了一套《北方民族史译丛》,收入了我的译文集《蒙古西征研究》。不久,他到中国人民大学师从乌云毕力格教授攻读博士学位后,该社的王静女士接手该书的编辑出版事宜,并在此后连续出版了我的蒙古考古译文集《蒙古高原考古研究》和这部游牧社会史和蒙古史译文集《游牧社会史与蒙古史研究》。可以说,没有他们的远见卓识和辛勤操劳,就没有我这三部译文集的问世。我的由衷感谢自不必说,通过阅读我的译文集而有所裨益的读者也会感谢他们。

陈弘法

2017 年 1 月,于呼和浩特